EL ASESINO
QUE NO SEREMOS

EL ASESINO QUE NO SEREMOS

Biografía melancólica de un pandillero

FEDERICO MASTROGIOVANNI

DEBATE

El asesino que no seremos
Biografía melancólica de un pandillero

Primera edición: octubre, 2017

D. R. © 2017, Federico Mastrogiovanni

D. R. © 2017, derechos de edición mundiales en lengua castellana:
Penguin Random House Grupo Editorial, S. A. de C. V.
Blvd. Miguel de Cervantes Saavedra núm. 301, 1er piso,
colonia Granada, delegación Miguel Hidalgo, C. P. 11520,
Ciudad de México

www.megustaleer.com.mx

ISBN: 978-607-315-768-1

Impreso en México – *Printed in Mexico*

El papel utilizado para la impresión de este libro ha sido fabricado a partir de madera procedente
de bosques y plantaciones gestionadas con los más altos estándares ambientales, garantizando
una explotación de los recursos sostenible con el medio ambiente y beneficiosa para las personas.

Penguin
Random House
Grupo Editorial

A mia madre

A Jaime Avilés

El pasado es un inmenso pedregal que a muchos les gustaría recorrer como si de una autopista se tratara, mientras otros, pacientemente, van de piedra en piedra, y las levantan, porque necesitan saber qué hay debajo de ellas. A veces les salen alacranes o escolopendras, gruesos gusanos blancos o crisálidas a punto, pero no es imposible que, al menos una vez, aparezca un elefante.

José Saramago, *El viaje del elefante*

Índice

PARTE I

PARTE II

PARTE III

PARTE I

Who am I? (What's my name?)

What's my muthafuckin' name?

SNOOP DOGG, *Who am I? (What's my name?)*

—Me veo esposado en el asiento trasero de la patrulla y veo el *curtain call, you know?*

Con las manos simula el gesto de las cortinas del teatro que se cierran.

Pienso en lo que pensaba aquella noche: *It's over. Bye bye, Snoop Dogg. Bye bye, Snoopy.*

Le decían Snoopy, en el barrio. Ése era su apodo. Y aquella noche se cerraron las cortinas.

Bye bye, Snoopy.

* * *

El consejo que le dio el policía en el Burbank Police Department aquella noche lo recuerda como si fuera esculpido en la piedra de la memoria. Lo recuerda ahora porque durante mucho tiempo no le hizo caso. No quiso hacerle caso. *Bullshit*, mamadas de un policía gringo que tantas veces lo había mandado al *juvenile hall* cuando era más chamaco.

Le dijo *you know what? My best advice: read. Read a lot of books.*

—Lo único que me dijo fue eso, que leyera un chingo de libros. Pero yo en ese momento *I was like, whattaffuck. Take me to the juvenile hall, I'm tired.* De hecho también me dio un chocolate, un Snickers. Y me llevó.

15

Lo dice riéndose, ahora. Recupera sus recuerdos en un ejercicio practicado sistemáticamente durante años, como si fuera a pescar en un lago transparente, conocido.

—Pero ese policía era como que… a ver, *you know, I forgot his name.* Pero yo lo conocía y él me conocía a mí, ya me había arrestado otras veces. Y esa noche quería darme un consejo de verdad.

*   *   *

—*I think it was… I'm not sure if it was in January or February of 1994.*

Snoopy estaba en su casa en Pacoima, uno de los barrios más antiguos de la San Fernando Valley, en la región de Los Ángeles. Era un viernes o un sábado en la noche. No recuerda bien. Recuerda que estaba en su casa, con su mamá y sus hermanos.

—Creo que estaba un poco enfermo ese día, *I was kind of sick, I didn't feel so good.* Así que le dije a mis *homies* que vinieran ellos a mi cantón. Y ellos por supuesto quisieron sacarme a echar desmadre.

What's up, what you're doin'?

Just kicking it…

Let's go out, let's get some beer, let's go kick it, ése!

Alright.

Pero mi mamá no quería que yo saliera. Luego luego… ya sabes, la intuición de una madre, *she got this bad feeling.* Pero yo igual les dije *give me a second.* Y fui a prepararme.

El *outfit:* camisa Pendleton negra, blanca y gris; pantalones Ben Davis (los que tenían como un changuito *on the back,* ¿te acuerdas?); Nike Cortez de piel, nuevecitos. De hecho, todo era nuevo esa noche. Todo recién comprado.

Recuerda bien el *outfit* de ese día.

—También traía puesta una bandana azul. Sólo en la frente, no en toda la cabeza, *just the fore head. We were still styling like that, back then, you know? I guess…* era por si te querías ver más cholo. *Even cholos got fashion! We wanna look all GQ!*

Se ríe mucho.

—*That's even a story in itself.* Podrías escribir una historia sólo del cholo *fashion.*

De repente, se pone muy serio. Prende un cigarro. Se calla y abre una de las cervezas Tecate rojas que traje para que nuestra conversación fuera más relajada. Toma un trago.

—*So, we went out to Laurel Canyon, San Fernando Boulevard, a place where we go cruising, everyone go with their lowriders… Just to give you an idea.* ¿Has visto esa película, *American Graffiti?* Bueno, agarran sus *hot rods,* a diez kilómetros por hora, despaaacio; *this is cruising,* ir lento con el coche, *just checking out the scene.*

Los *lowriders* son coches clásicos modificados, como los Chevrolet Impala o el Monte Carlo, cromados, pintados con colores brillantes, a los que se le ponen rines de rayos y llantas reducidas en tamaño. Son casi un emblema de la cultura chicana en Estados Unidos.

—Aunque nosotros no tuviéramos un *lowrider we went cruising bumping the sound system.* Y acabamos en un estacionamiento, donde todo el mundo llegaba a dejar sus carros. *Me and my homies,* los tres. Gente de pandillas distintas llegaba allá.

—Estabas en una pandilla en ese momento. ¿Cómo se llamaba la pandilla de tu barrio?

—Burbank 13 Rifa.

La sigla B13R está grabada en varias partes de su cuerpo, con la tinta azul tenue de los tatuajes en un juego de espejismos que no deja de ser armónico, en diferentes dimensiones y formatos. El estilo de la fuente es el típico de los chicanos, con sus líneas verticales, elegantes y duras. El *cholo writing style.*

En el lado derecho del cuello, se asoma una pequeña inscripción vertical que dice "valle". En la extremidad externa del ojo izquierdo, tres puntitos minúsculos, los puntitos que entre los pandilleros significan "la vida loca".

—Entonces nos estacionamos ahí porque es un lugar donde vas a ligar a una *haina,* le dices *what's up, what's your name? Let's go party, let's go kick it,* consigues su número, *and if you're lucky, you get laid and shit, you know?* Vi a unos vatos que conocía desde… desde antes.

Y estaba un *black dude* con ellos. Ese vato yo lo conocía, el negro. Éramos amigos de niños, antes de que yo entrara en el barrio. Él era el único negro en el estacionamiento, pues la raza estaba así como *oh, there's a black dude, whattaffuck he doin' right here? You know?* Pues *no black are allowed to cruise in the Boulevard.*

Además, la escena se estaba llevando a cabo en San Fernando, el barrio de la *raza*. Había una pandilla muy grande ahí, que no estaba relacionada con la de Snoopy. No estaban muy lejos de Burbank, su territorio, pero tampoco muy cerca. *Sanfer* ya es otra ciudad, otro barrio.

—En fin, había una guerra de razas entre negros y latinos en esos años. Ese vato no era pandillero, *just a regular guy who grew up with* la raza, que creció con los *Mexicans, and they were going to fuck him up.* Se lo iban a chingar. *And I was with my homs like…* No sabíamos si hacerle un paro o no, pero… *I'm not gonna let them fuck him up.* Empezaron a sacar palos, de veras se lo iban a chingar. Entonces me metí, le di un par de putazos a uno de los tipos que se acercó primero y empezamos a pelear *and he was, whassup* ése? *And I was… this is Burbank 13, wassup,* ése!

Esto le dio un poco de ventaja a sus amigos para escapar.

—*I kinda like saved his life… they really were going to fuck him up.*

Se ríe recordando la escena. Ya prendió otro cigarro y lo que queda de la primera cerveza se ha vuelto un cenicero.

—*So we got into a little squabble,* nos metimos en un pleito, pero logramos irnos. Ni fuscas teníamos. Se iba a poner pesada la cosa. Además, *we were in their neighborhood. So,* ya no le seguí *with these fools, or we would ended up getting blasted.* Entonces nos desafanamos y regresamos al barrio. *And that's where everything happened.*

Corte.

* * *

Ana insiste. Tengo que hablar con él. Me lo dice con fuerza, por teléfono, mientras salgo de una reunión en la editorial Penguin Random House. Hace pocos meses salió mi primer libro, *Ni vivos ni muertos*, un trabajo periodístico sobre desaparición forzada de personas en

México. Apenas empiezo a presentarlo, en un país en el que todavía nadie sabe en dónde queda Ayotzinapa en el mapa, en el que *desaparición forzada* es una expresión ignorada por la mayoría, aunque haya decenas de miles de desaparecidos de los que nadie se interesa. Nadie, si no se cuentan las miles de familias afectadas que todavía vagan, ignoradas por los medios, en búsqueda de sus seres queridos y el pequeño pero aguerrido ejército de idealistas acompañantes y defensores que caminan junto con ellos en la lucha, enfrentando muchos riesgos, un Estado que los amenaza y la hostilidad de los medios de comunicación.

Mi libro ha sido el resultado de más de tres años de trabajo y me siento vaciado por la intensidad de la investigación, la profundidad y oscuridad del dolor de tantas madres y tantos padres que he conocido, escuchado.

Ana me habla de una historia que, ella dice, debería ser contada. Quiere presentarme un amigo. La escucho; le digo que estoy disponible para platicar con él, aunque muchas personas, desde hace más de 10 años que empecé a trabajar como periodista, se me han acercado para ofrecerme historias supuestamente increíbles, sólo para que alguien se interese en sus vidas.

Ana me la presentó un día, Clara Ferri, porque ambos éramos clientes de su librería Morgana, la única librería italiana en la Ciudad de México, en una de las muchas calles invadidas de restaurantes *hipster* de la colonia Roma Norte. Un espacio de descanso, buen café y buena discusión sobre los libros, las relaciones y la política. Ana venía a comprar libros para su hija Sara, mitad mexicana y mitad italiana.

Su pasión y sus ganas de justicia social la han llevado a pararse al lado de muchas luchas de los últimos y olvidados de México, y sus argumentos para que la tome en serio y vaya a conocer a su amigo son muy fuertes. Sin embargo, lo que me convence más es la posibilidad de contar una historia que no tenga necesariamente que ver con las brutales violaciones a los derechos humanos que en los últimos años he cubierto trabajando en México y en Centroamérica. Necesito enamorarme de otro proyecto, contar otras historias, sanar mi corazón y mi mente, aunque sepa en el fondo que no va a ser posible, que voy a continuar ocupándome de la violencia, del dolor, de una forma u otra.

Pero es que no puedo más. De hecho me pregunto constantemente cómo le hacen mis colegas héroes para mantenerse siempre firmes y comprometidos, sin ceder, contando siempre el horror, el dolor, el asco que nos rodea. Desde las cumbres de su moralismo puro y certero, se yerguen como paladines de la Justicia y de la Verdad (ambos con mayúsculas, por supuesto). Yo quiero una historia diferente, algo más prosaico, más popular. A mí no me gustan las mayúsculas.

Un día de julio de 2014 Ana me presenta al *Cholo* en el Parque de la Hormiga, un rinconcito hermoso del Bosque de Chapultepec.

El apodo de *Cholo* a él no le gusta, y de hecho no es un cholo, pero Ana se divierte molestando a su amigo cada vez que puede, sobre todo sabiendo que le caga que lo llamen así. Para ella es una invitación a usar lo más posible el mote.

El Cholo no tiene nada de cholo. Se presenta en el parque con pantalones de mezclilla, zapatos blancos y una playera de manga larga azul de cuello de cisne. Cabello negro bien peinado, bigote bien afeitado.

Busco los tatuajes de los que Ana me había hablado, tratando de no hacerme notar, pero no los encuentro. No estoy particularmente emocionado, pero me da curiosidad ver qué es lo que tiene que decirme este hombre. Creo que está más emocionado él. Su mirada, al darme la mano, es seria. Me gustaría decir intimidante, para dibujar la imagen estereotipada del pandillero, pero no es así. Parece una persona tímida, más bien reservada, que no regala confianza o sonrisas cuando no es necesario. Te mira a los ojos sin temor.

Ana ya me ha dicho algo de él para prepararme al encuentro, pero quiero escuchar todo de su voz.

Hoy nos tenemos que olfatear. Yo, para averiguar si se trata realmente de una historia extraordinaria, para ver si puedo lanzarme en una nueva empresa, para entender si es un tipo realmente tan interesante como lo dibuja nuestra amiga común. Él, para entender si puede confiar en mí, si puede entregar su historia, su pasado, sus secretos a un desconocido para que lo cuente todo.

Los dos, de manera distinta, tenemos mucho que perder. Los dos estamos a punto de decidir si confiar en otra persona y lanzarnos al vacío.

Es el tipo de momentos que considero épicos en mi vida, en mi profesión. Es un momento sagrado, importante. Lo disfruto, lo saboreo, intento guardar el recuerdo de esa sensación tan especial.

Pasará mucho tiempo antes de que finalmente Edwin me cuente lo que pasó aquella noche en la que su vida tomó un camino tan absoluto, tan definitivo.

* * *

Suspira e intenta sonreír mientras recoge lentamente, desde el pozo de su memoria, los recuerdos de aquella noche. De lo que pasó después, de lo que lo llevó a ser el hombre que tengo enfrente.

La cerveza ya se ha acabado, las caladas a los cigarros, fumados con avidez por ambos, escanden los ritmos de nuestra conversación.

—Después de la riña en San Fernando nos fuimos a un Taco Bell en Burbank, sobre San Fernando Boulevard. *Just the three of us. The black guy, he took off,* no sé qué le pasó después. Mis *homies* estaban sacados de onda, *why did you do that shit, fool?* Y yo, *I was like, fuck man! I wasn't going to let that happen.* Y de repente sale del Taco Bell ese otro tipo, otro negro al que también conocía.

Snoopy y sus camaradas estaban a punto de entrar en el Taco Bell y vieron a ese tipo saliendo junto con otros tres cuates.

—Tons uno de mis *homies* se lanza, *whassup, fool?*, empieza a chingar a ese güey; *and I was like, oh man! We know this dude!, you know?* Pero ya era demasiado tarde. Ya estaba madreándolo. *We were like, fuck!, you know? Fuck the blacks. There's a war on the blacks, you know?...* hay una pinche guerra con ellos. Y además ahora estábamos en nuestro barrio. *So I pull out a shank.*

—¿Hiciste qué?

—Saqué una navaja. Y me pareció que este tipo me iba a someter. *So I get the shank and... I started sticking him.*

—¿Lo picaste?

—Le clavé la navaja. Varias veces.

Afuera de la ventana, el perro de la vecina está ladrando ruidosamente. No se calma, aunque escuchamos a su dueña decirle que ya, que deje de joder. Es una vecindad pequeña dentro de uno de los callejones de un barrio de Azcapotzalco. El pequeño patio compartido no deja mucha intimidad.

Intento imaginar la escena: la entrada al Taco Bell; la riña que se prende como un cerillo, súbita, violenta, rabiosa; los amigos de Snoopy aventándose encima del joven; Snoopy sacando su navaja y corriendo en apoyo de sus *homies* sin pensar demasiado en las consecuencias.

—Pero ¿cuál fue la razón del pleito? ¿Por qué tu *homie* empezó a pegarle?

—*It just started. It was real fast.* Fue como una de esas cosas que tú volteas y de repente dices *oh shit, what's going on here?* Y ya los chingadazos *already started, you know?*

No. *I don't know.*

—*So shit started.* Agarré la navaja y empezamos a pelear, y yo empecé a picarlo. Y el tipo me conocía. Y empezó a decirme *hey dude, what's up? Why? Why!?* Y yo, *fuck you!, you know?* ¡Pum-pum-pum!

Simulando el movimiento rápido de las navajadas en sucesión, el brazo izquierdo doblado hacia el pecho, el derecho estirándose a la altura del vientre de un invisible adversario. Su expresión concentrada. Está tratando realmente de traer al presente esa escena.

Estoy en el teatro presenciando una tragedia.

Se calma. Vuelve a sentarse en el sillón.

—No podía hacer otra cosa, fue una de esas situaciones donde *the shit hit the fan.* ¿Qué haces? Tienes que respaldar a tu *homeboy, you know?* Y acabé picando a ese *dude.* Cuando estás en una situación así, *you don't really have time to think. It just happens so fast.* Todo es muy rápido.

—¿Ya habías estado en una situación así? ¿Ya habías sacado la navaja antes, alguna vez?

—Sí, pero no tanto así de… *sticking… was more like, what's up,* puto? *And shit like that.*

—Entonces fue la primera vez que picaste a alguien.

—Sí. *That I have stabbed somebody, yes.*

—¿Era normal que hicieras algo así en el contexto en el que estabas?

—Sí. Si estás ahí, lo normal es sacar una fusca o una navaja. Cuando estás en el barrio es así. Nosotros no vamos a la biblioteca a leer un libro, *you know what I mean?* Estás ahí. *This is what it is.* Acabas picando a alguien, disparándole a alguien, o partiéndole la madre con un bat. Intentando matar a alguien, básicamente.

La riña se acabó tan rápido como había empezado. Snoopy se echó a correr mientras sus *homies* regresaban al coche.

—Pero yo corrí hacia el otro lado y no me fui con ellos al coche. Acabé en un callejón en el barrio. Me escondí detrás de un bote de basura, un *dumpster.* Al poco tiempo, empecé a escuchar el ruido del helicóptero volando.

—¿Tan rápido? ¿Por lo de la guerra que mencionabas?

—Bueno, había una guerra en Los Ángeles, *in the Valley,* pero realmente no había pandillas de negros en el barrio. Pero *it was real fast* la llegada de la policía. Me imagino porque pasó en una avenida principal.

Snoopy se escondió detrás del bote de basura. De vez en cuando sacaba la cabeza hacia el callejón, para ver si había condiciones para moverse. Había un perro ladrando. Ya había oscurecido, era alrededor de las once o doce de la noche.

—En el callejón había un coche de la policía estacionado, así que me quedé sentado detrás del *dumpster and I was like, oh shit! And it was strange* porque el *helicopter was flashing the light* en el callejón, hasta el *dumpster,* y me llegó a iluminar. Pero la patrulla no se movía. Y yo estaba ahí escondido esperando que los juras no me vieran. De repente *they left.* Se fueron.

El perro en el patio ha dejado de ladrar. Ahora estamos en silencio, viéndonos a los ojos.

—Después de una hora o más detrás del pinche bote de basura, decidí que ya me tenía que ir de ahí, no podía quedarme escondido así. Probablemente no me habían visto desde el helicóptero. Tenía que salir.

Tenía que lograr llegar a casa de mi abuelita, *on Scott Road with Cambridge Drive.* No estaba tan lejos. So, *I snuck out, I had blood on me, not mine, his, and there was this white car.* Estaban patrullando Burbank. Probablemente a esas alturas ya sabían quién era yo porque *they had witnesses there,* que a lo mejor le dijeron a la policía, *I think.* No estoy seguro si algún testigo les dijo, pero es raro que ya supieran que me estaba escondiendo en esa área.

—¿Y tus *homeboys?*

—*They were gone. So I was on my own.*

Empieza a respirar con ahogo, con angustia. Nunca lo había visto así en todo el año que lo estuve entrevistando, hasta llegar a hablar de aquella noche. Realmente está viviendo otra vez ese momento. No sé hace cuánto tiempo no lo contaba. No sé siquiera si lo haya contado así antes. Hoy está de nuevo ahí, tras 20 años.

Respira profundamente.

—*I was like… uff… in my mind… like, fuck! FUCK! I killed him, you know? Fuck it! I'm gonna try to get away. So in my mind I'm thinking, Damn! I killed him! I'm behind a dumpster and I'm thinking to get away, I'm thinking I gotta run from this place. In the streets there's no cars passing around or nothing. So how I do it? I get there and hide, and in the morning I'm gone.* En tu mente ya estás… *Damn!, I'm gonna be on the run,* voy a ser un fugitivo. *Where am I gonna go? I'm done! So I come out the dumpster, looking everywhere, I don't see no cars, and I see this white car, there was this… burger stand,* un puesto de hamburguesas, *in the middle of the avenue, a restaurant thing… and this white car started coming towards me. I stopped, he comes out the car and points out the gun and, freeze!, and I'm like, shit!, and I take off running from behind. It turned out to be jura.*

—¿Te escapaste?

Estoy viendo la escena. Veo la patrulla, veo la avenida. Veo un joven de ni siquiera 16 años con su ropa nueva llena de sangre, con su rabia y su dolor, su coraje y su angustia, su miedo. Veo el bote de basura; veo un hombre acuchillado tirado en un charco de sangre en frente de la entrada de un Taco Bell. Veo a Snoopy escapar.

—¿Te escapaste?

Repito frente a su silencio. Su expresión es muy seria. Prende otro cigarro. Se levanta. Va al refrigerador y saca otras dos Tecate heladas.

—Ajá. *And I'm running and running* hacia donde tengo que llegar, Scott Road. *And out of nowhere… just cop cars came out of nowhere.*

Los autos de la policía salieron de la nada, y simulando el ruido de las sirenas, me sigue contando —en su idioma materno— los últimos momentos de su libertad.

—*I don't know how many of them [there were] at the time because I was so… you know, flash, cop cars, the light in the eyes… like a deer in the forest when headlights hits it. They were like, freeze! Get down on your knees!,* y el helicóptero estaba apuntando las luces sobre mí. Yo estaba en medio de la calle, me puse de rodillas. *They come get me. Put me down,* y gritando *what's your fucking name? And I was, fuck you!* Me esposaron y me metieron en la patrulla. Luego me llevaron al *police department.* Les di un nombre falso. Y fue cuando llegó ese *police officer… oh, what was his name? Russo? I'm trying to remember his name. Like an Italian name.* Y había otro policía que recuerdo que tenía un tatuaje de un unicornio. Ya nos habíamos encontrado antes, y me dice, *hey, Martínez!* El otro voltea a verme y le pregunta *What's his name? Martínez? Motherfucker!*

Suelta una gran carcajada por primera vez en más de media hora y vuelve a aparecer su mirada pícara, la que he aprendido a conocer en meses de entrevistas. Ahora está disfrutando aquel momento, lo saborea. Está realmente ahí, burlándose de aquel policía con apellido italiano. No puedes cambiar el pasado, no puedes volver a escribir la historia, no puedes evitar que pase lo que pasó, lo que determinó tu vida, tu forma de ser en el mundo. No puedes evitar el dolor, padecido o causado, pero puedes volver a caminar los recuerdos y volver a sentir aquellos momentos de pequeño placer. No puedes evitar las humillaciones, pero puedes disfrutar, sondeando la memoria, descolgándote en sus hoyos angostos, de las pequeñas victorias que lograste.

—Le dije *fuck you!* Es que luego ese *police officer* yo lo conocía, por las muchas veces que me habían arrestado de *youngster.* Hay ese tipo de *officers* que intentan ayudarte a su manera, *come here, get your life straight... Was him.*

Suelta otra carcajada.

—*And he was like... you did it, man,* lo hiciste. Y seguían repitiéndome *murder, murder,* homicidio. Estás aquí por homicidio. Y yo *fuck! I killed the man.* Lo maté a ese cabrón.

Los policías le preguntaban con quién estaba, si estaba solo o con alguien.

—Estás esposado, y empiezan, ¿quién estaba contigo? Intentan hacerte hablar, *they try to persuade you to snitch.* Quieren que delates a tu gente, que seas un soplón. *I was like, you know, man, I dunno what you talking about.* Yo diciéndole, no sé nada, *nobody was with me.* Y luego empezaron a decirme, *you gonna go down for this, you're gonna spend the rest of your life in prison. Well, you know, fuck you! I'm already tired, take me to the juvenile hall, I wanna go to sleep.*

Otra vez no puede evitar reírse recordando su reacción frente al arresto, frente a la perspectiva de pasar el resto de su vida en prisión. Lo considera casi heroico. O por lo menos, en su visión de las cosas, demuestra los huevos que tenía a sus 16 años frente a la situación.

—Me dio un Snickers, un chocolate. Y me dijo *you know what I can do for you, man? I'm gonna give you some advice: you do read, Edwin Martínez. Read a lot. You're gonna have a lot of time to read. And I was like... yeah. And that was it.*

Bye bye, Snoopy.

You're fucked, Edwin Martínez.

* * *

En las mismas fechas en las que Snoopy dejaba las calles de Burbank para integrarse al sistema carcelario de California con el nombre de Edwin Martínez, en otra dimensión un adolescente hijo de la clase media romana va a la escuela. Estudia griego antiguo, latín, los clásicos de la literatura italiana. Empieza a traducir textos de idiomas antiguos, que no entiende mucho, sobre todo no entiende el sentido de estudiarlos.

Ese adolescente soy yo.

El 22 de febrero de 1994 algunos de mis compañeros de escuela van a un concierto al que yo también quería ir. En el Palaghiaccio de Roma toca una banda de grunge que está muy de moda entre los de mi generación. Exactamente una semana después la banda tocaría su último concierto en Múnich, Alemania. Poco más de un mes después, el 5 de abril, a sus 27 años, su *front man* y alma poética, Kurt Cobain, decidiría dispararse en la boca con un fusil, dejándonos a todos sus fans atónitos, huérfanos del representante musical de nuestra generación. Acaba así la historia de Nirvana.

Yo no fui a aquel concierto en Roma. No iba a conciertos a mis 14 años. No podía. Lo tenía prohibido porque era peligroso, porque se fumaba "la droga". Porque era música agresiva.

Además de estudiar y tratar de no reprobar en mi liceo público, famoso por las luchas estudiantiles de los años sesenta y setenta, frecuentado por hijos de la *intelligentsia* de la izquierda romana, jugaba a Magic y a Dungeons and Dragons con mis amigos en el sótano de una librería en el centro histórico de la ciudad; leía manga, escuchaba música rock y grunge, empezaba a conocer a mis autores favoritos: Edgar Allan Poe, Pirandello, Kafka, Leopardi. Todavía faltaba un año antes de que llegara a mi vida el gran amor: Fiódor Mijáilovich Dostoyevski. Pero no era tan cool como para ir a los conciertos de Nirvana. Me lo perdí. Me sigue doliendo.

Era un joven italiano de la mitad de los noventa, sin grandes problemas, si no se cuentan los típicos de los adolescentes. Empezaba a participar en manifestaciones políticas, la ocupación de mi escuela, debates, asambleas.

Esa noche de principios de 1994 en la que Snoopy perdió su libertad, probablemente yo, dos años más joven que él, estaba yendo a la escuela en autobús —considerando la diferencia de nueve horas que hay entre Los Ángeles y Roma— con mi diccionario de griego en la mano, demasiado grande y pesado para ponerlo en la mochila llena de libros. Un día como muchos.

*   *   *

Snoopy pasaba sus días en las calles de Burbank. A sus 14 años entraba y salía del *juvenile hall*, el centro de reclusión juvenil.

Había crecido en la Sun Valley, en la parte norte de Los Ángeles, entre Burbank y San Fernando. Desde los 10 años hacía grafiti, pequeños robos en casas, en tiendas.

Su papá fumaba mota, así el pequeño Snoopy se la robaba y se la fumaba a escondidas. Hacía este tipo de travesuras que podrían considerarse normales en un barrio latino de Los Ángeles al final de los años ochenta. A pesar de ser sensible al modelo rudo del *gang member*, le tenía miedo a la idea de ser parte de una pandilla, por todo lo que se escuchaba en el barrio: porque ahí tienes que matar o te matan.

Pero al mismo tiempo, el asunto de pertenecer a una pandilla siempre había sido algo interesante para él. Se sentía atraído y asustado por un estilo de vida tan radical, que no puedes abrazar a medias. Snoopy sentía que quería pertenecer a algo, a una familia más grande. Probablemente porque no tenía hermanos mayores. De hecho, él era el mayor de cinco.

En las fotos de su infancia es un niño sonriente, parece juguetón, alegre. Siempre con pose ridícula, para divertir a los demás, para llamar la atención. Detalle que se nota más comparándolo con sus hermanos; son más pequeños, claro, él es el mayor. Pero hay algo distinto en su mirada, que lo ubica en otro lugar; es un desafío, alegre, de niño, pero de alguien que quiere sobresalir, que quiere ser visto. Es una mirada desafiante y pícara. Te dice mírame, ponme atención, porque te voy a sorprender, te voy a hacer reír, pero tienes que hacerme caso. ¡Mírame!

Sus amigos le decían siempre que no querían meterse en una pandilla, que mejor él también se mantuviera a distancia. Con respeto, pero afuera. Querían seguir en el desmadre, pero guardando cierta seguridad. Eventualmente entrar y salir del *juvenile hall*, pero sin pasar esa línea. Sí. Todo cierto, pero…

Pero Snoopy quería ser un chingón, quería ser un *badass*. Snoopy quería pelear, quería pertenecer a algo más grande. Quería que la gente lo mirara en la calle, rodeado por sus *homeboys*, con una mezcla de miedo, respeto y envidia. Se imaginaba así, aunque una parte de él no quisiera eso, aunque quisiera seguir siendo el niño juguetón y alegre que hacía reír a los demás.

Se vestía como un cholo: camisa de cuadros grandes, cerrada sólo en el primer botón, para cubrir la playera blanca, bandana en la cabeza, pantalones anchos, lentes negros.

Los pandilleros se burlaban de él; le decían *you're a* pinche *wannabe*, ni siquiera tienes un barrio. Pero a Snoopy no le importaba. Seguía intentando, seguía coqueteando con los cabrones. Hasta que empezó a llevarse más con esos chavos, más grandes que él, que era el hermano mayor. Empezó a rodearse de pandilleros.

Al principio iban a grafitear por las calles del barrio, rayando todas las paredes que podían. Y se volvieron bastante buenos. O por lo menos así lo recuerda él. Pero, como siempre, la gloria tiene un precio. El precio para Snoopy y sus camaradas fue empezar a visitar con cierta frecuencia el *juvenile hall*.

*   *   *

—Es así de fácil: *you grow up in a gang*, y ¿qué pasa? *Two way street: you end up dead or you end up in jail. When you are 10, 11 years old,* ya estás en la cárcel. Ya estás yendo a la juvenil, a los campos, *placements, Youth Authority.*

Para quienes, como yo, no pasaron su temprana adolescencia entrando y saliendo de centros de detención juvenil en California, voy a tratar de explicar.

El *placement* es un lugar donde te quedas un rato, es un lugar donde tienes un poco de libertad, pero donde tienes que quedarte tranquilito hasta que cumples tu sentencia. Tienes el privilegio de salir, visitar a tu familia, si te portas bien, pero tienes que cumplir con muchas reglas para que te reconozcan que te has portado realmente bien.

El *camp* ya es un reformatorio. Y luego está el Youth Authority (YA), y se pronuncia *uai-ei;* en el caso de California, CYA (California Youth Authority). Y ahí puedes estar encerrado hasta ocho meses o un año. Ahí todo es más militar, más estructurado, más rígido. Te vas acercando a la idea de prisión, poco a poco, para que entiendas hacia dónde vas. De hecho, ya es más una cárcel, donde te meten si cometes crímenes más graves. Y es tu trampolín hacia la prisión.

La primera vez que Edwin entró a la juvenil tenía alrededor de 13 años. Lo recuerda como algo chistoso. Ya tenía varios arrestos y en esa ocasión lo agarraron y le dieron *probation*, que es cuando tienes a un oficial que está cuidando tus movimientos, averigua que no cometas otros delitos, que te portes bien, que vayas a la escuela.

Edwin empezó así, con delitos pequeños. Robando cositas, yendo con los camaradas a un 7-Eleven a robar cerveza para luego echarse a correr, o peleando en la calle con otros chamacos.

Luego se fue juntando con la gente de la pandilla y las cosas cambiaron. Los nuevos compañeros habían vivido un poquito más. Edwin empezó a darse cuenta de que las cosas iban más en serio; empezó a ver pistolas y a pensar, yo quiero ser parte de esto, aunque todavía lo asustara.

Y fue dejando muchas de sus amistades anteriores. La mayoría de sus nuevos amigos compartían la misma vida, cárceles, juvenil, prisión. Luego salían y le decían ¿nunca has ido? Pues no sabes nada. Y Edwin se sentía presionado a ir, a "caer" a esos lugares para pertenecer también, para tener ese *status*, para decir "caí".

Se ríe con cierta ternura ahora que lo cuenta, recordando a ese joven ni siquiera adolescente que quería ser un rudo.

En el ambiente veían como un motivo de orgullo acabar en prisión, una especie de ritual que generaba respeto. Desde afuera puede parecer algo tonto, pero era su mundo, su vida. Fue en esos años que aprendió las primeras reglas, cuando se formó su educación pandillera, hecha de reglas de honor no siempre lógicas, de silencio, de *omertà*. Fue entonces que empezó a construir su universo de obligaciones, cuando caes, nunca digas nada, y si alguien te ve feo, pues brinca. Tienes que pelear, tienes que defenderte, tienes que representar el barrio ante todo.

Y así era, contra los negros, contra los miembros de otra pandilla, de otro barrio, contra cualquier enemigo.

Era la educación del grupo, en el que también se formaban amistades, o vínculos. Se volvían camaradas, se protegían, se hacían paros, y peleaban, peleaban mucho. Y volvían a acabar encerrados otra vez.

Cuando lo encerraban en la juvenil, su mamá no se enteraba de inmediato. Snoopy le marcaba días después. De repente lo encerraban por unos cuantos días, unas semanas, a veces meses. Porque eran *placements*. No era tan severo todavía. Estaba encerrado, iban a visitarlo, pero era más abierto.

La función de esos lugares era más la rehabilitación. Pero cuando estás representando a tu barrio, aunque sepas te van a educar... pues la educación vale madre. *Represents* a tu pandilla. Ahí empieza el juego de andar *representing da hood*, el barrio. Es la preparación para las ligas mayores.

—Cuando ya caes a otros lugares ya es diferente. Ya es otra estructura, dentro es otra cultura, otra mentalidad por completo. Ya el otro no es mi enemigo. Ya todos somos así. Lo que pasa es que muchas veces se brincan todo esto, y a muchos que caen ya es directamente a prisión, ya te juzgan de adulto; entonces ya estás listo para ir a prisión.

—Es lo que te pasó a ti.

—Es lo que me pasó a mí.

No lo admitía totalmente, pero ése era realmente su sueño. Cuando pensaba que quería ser un rudo, dentro de su cabeza se veía pandillero, se visualizaba en la calle, con los *homies*, aunque no le diera necesariamente ese nombre. Los pandilleros no lo aceptaban, se burlaban, pero veían en él, en su mirada, al mismo tiempo segura, desafiante y pícara, los ingredientes necesarios para que con el paso del tiempo formara parte de sus filas. Veían en él un potencial *down vato*. Un hombre con huevos.

—*I wanted to be part of something, I guess.*

Lo sigue repitiendo como un mantra en nuestras conversaciones, para que yo lo entienda, lo asimile, para que logre entrar en su mundo.

No es una excusa, ni menos una justificación, pero si creces en el barrio, eres mexicano, de origen mexicano, o de ascendencia latina, rodeado por gente que no tiene acceso a la promesa de bienestar dorado del *American dream*, tu vida es bastante frustrante desde un inicio. Todo lo que ves, lo que deseas, sueñas, es algo que nunca tocarás, que nunca te tocará a ti. Y lo aprendes rápidamente en el barrio, donde vas alimentando y cuidando dentro de ti aquella rabia que cada día aumenta un poquito más, aquella frustración que se confirma cada vez que un policía te para sólo por el color de tu piel; cada vez que recibes las miradas de desdén de los *gabachos* que se preguntan, si te ven pasar en sus barrios ricos, qué haces ahí; cada vez que ves en la tele películas, anuncios, programas que denigran a tu gente, tu idioma, tu *raza*. Luego caminas en las calles de tu barrio y te das cuenta de que los pandilleros tienen algo que tú imaginabas que nunca ibas a tener: tienen poder. Y tienen respeto.

Claro, es un respeto ganado con la violencia y la fuerza, no con la rectitud del buen ejemplo. Pero ¿qué importa? ¿A quién le importa ser como un buen padre blanco de familia protestante? Es la forma que tienes de sobresalir, de tener algo de poder. Es la forma de ganarse el respeto *in the neighborhood*.

Desde que tiene memoria, Snoopy siempre quiso ser un *badass*, un cabrón. Y si quería esto, pues entrar en la pandilla era la única opción que tenía. La única cosa que podía desear, que podía soñar en hacer.

De todas formas, no era tan fácil entrar. No hay una verdadera selección, pero sí hay varios pasos.

—*You start like, who are you?, where you come from?* A ver qué tantos huevos tienes, *shit like that*.

—Y ¿cómo se miden los huevos, exactamente?

—*You gotta be down*. Tienes que ser un *down vato*. Tienes que aguantar los chingadazos. *Not being afraid* de lo que pasa. No tienes que tener miedo. *You start got* cohetes, *fool, drugs*. Tienes que hacer jales y te dicen *you down, fool?* Y *let's go, you know? And you go*. Después de un rato me preguntaron *you wanna be from the neighborhood? And I was like, no man, I'm cool, I'll kick it with you guys but I don't wanna be from that, from a gang, you know?* Pero, ya sabes, la persuasión, sabes cómo pasan las cosas.

Snoopy se sentía bien así con ellos, juntos pero no revueltos. Su atracción lo había llevado hasta ahí, pero sentía que no quería dar el último paso. Aunque esto fuera lo que había deseado.

—*And then one day I was kicking it* con cuatro *homies and they, hey fool, come on!* ¡Está pasando algo! ¡Hay que ir! Pero me engañaron esos cabrones.

Edwin empieza a reírse recordando la escena. Estamos en su casa, en la colonia Azcapotzalco, en un barrio popular en el noroeste de la Ciudad de México, donde siempre se llevan a cabo nuestras conversaciones. Un sillón rojo donde me siento yo, otro negro donde se sienta Edwin. Cervezas, papitas, cigarros, como siempre. Una grabadora en la mesita y un cuaderno verde para mis apuntes. El cuaderno es un regalo que me hizo Edwin para que pudiera escribir su historia.

—Estamos en el callejón, yo listo para lo que fuera, una pelea, una balacera, lo que fuera. *And boom!* Llegó un chingadazo *on my back. And I start fighting back.* Pero eran ellos mismos que me agarraron a putazos, *they jumped on me.* Yo les grito *Whattaffuck?!* Tranquilo, *you're from the neighborhood now. That's it. Alright.* Se acabó. Así. En ese entonces no estaba yo rapado, mi cabello se parecía un poco a un *mushroom. And they're like, we're gonna cut your hair, you're like a fag like that.* Pareces puto. Y me raparon.

Snoopy pasó el ritual de iniciación y entró finalmente al barrio con su cabeza rapada y las ganas de hacerse valer y representar *the hood*.

Su alegría se rompió pocos días después, cuando lo volvieron a arrestar por un delito menor. Con sus *homeboys* iban a preparar un *barbecue* y se robó un poco de carne en una *grocery store*. Así le dieron una orden de aprehensión y una fecha para ir a la corte, donde el juez le dijo que iba a quedarse, porque se lo iban a llevar otra vez al *juvenile hall*.

A partir de ahí, durante su vida de pandillero se desempeñó principalmente representando al barrio en los centros de detención de menores, en las juveniles.

En la jerga se dice *throw up the hood*, tirar el barrio. Snoopy tiraba el barrio, encerrado. Hasta que un día, después de haber salido de la juvenil, le clavó una navaja a un negro en Burbank.

Y nació Edwin Martínez.

Shed a tear

Click clack goes the cuete *snap goes the neck*
From your cantón *right up to my* cantón
It seems that everybody want to be el más chingón [...]
I shed a tear for the vato *locked down and then*
I shed a tear for his girl waitin' to see him again
It's so hard mi vida *but I still try*
Workin' hard to make a difference before I die

DELINQUENT HABITS, *Shed a tear*

Mi primera vez en Los Ángeles fue en 2012. Estaba trabajando para la revista *Gatopardo* con mi amigo y colega fotógrafo Fabio Cuttica en un reportaje sobre las que se conocen como narcopelículas, producidas en Tijuana. Habíamos pasado una semana en el set de *Las águilas andan solas II*, *film* dirigido, actuado y producido por los hermanos Óscar y Fabián López, titulares de la casa de producción Loz Brotherz Productions.

La película, como todas las decenas de *narcovideohomes* producidas por Loz Brotherz y anteriormente por la productora Baja Films de su padre, Delfino López, retomaba la historia de un narcocorrido famoso con abundantes balaceras, explosiones, muertos y romances, para deleitar al público de México, pero sobre todo de mexicanos en Estados Unidos.

Después de haber asistido a la creación de una obra tan aventurera y violenta, realizada con muy bajos recursos, haber embrazado una escopeta y haber participado en la grabación como "guarura" de un capo, necesitaba ir a realizar entrevistas en la tienda de videos que los hermanos López poseían en Los Ángeles Street, entre la Cuarta y la Quinta Calle. El *downtown* es una de las muchas zonas de la ciudad californiana en las que el español de México es el idioma oficial.

Esa primera vez llegué ahí un poco norteado a la hora del almuerzo y el gerente de la tienda de Loz Brotherz estaba comiendo. De regreso de su receso, el empleado me saludó cordialmente.

Era un chilango que llevaba más de 20 años en Los Ángeles. Cuando le pregunté qué creía él que buscara la gente que compra las "películas de narco", me contestó sin vacilación.

—La gente busca la acción y busca identificarse. Muchos de los que viven aquí en Estados Unidos no se integran, ni siquiera después de décadas. Mírame a mí, vengo de Observatorio; de chavito me llevaba con Los Panchitos, las bandas del D.F.; llevo media vida aquí y casi lloro cuando alguien me habla de mi barrio. Un mexicano en Estados Unidos quiere ver películas que le hablen de su tierra, quiere acción, balaceras, coches quemados, todo lo que ve un gringo, pero que hable de él, o de lugares conocidos y en su propio idioma. ¿Cuántos mexicanos crees que van al cine aquí a ver películas de acción en inglés? Muy pocos. La mayoría compra *videohomes*. Estas películas hablan de cosas simples, pero que pegan; es el cine popular que siempre ha existido. De hecho, no entiendo todo el escándalo de estos años, porque siempre he vendido películas así. Es más, si te fijas, lo que siempre se vende, a pesar de la crisis, son películas de acción, las de tema religioso y el porno. Si produces cualquiera de estos tres géneros nunca vas a fallar.

Esa nostalgia, esa necesidad de llevarse a México en el corazón y vivirlo viendo *B-movies* fue lo que más se me quedó en la mente en mi primer contacto con Los Ángeles en 2012. Mi regreso a Tijuana fue rápido ese día. Tenía que acabar la grabación de una película de acción donde salía como actor. Bueno, de extra.

* * *

Vuelvo a Los Ángeles cuatro años después, un día de mayo, y la ciudad no ha cambiado mucho ante mis ojos. Ni ante mis oídos, dado que el español sigue siendo el idioma que más escucho.

Esta vez llego a un departamento de un privado que usa el servicio de Airbnb en una parte de la ciudad que no conocía. Llego a Venice, la tierra de los *hipsters*.

Mi casero es Gerard, un bailarín afroamericano de unos 50 años, muy atlético y expansivo. Se dedica a entrenar actores de Hollywood en los movimientos del cuerpo. Los ayuda a ser conscientes de sus extremidades, como le gusta decirme mientras me ofrece una naranja fresca de California. En su pequeño hogar, una casita prefabricada en medio de Washington Boulevard, en la parte de Marina del Rey más cercana a Venice, hay un altar con muchas velas para su meditación de cada mañana. Es un budista de Soka Gakkai. En la madrugada lo escucho repetir durante varios minutos el mantra *Nam-myoho-renge-kyo* con su ruido gutural algo inquietante. Reconozco el rezo de los adeptos de la secta de Soka Gakkai porque hace años salía con una mujer que pertenecía a la misma secta, y tenía un altar parecido. Sobre todo me despertaba con esa letanía inquietante, que aniquilaba mi deseo sexual, a pesar de la belleza de la chica, que también es artista.

Gerard es muy amable, atento. En el cuarto que me ha preparado hay una botellita de agua, un jabón nuevo, un desodorante, naranjas, tapones para dormir sin que me moleste el ruido de la calle. O de sus rezos. En las mañanas prepara hotcakes con mantequilla y miel de maple. Su hermano está encerrado en la cárcel de algún estado del sur y su propensión a la conversación con un extraño me hace sentir obligado a compartir con él mis pensamientos, mis proyectos. Ama dejar papelitos con las instrucciones en cada rincón, como si su casita de 50 metros cuadrados tuviera que ser manejada como una mansión. Durante casi toda mi estancia opta por deambular semidesnudo, presumiendo su cuerpo esculpido a pesar de la edad. Tal vez está tratando de ligarme. Tal vez estoy equivocado, nomás me quiere humillar. No lograré descubrirlo.

Lo primero que pienso caminando por las calles de Venice es que el personaje de una serie de televisión que me gustaba vivía aquí. No recuerdo su nombre en la serie, pero lo interpretaba el actor que en los noventa era el agente Fox Mulder en *X-Files*. Ese actor se llama David

Duchovny, y después del gran éxito de *X-Files* desapareció en una plétora de películas inútiles. Hasta volver con cierto estilo en *Californication*, donde interpretaba a un escritor de novelas exitosas, cuya vida privada se dividía entre un divorcio doloroso con el amor de su vida, la adolescencia de su hija y un sinfín de mujeres, fiestas de intelectuales y actores de Hollywood, borracheras y peleas, como un nuevo Hank Bukowski, pero cool y sexy. Bueno, ese tipo vivía en Venice y con su Porsche Carrera medio roto daba vueltas en el barrio que tanto amaba. Checo en el sitio Imdb.com el nombre del personaje. Se llamaba Hank Moody, probablemente un homenaje a Bukowski.

Más o menos esto es Venice.

Me siento incómodo en Venice.

Veo el cielo gris y me sorprende la enorme cantidad de jacarandas en las calles. Jacarandas. Mis árboles favoritos. Mis flores favoritas. Una de las pocas cosas que realmente amo desmedidamente de la Ciudad de México.

Llegar a Venice y darme cuenta de que está llena de jacarandas me da gusto y me incomoda. Me da gusto porque quiero leerlo como una señal: en la Ciudad de México ya se cayeron sus flores, generando los tapetes morados típicos de la primavera avanzada, y aquí están justo empezando a florecer ahora, como si fuera un bonito presagio para mi trabajo. Me incomoda porque es como si Los Ángeles me hubiera robado y hubiera exhibido algo profundamente mío, el símbolo de mi relación íntima con la Ciudad de México. Es algo irracional y sin sentido, pero lo percibo como un abuso hacia mí. Con esta sensación ambivalente decido aventurarme en las calles de mi primer día. Quiero caminar lo más que pueda para entender qué es lo que extraña tanto Edwin, porque la verdad es que a mis ojos esta ciudad, este país, no tiene ningún encanto.

Veo el lujo disfrazado de los *hipsters* en sus carros de ricos. Veo sus restaurantes veganos en Abbot Kinney Boulevard, con sus desayunos de 30 dólares servidos en platos de metal, sus jugos servidos en frascos de vidrio que la gente normal usa para guardar mermeladas o tornillos; veo gente que come sentada en huacales de plástico rojo en lugar de sillas, como los que se usan para transportar la verdura en la Central de Abastos.

Pienso en mi madre viendo gente pagar 30 dólares por un desayuno sentada en un huacal, con un huacal como mesa. Ella que de niña vivió la Segunda Guerra Mundial en Venecia, conoció la miseria, sintió el hambre en sus tripas, que luchó toda su vida para tener condiciones mejores, para quitarse de encima el olor a pobreza, vendiendo perfumes. Ella estaría muy decepcionada, más bien asqueada, viendo algo tan imbécil.

Caminando sobre Abbot Kinney Boulevard me acerco a la playa, a la famosa Venice Beach. En el camino hacia el mar, a mi derecha, aparece un pequeño canal. Casitas ordenadas y limpias se asoman sobre el agua. Ésta es la interpretación californiana de Venecia, la ciudad única en el mundo, la ciudad de mi madre.

Es realmente mortificante ver el esfuerzo que hacen para que se parezca a la ciudad de la laguna en Italia. El primer sentimiento que percibo es pena ajena.

Banderas de Estados Unidos adornan los jardincitos limpios, bien cuidados. En todos lados hay banderas de Estados Unidos en este país. Es molesto. En los patios descansan kayaks, tablas de surf, pelotas de *beach volley*, mujeres en bikini tomando el sol. Camino por las que en Venecia se llamarían *calli* —con su cercanía lingüística al castellano, las "calles"—, entre canal y canal. Pero aquí no hay nada de la belleza extraordinaria, asombrosa, del original. Puentecitos de madera, jardincitos, casas más o menos pretenciosas, no siempre de buen gusto. Hay dinero, hay canales, hay puentecitos, hay un nombre que es la versión en inglés de Venecia, hay un señor que toma foto a cada paso, y esto es todo. Me asalta un sentimiento de angustia. Mejor salir de aquí y llegar a la playa más famosa de la zona.

Venice Beach es una de las metas más importantes del turismo interno de Estados Unidos, junto con Las Vegas, Miami, Nueva York. Todo el año está atascada de gente que pasea, corre, hace deporte, levanta pesas, juega *beach volley*, se prepara para surfear, o regresa de surfear, toca música, o la escucha, se hace ver, come, toma, fuma.

Un jamaiquino me para en la vereda, escogiéndome a mí entre otras 10 personas que pasaban a su lado en el mismo instante. En la mano derecha tiene una pila de CDs, en la izquierda un porro de mota prendido y fumado a la mitad. *Dreadlocks,* gorra amarilla, verde y negra, de lana, playera de algún equipo de básquet. A su espalda, un grupito de negros fuman mota escuchando el reggae que sale de un viejo estéreo. Me para, me sonríe con cierta insistencia. Me quiere vender un disco. Le contesto que ya no tengo forma de escucharlo, que hasta mi computadora se rehúsa a leerlo. Insiste, me dice que lo regale, que me lo va a firmar, que no me voy a arrepentir. Logra sacarme dos dólares y me llevo un disco de Purple Reggae autografiado que nunca escucharé.

Sigo caminando, tratando de evitar a otros vendedores de lo que sea, y me meto a una tienda de sombreros. El paraíso de los pelones como yo, que todo el tiempo tenemos que usar gorras, sombreros, pañuelos, para protegernos del frío, del sol, del viento, o nomás para vernos más interesantes. El empleado de la tienda quiere a fuerza platicar conmigo porque me pregunta de dónde vengo; le contesto que de México, y como su esposa es de Culiacán tenemos a fuerza que conversar. No entiendo bien su nombre —Barry, Larry—, pero es un excelente conocedor de sombreros y hace muy bien su trabajo. Me hace probar una montaña de sombreros que ha sacado, me ayuda a medirlos, y mientras tanto me platica, presumiendo sus conocimientos de español. Me cuenta que una vez tuvo que salvar a su esposa de un intento de secuestro, ahí en Culiacán. Que los tipos que la querían secuestrar no se dieron cuenta de que él era un rudo. Los golpeó, los madreó, los dejó tirados en el suelo. Tanto que el capo de la banda tuvo que reconocer su gran valor y soltar a la mujer. Efectivamente es un hombre alto, fuerte, "mamado", y por supuesto, bronceadísimo. No le creo ni una palabra, pero me cae bien. Me hace probar también un sombrero de Goorin Bros, la marca que produjo el sombrero de Walter White, el personaje que protagoniza la serie *Breaking Bad*. Me encanta. Todavía me gusta más un panamá negro hecho en Ecuador. Queda perfecto en mi cabeza rasurada. Salgo con una boina y los dos tocados. Larry o Barry está feliz de haber vendido bien, feliz de haber contado su historia. Yo feliz de haberlo conocido.

Camino por la playa observando la enorme cantidad y diversidad de personas. Hay un esfuerzo impresionante y difuso de tener una apariencia bizarra, distinta, original. Es tan frecuente, tan forzoso y tan obvio que a mis ojos se transforma en conformismo.

Hay muchas tiendas que venden marihuana para uso terapéutico, así que las nubecitas de humo de mota fluctúan en el aire sin que los policías en *shorts* montados en sus bicicletas tengan nada que objetar. Hasta los policías parecen *hipsters.*

Camino en medio de una muchedumbre diversa, colorada, alegre, frenética y me siento profundamente solo.

Después de una hora así, decido regresar a la que será mi casa durante los próximos días. De vuelta, a lo lejos mi atención se fija en una agrupación de personas. Unas cámaras, luces, trípodes y muchos técnicos. Algo se está grabando. Me acerco más y en medio del grupo veo una silueta que se me hace conocida. Un negro con corte mohawk. Se parece mucho a Mr. T, uno de los personajes más conocidos en los ochenta, ídolo de los niños gracias a la serie *The A-Team,* donde actuaba como el energúmeno gruñón B. A. Baracus. Nomás que éste no puede ser él, porque éste tiene enormes alas amarillas de mariposa colgando de los hombros y está siendo entrevistado junto con dos *teenagers* que tienen en las manos unas botellas de Fuze Tea.

Mr. T nunca haría algo tan degradante. Me acerco más. Se está acabando la toma. El hombre voltea hacia mí. Lo veo a los ojos. Veo sus arrugas, sus músculos flácidos, sus cadenas de oro postizo, su barba negra dibujada donde ya no le crece. Veo un Mr. T de casi 70 años vestido de mariposón gigante haciendo anuncios del Fuze Tea en las playas de Venice Beach, diciéndole a sus fans: *"God bless you. God bless you all".*

Me acerco a tomarme una *selfie* con él para estar seguro y tener grabado el principio de que nunca deberíamos encontrar en la vida real a nuestros héroes de la infancia.

Me desagrada este lugar y su gente.

Cuando llego a mi cuarto en casa de Gerard, afuera está empezando a llover. En el camino comí una hamburguesa y una orden de papas en un restaurante donde la totalidad de los clientes y de los meseros se entusiasmaba viendo un partido de futbol americano.

Mañana conoceré finalmente al hombre que le ha cambiado la vida a Snoopy, el mejor amigo de Edwin.

Mañana voy a conocer a Javier.

* * *

Javier Stauring llega por mí a las nueve en punto. Maneja una pick-up blanca y tenemos prisa. Hay que llegar a las diez al centro de Los Ángeles a una junta de recaudación de fondos para la campaña de un *congressman* del partido demócrata, Tony Cárdenas, conocido por ser de origen mexicano y por sus luchas para reformar las condiciones de las cárceles en Estados Unidos.

Javier es un hombre alto, corpulento, de pelo blanco y bigote. Sus lentes no logran esconder del todo unos ojos atentos y una mirada irónica. Siempre viste guayaberas elegantes de diferentes colores. La que trae puesta hoy es de un hermoso morado, mi color favorito. Su origen mexicano se nota mucho, pero se mezcla perfectamente con su ser gringo. Es un perfecto *Mexican-American* californiano.

Me subo a la pick-up, le entrego a Javier los regalos que Edwin me encargó para él y su familia, bien empacados en papel china de diferentes colores. Cada paquete trae una tarjetita de cartón con un dibujo hecho y coloreado por Edwin. Este tipo de detalles son los que aprendí que representan mucho para él. A través de esto manifiesta su amistad y su respeto.

Con una sonrisa amistosa, Javier me da la bienvenida y nos lanzamos por las concurridas calles hacia el *downtown* de "El Ei".

Antes de llegar a nuestra reunión con el *congressman*, Javier y yo pasamos a recoger a un joven que acaba de salir de prisión. Nos espera en una esquina en el centro de la ciudad.

El *outfit:* unos jeans anchos, una sudadera gris claro, una gorra negra de *baseball.* Todo sin marca, todo anónimo. Tiene bigotes y una mirada algo atónita. Lleva 10 días fuera de prisión después de haber pasado encerrado en Pelican Bay los últimos 19 años y medio, de los cuales once y medio en aislamiento. R no quiere que publique su nombre, pero me promete que va a dejarme hacerle algunas preguntas. Javier quiere saber cómo se siente, si le molesta la gente, si le incomoda el metro, los coches.

—Un poquito. *Actually yes.* Pero ahí vamos.

R estuvo encerrado en la misma prisión en los mismos años que Edwin. Posiblemente hayan estado encerrados en celdas cercanas en el aislamiento, el SHU (Special Housing Unit). A lo mejor se conocieron, se hablaron, participaron juntos en una riña en la prisión. A lo mejor nunca se toparon.

En un par de días, Javier y yo iremos a visitar Pelican Bay, una de las más conocidas y duras prisiones de máxima seguridad de Estados Unidos, al norte de California, casi en la frontera con Oregon.

R se relaja en el asiento del coche de Javier, se prepara para participar en la reunión junto con activistas, actores de Hollywood, políticos, periodistas.

Con un poco de atención se puede notar en sus ojos, por el espejo retrovisor, la expectativa, la incomodidad, pero la esconde muy bien detrás de una mirada irónica, desafiante. Acaba de salir de lo que muchos consideran el infierno, ¿cómo le va a resultar una reunión con unos cuantos *hipsters* y poderosos?

El departamento está en el noveno piso de un edificio del centro de L. A. y es la sede de Revolve Impact, una agencia de impacto social, como se lee en su página de internet, "cuya misión es integrar artes y cultura en campañas políticas y organizar los esfuerzos para aumentar el impacto que tienen en la sociedad".

Después de un rápido desayuno a base de pan dulce, bagel, fruta fresca y café, nos sentamos alrededor de una mesa y nos presentamos ante el *congressman* Tony Cárdenas. Además del fundador de la agencia, Mike de la Rocha, están la actriz Sabra Williams, varios activistas de organizaciones de barrio, de apoyo a los expandilleros, un exconvicto que ahora trabaja en ARC (Anti-Recidivism Coalition), una organización de apoyo a jóvenes que estuvieron encarcelados. Estamos Javier, R y yo. El ambiente es relajado, cada quien se presenta y cuenta por qué se encuentra ahí. El *congressman* tiene que convencer a los que asisten a la reunión que en su siguiente mandato va a representar los intereses de los diferentes grupos en el Congreso federal.

Yo intento captar las sensaciones de R, que está sentado a mi derecha. No me es fácil interpretar sus pensamientos con las pocas miradas de reojo que logro lanzarle. Además, la visera de su gorra le cubre casi del todo los ojos. Escucha cada palabra, serio. R tiene mi edad y desde los 17 años ha estado encerrado en prisión. Más de la mitad del tiempo en *solitary confinement*. ¿Cómo le debe parecer esta conversación estratégica hecha por personas tan "comprometidas"? ¿Qué opinión tiene? ¿Cree en lo que dicen o los considera puros discursos vacíos? Tengo que esperar para saberlo.

Al final de la reunión, nos tomamos fotos juntos. El *congressman* quiere tomarse una foto con R que finalmente sonríe, cuando Javier se entromete llevando una piñata en forma de Donald Trump. Risas generales. Apretones de manos. Promesas. Abrazos. Chistes. Nos vamos.

No sé bien qué pensar del encuentro, pero me voy con la promesa de poder entrevistar a Tony Cárdenas la próxima semana. R no expresa sus opiniones, pero dentro de algunos días podré hacerle algunas preguntas. Dejamos el mobiliario y las decoraciones *hipster* de Revolve Impact para lanzarnos nuevamente en las transitadas calles de Los Ángeles.

Ahora hay un personaje que es necesario conocer un poco más en esta historia antes de hacer el viaje en el barrio de Edwin.

Hay que pararse y mirar a los ojos a Javier; quitarle esos lentes con la montura negra y fijarse en esa mirada irónica. Hay que tomarse una pausa. Hacer otro corte.

Corte.

* * *

—Bueno. ¿De dónde empiezo? Yo lo conocí [a Javier] en la juvenil, *Central Juvenile Hall East L. A.*, a través de voluntarios que venían de la iglesia. Él trabajaba para la arquidiócesis de Los Ángeles. En esa época creo que todavía era voluntario en el *juvenile hall*. Nos sacaban unos 15 minutos a platicar, nomás para desahogarnos, y de una manera u otra él y yo hicimos un clic. Me cayó bien, le caí bien. Ahí empezó mucho a conocerme. Él ha hecho muchas cosas para los que están en la juvenil.

Edwin me ha mencionado a "su amigo Javier" desde el primer minuto en que nos conocimos en el Parque de la Hormiga. Una de las primeras cosas que me dijo fue: "Para entender mi historia, deberías conocer a mi amigo Javier. Él es el que sabe". Su relación con Javier es posiblemente lo que más le da gusto contar, es una amistad que siente profundamente, algo de lo que está muy orgulloso. Probablemente, pero nunca lo platicamos de forma explícita, lo hace feliz saber que después de tantos años pueda contar todavía con él y que Javier nunca se haya alejado de su vida, como ha pasado con mucha otra gente.

—Aquí está él en una foto en prisión, mira —me enseña la foto de un hombre en una página de Facebook.

Estamos en la casa de Edwin, en Azcapotzalco. Venimos de una plática de un par de horas sobre qué quiere decir pasar una vida encerrado, sobre las reglas del honor, los códigos, el concepto de amistad. Son cosas que todavía no entiendo del todo y que necesito tiempo para digerir.

Javier ha representado durante mucho tiempo la referencia más fuerte, si no la única, para Edwin. Su salvavidas, que le ha permitido no perderse durante los muchos años pasados en prisión. Durante varias sesiones de entrevistas, tengo una idea de este hombre tan importante que, dos años después de empezar la aventura de este libro, conocí por fin en persona en Los Ángeles.

45

—Cuando Javier me conoció estaba yo siempre en el hoyo, *in the box,* como se llama allá en la juvenil. Por pelear y cosas así. Y ya cuando fui a prisión perdimos un poco el contacto. Pero luego volvimos a contactarnos y ya empezó así a decirme, Edwin ¿en qué te puedo ayudar? No, pues, mándame libros para leer, cultura mexicana, y todo. Yo lo que sabía hacer era dibujar y le mandaba dibujos, y desde ahí también a través de eso surge una amistad chingona hasta hoy en día. Hasta el día que salí, que él estaba ahí. Y vino a despedirse a Tijuana.

Cuando Javier Stauring conoció a Edwin (al que en ese entonces todos le decían Snoopy), trabajaba en el negocio de la joyería. Se había graduado en la escuela como gemólogo.

En esos años su mamá visitaba cada domingo a los presos de las juveniles, como voluntaria de su parroquia, y siempre buscaba otros voluntarios que se sumaran al trabajo.

Javier había nacido en California, como sus dos hermanos y tres hermanas, después de que su papá, por trabajo, se había mudado de México a Estados Unidos. Cuando Javier tenía nueve años, la familia Stauring se mudó a Monterrey, en el estado mexicano de Nuevo León, siempre por el trabajo de su padre contador. Al mes de haber llegado a México, su papá falleció, y su mamá, que hasta entonces se había ocupado de los hijos como ama de casa, se fue a trabajar para mantener a la familia. Era hija de un carnicero, así que se fue a trabajar con su padre en la tienda de la familia. Javier y sus cinco hermanos se criaron en Monterrey.

Ya de regreso a California, después de más de 10 años en México, su mamá empezó a ir a la juvenil todos los domingos como parte de su voluntariado en la iglesia. Insistía en que Javier la acompañara, sin poder convencer a su hijo, que prefería ir a la playa o ver los partidos de futbol americano con sus amigos en lugar de encerrarse voluntariamente en una cárcel. Javier tenía 25 años al principio de los noventa. Le parecía absurdo desperdiciar la posibilidad de disfrutar el océano Pacífico, las playas de Malibú, Venice Beach, Santa Mónica, las chicas, el surf.

Sus tres hermanas y sus dos hermanos habían decidido ser voluntarios, pero Javier se resistía. Fue un domingo en la playa, leyendo una revista, que vio un artículo escrito por un cura jesuita que trabajaba con los *homeboys*, Greg Boyle S. J., cuando empezó a tener curiosidad sobre lo que hacían sus hermanos y su mamá. Se dijo que por una vez podía hacer feliz a su madre e ir con ella, el siguiente domingo, a la juvenil.

Empezó a ir de voluntario pocas semanas después, a oír las historias de los chavos.

Tenemos mucho tiempo para platicar en los largos ratos que necesitamos para cruzar Los Ángeles. Javier recuerda con cariño sus primeras experiencias como voluntario con los jóvenes presos en la *juvenile hall*.

—Una vez que oyes sus historias, de cómo viven su niñez, lo difícil que muchos de ellos la tienen en sus vidas desde que nacen, pues está complicado no involucrarse. El hecho de que han podido sobrevivir ya es algo de admirarse. Y los ignoramos como sociedad, cuando tienen problemas, de niños, los traumas que es muy común que vivan, la violencia. Ignoramos todo esto. Y luego una vez que ya están acusados de hacer algo malo, entonces sí entra la sociedad y les presta atención, pero es nomás otra vez para hacerles más difícil la vida por medio del castigo. Hacemos lo posible para que los problemas desaparezcan por medio de las prisiones, por lo menos que desaparezcan de nuestra vista. Esto es lo que hacemos.

Javier habla siempre de "nosotros" cuando habla del sistema, de la sociedad. Se identifica y asume su participación como ciudadano, aunque sus ideas sean opuestas, aunque sus acciones, su práctica política, su militancia vayan en dirección contraria. Usa el "nosotros" porque se siente realmente parte de la comunidad y de la sociedad. No son "ellos" quienes hacen cosas malas, quienes tienen políticas brutales, quienes castigan a los niños con la prisión; somos "nosotros", como sociedad.

—No queremos verlos, no queremos tratar con las causas que están a la raíz de por qué los jóvenes se involucran en actos violentos.

Nada más los queremos encerrar y olvidarnos de ellos. Y cuando conocí a más chavos y empecé a estar más en relación con ellos.

Al mismo tiempo que empezaba a ir con más frecuencia a la juvenil, Javier seguía trabajando en la joyería, y combinar las dos cosas se le hacía muy difícil porque trabajaba joyería a mayoreo, era representante para una compañía de perlas de Japón, asistía a los shows donde iban las empresas joyeras a comprar: Nueva York, Miami, Tucson. Iba a cenar con los joyeros deprimidos porque no habían vendido un millón de dólares en joyas durante el año, porque no habían llegado a su meta.

—Luego los domingos iba y hablaba con niños de catorce años que iban a pasar el resto de su vida en la prisión y se me hacía... (suspira). Se me hacían dos mundos que era demasiado difícil para mí conciliar.

Entonces decidió que quería dedicar más tiempo con los niños pandilleros y empezó a buscar un trabajo relacionado con este tema. Un día se topó con un anuncio: buscaban un *gang intervention specialist*.

—Marco el número que aparecía en el volante y el director del programa me dice sí, nomás mándame tu *resumee*. Y pues yo no tenía *resumee* para ese tipo de trabajo, nada más era un voluntario; mi experiencia la tenía en la joyería, pero de nada me iba a servir. Sabía que no me iban a contratar. Entonces yo le dije fíjate que yo vivo cerca, te voy a traer mi *resumee* a mano, porque la única manera de que yo tuviera chance de convencerlo era, pues, si podía hablar con ellos directamente. Y él me dijo está bien, tráemelo. En cuanto entré a su oficina, vi la foto de un *homeboy* y le digo *Wow! This is Steve!*, y el director me dice ¿y tú cómo lo conoces? Y le respondo, yo lo visito todos los domingos, está en la juvenil. Entonces él me dice, ah, es mi hijo. Y así fue como conseguí mi primer trabajo relacionado con esto.

Javier trabajó ahí durante un año, y al mismo tiempo todavía vendía joyas, todavía iba a los shows.

Después de un año, *sister* Janet, la religiosa capellán de la juvenil, le preguntó si estaba interesado en tomar su lugar, porque ella se iba a retirar.

48

—Ése fue el año que me casé, el padre Greg Boyle nos casó a mi esposa y a mí. Regresé de mi luna de miel y empecé como capellán en la juvenil.

Cuando le pregunto por qué de la joyería pasó a ser capellán, por qué le interesó tanto el trabajo en la cárcel, en un primer momento me contesta que fue su mamá la que lo convenció y por eso le empezó a gustar. Pero luego siente la necesidad de ir más allá, de escavar un poco más en su personalidad.

—Creo que a cierto nivel me identifiqué con los jóvenes en la juvenil, aunque yo nunca estuve en la cárcel, nunca me arrestaron, nunca fui pandillero. Pero ese sentimiento de no pertenecer siempre fue muy fuerte. Cuando nos fuimos a Monterrey, allá me veían como un gringo. Y acá me veían como un mexicano. Entonces el sentimiento de no pertenecer, el hecho de que falleció mi papá tan joven y cuando yo estaba tan chico, también me afectó mucho. Yo no tenía amigos que no tenían papá. Yo no conocía a niños huérfanos, y esto me hizo sentir diferente, me hizo sentir menos que los demás. Y esos sentimientos de aislamiento, de pérdida, no sé, creo que de alguna manera me hicieron identificar con los jóvenes que estaban en pandillas y estaban en la cárcel. Sí tuve años que me metía en muchos pleitos, íbamos a las fiestas nomás a pelearnos, todo esto, pero no había pistolas, no estábamos matando a gente. No crecí en ese ambiente de pandillas, de barrio. Me imagino que si yo hubiera sido el mismo joven con los temores y el estado emocional en el que crecí y hubiera vivido en Estados Unidos, me hubiera metido en problemas mucho más grandes. Me salvé porque estaba en Monterrey. Muchos de mis amigos los arrestaban, pero sus papás los sacaban luego luego. Acá te metes en un problema como joven y puedes quedarte ahí el resto de tu vida.

Lo que Javier me dice es algo que siempre me ha llamado la atención de Estados Unidos en comparación con Italia, mi país. En Italia puedes tener una adolescencia turbulenta, como muchos tienen, y después tener una vida normal, sin que los problemas, las inquietudes, se vuelvan una carga intolerable. Aquí no. Y sobre todo si eres mexicano, negro, latino, "minoría". Esa turbulencia, como la llama Javier, con mucha más probabilidad se puede volver tu condena para siempre.

No hay espacio para que los jóvenes cometan errores y puedan aprender de ellos, recuperarse de ellos, que les sirvan para crecer. El de Estados Unidos es un sistema que no perdona y que no toma en cuenta que es normal que los chavos tengan problemas.

—Bueno, si eres blanco y rico sí te perdona.

Se ríe con cierta amargura viendo los coches frente a él, sin voltear la mirada hacia mí.

—Si eres blanco, sí. Y fíjate, no hay manera de tener una discusión acerca de los problemas del sistema de justicia sin hablar del racismo que existe. Está al centro de todo. Pero también he tenido conversaciones con jueces que me dicen que ellos sienten que sus manos están atadas. Porque dicen, pues si yo veo a un niño blanco con recursos y lo traen a mi corte, porque el niño ha estado usando drogas o algo, y entra con el abogado privado, con el papá en su traje y la mamá a su lado, y dicen, sí, mi hijo tiene un problema con drogas, pero nuestro seguro va a pagar por su rehabilitación y lo vamos a mandar a un centro, pues tengo más opciones como juez. Imagínate ahora que el niño que llega es pandillero, que a la mejor nomás está la mamá en casa y ella tiene que tener dos trabajos para sobrevivir y no puede ir a la corte, y llega el niño solo y no hay nada de apoyo y con un abogado público, pues no hay las mismas opciones.

Lo que me queda claro es que en este país hay un sistema de justicia en el que si eres rico y culpable te va mejor que si eres pobre e inocente.

Aprendo de Javier que en la juvenil los niños presos tienen un dicho: *I'm innocent until proven broke*. Soy inocente hasta que se compruebe que soy pobre.

* * *

Javier me deja para ir a otra cita. Seguiré platicando con él mañana. Y en un par de días tenemos que volar a Oregon, para que conozca la universidad de Edwin: la prisión de máxima seguridad de Pelican Bay.

Soldier

I'm a soldier, these shoulders hold up so much
They won't budge, I'll never fall or fold up
I'm a soldier, even if my collar bone's crush or crumble
I will never slip or stumble

EMINEM, *Soldier*

—El cabrón no se murió. Pero yo todavía no sabía.

Edwin prepara un café en la pequeña cocina de su departamento. El café lo toma tibio, como lo tomaba en prisión, donde no era tan fácil calentarlo. Y en lugar de azúcar le pone Stevia, ese endulzante que se saca de una hierba dulce y sabe a Splenda. Y es igual de asqueroso.

Le pido que me sirva un café de a de veras, bien caliente, fuerte. Y con azúcar de verdad. No lo tiene. Se ríe de mí. Me río de él. La próxima vez tendré que llevarme unas bolsitas de azúcar para mi café.

Nuestras entrevistas en su casa se parecen siempre más a una especie de terapia. Para los dos. Horas de conversaciones, en las que nos contamos lo que poca gente sabe, en las que intentamos mirarnos al espejo.

He pasado el último año yendo a casa de Edwin, a su "cantón", como le gusta llamarla. Es el 1° de agosto de 2015 y festejamos nuestro primer aniversario en esta empresa. Le da mucha risa cuando le digo que somos como una vieja pareja, que nuestra aventura va a ser como un pequeño matrimonio.

Al principio era todo bastante formal; había cierta distancia entre nosotros, la que se supone que haya entre un periodista y su entrevistado. Yo mismo sentí durante mucho tiempo cierta sospecha de su parte. Puedes acercarte a mi historia, pero no te acerques demasiado a mí, parecía pensar Edwin. Ésta era una sensación que yo tenía sobre él, no necesariamente es lo que él pensaba. O por lo menos no conscientemente.

Pero volviendo a escuchar las entrevistas de los primeros meses me parece bastante claro el cambio que se fue dando. Poco a poco llegamos a conocernos más, a respetarnos. Después de un año, un trabajo periodístico se transformó en la búsqueda de un camino que estábamos recorriendo los dos, cada quien a su paso y en su dirección.

De hecho, esto ya no es un trabajo periodístico. Es lo que Emmanuel Carrère llamaría una novela de no ficción.

Después de un año, finalmente me puede contar lo que pasó aquella noche.

Edwin tiene un poco de miedo en usar su verdadero nombre en el libro. No quiere perder todo lo que tiene hoy, lo que ha construido en estos años, por hacer pública su historia.

Los acuerdos son claros: puede escoger si usar su identidad o un nombre ficticio. Después de un año decide que sí, va a aparecer en el libro con su nombre, porque está cansado de esconder su pasado. Está cansado de tener que ocultar lo que tiene tatuado en su piel, en su carne, en su alma. Lo que es hoy, dice, es muy distinto de lo que fue en su juventud. Yo agrego que al mismo tiempo lo que es Edwin hoy puede existir sólo gracias a lo que fue, a lo que vivió Snoopy, a lo que vivió Edwin Martínez. Ha llegado el momento de asumirlo y dejar de avergonzarse de ello.

Parte del acuerdo es que en cuanto acabe el libro me haga un tatuaje, que me lo haga Edwin, para que quede grabado también en mi piel el viaje que cumplimos juntos. Es un acuerdo que no sé si voy a respetar. No tengo tatuajes, no soy fanático de inyectarme tinta en la carne con una aguja y rayar mi cuerpo. Veremos qué va a pasar.

Mi amiga Ana me presentó a Edwin porque según ella tenía una historia extraordinaria. Lo primero que yo le había preguntado a Ana fue cómo lo había conocido. Me dijo que había sido el maestro de inglés de su hija Sara.

Esto llamó mi atención. ¿Cómo es que un expandillero, que estuvo preso en una prisión de máxima seguridad de las más duras de Estados Unidos, llega a ser maestro de inglés de una niña de cinco años en la Ciudad de México?

—No es algo que se sabe. No lo sabe mucha gente aquí —me contestó Ana— pero yo lo reconocí. Porque crecí en un barrio bravo. Vi en sus ojos algo que me recordó muchos de los amigos que tenía cuando era adolescente, amigos que todavía tengo. Gente que ha vivido situaciones de violencia, gente ruda. Esa mirada de barrio la vi claramente en los ojos de Edwin.

Sus tatuajes, los pocos que se le ven cuando trabaja con su camisa de manga larga o un suéter, los pequeños tatuajes en las manos, los tres puntitos cerca del ojo izquierdo casi invisibles, el pequeño "valle" grabado en el cuello, no son tatuajes de *hipster*. Una persona que conozca un poco las dinámicas de barrio se da cuenta de que son signos de una vida diferente, violenta, que tienen un significado preciso. Uno que tiene esas marcas es un rayado. Es un rudo. O por lo menos lo ha sido.

Ana se acercó al maestro de su hija, tratando de investigar sobre su vida y su pasado. Edwin no se sentía cómodo. No estaba acostumbrado a que alguien conociera su vida anterior. Al principio no la dejó acercarse. Poco a poco la insistencia de Ana logró abrir una brecha. Se pudo establecer cierta confianza, indispensable para construir la futura amistad. Edwin pudo entonces abrirse y contar su historia. Ana empezó a ser su confidente. Frente a la casi totalidad de los demás, Edwin jugaba el papel profesional, mantenía distancia. Con Ana podía bajar las defensas. Podía descansar.

Ana un día le dijo que tenía un amigo periodista, que estaría bien contar su historia, que podría ser una forma de crecer. Y después de una breve negociación nos presentó.

Ahora, después de un año de trabajo juntos, de largas entrevistas de cuatro o cinco horas cada vez, después de abrirme yo mismo frente a él, mostrándole mis debilidades, mis angustias, mi dolor, pude ganarme su confianza. Después de un año, Edwin siente suficiente comodidad como para contarme los detalles más delicados de su vida. Y el cambio empieza con la ruptura de un tabú: lo que pasó aquella noche en que se lo llevaron a la cárcel por haber acuchillado a un negro en frente de un Taco Bell.

—*They took me to the juvenile hall.* Estaba en espera del proceso, encerrado ahí en la juvenil. *You're like in a holding tank before you go to have get processed, finger prints; you fall asleep there like at three in the morning; they take you from a cell to another cell.* Estuve ahí dos o tres días. Y luego me dijeron *you ain't here for murder but for attempt of murder.*

Damon no murió. Así se llamaba el joven que Snoopy había picado. Damon. Y no murió. Sin embargo, estaba en condiciones críticas. Snoopy, mientras tanto, se estaba volviendo loco. Por lo que él sabía, había matado a una persona. Esto era lo que le decían los policías desde que había llegado.

Decidió no llamar a su mamá, mejor a su tía Alma Rosa. Porque a su madre no la quería alarmar. No quería decirle que había matado a un hombre.

No recuerda si la policía encontró la navaja o no. No está seguro. Pero lo que sabe con certeza es que la navaja la tiró, pero aparentemente nunca apareció, y sabía también que tenía sangre en su ropa. Y por algo así te vas a la cárcel.

El cabrón no se murió, y aunque hubiera podido delatar a Snoopy (o Edwin) como el que lo había acuchillado, no lo hizo. *He didn't snitch.* Por lo menos nunca lo dijo en el tribunal. Esto posiblemente haya disminuido el cargo.

Pero eran los años noventa, en California había una retórica de guerra en contra de las pandillas y una actitud muy agresiva por parte del estado, que consideraba a los pandilleros, principalmente latinos y negros, como el enemigo público número uno. La línea dura implicaba ser implacables contra los que representaban un desafío para el orden y la ley. En ese contexto fue juzgado Snoopy, a sus 16 años, como un adulto.

Durante nuestros encuentros son muchas las veces que lo menciona; me dice que fue uno de los primeros en California en ser juzgado como adulto siendo menor de edad. Me dice que fue en esos años cuando cambiaron la ley.

* * *

Mucho tiempo después, camino a la prisión de Pelican Bay, será su amigo Javier el que me explicará con más detalles qué fue lo que pasó.

—Cuando a Edwin lo condenaron como un adulto, esas leyes ya existían hace tiempo, pero dado el contexto de los años noventa se empezó a aplicarlas con más frecuencia.

Javier habla mientras maneja el carro rentado en Oregon y yo tomo nota de sus palabras tratando al mismo tiempo de no perder detalles del panorama.

—En California hay tres maneras en las que un menor de edad puede ser juzgado como adulto. La primera es que un juez, una persona imparcial, vea el caso, y basándose en diferentes criterios, decide si el joven se puede quedar en el sistema juvenil o tiene que ir al sistema de adultos. Otra manera es que el procurador, o sea el fiscal, la persona cuyo trabajo es encontrarlo culpable y darle el mayor castigo, lo decida así. Y lo puede decidir. Ahora en California el setenta por ciento de los niños que terminan en el sistema de adultos es porque el procurador dijo a este niño lo vamos a mandar al sistema de adultos. La gran mayoría terminan así. La tercera manera es que si el cargo es un cargo muy serio, como asesinato o intento de homicidio, y el imputado tiene dieciséis años de edad, pues automáticamente esos casos van a la corte de adultos. Entonces no es que antes no existiera la posibilidad de sentenciar a alguien de catorce años como adulto, sino que pasaron leyes que facilitaron mucho este proceso.

Snoopy tuvo la mala suerte de ser juzgado como adulto en un momento en el que los chavos como él, pandilleros, mexicanos, representaban el blanco de las políticas públicas de seguridad en estados como California.

En Estados Unidos fue hasta el año 2005 que se abolió la pena de muerte para menores de edad. Esto quiere decir que hasta ese año se podía ejecutar a menores de edad. Condenarlos a la pena de muerte y ejecutarlos siendo menores de edad. En la realidad esto no llegaba a pasar casi nunca porque los casos tardan tanto, entre sentencias y apelaciones, que ya cuando los ejecutaban ya eran mayores de 18. Pero fue hasta 2005 que la sociedad estadounidense decidió que no es constitucional ejecutar a niños.

El tema de la pena de muerte me mueve bastante. Puede parecer una postura *naive* la mía, pero no logro digerir que se le quite la posibilidad a un niño, porque un adolescente es prácticamente un niño, de hacer su vida y remediar sus errores.

En la escuela aprendí que el primer Estado del mundo que abolió *de facto* la tortura y la pena de muerte fue la Serenissima Repubblica de Venezia, a principio del siglo XVIII. En la tierra de mi madre llevan tres siglos sin sentenciar a muerte ni torturar a nadie. Cuando escucho hablar con tanta normalidad de niños condenados a muerte, no puedo evitar pensar que sea una de las acciones sociales más bárbaras y crueles que se puedan imaginar. El trabajo de Javier es un constante e incansable esfuerzo para que se logre erradicar este tipo de prácticas.

Sonríe con amargura cuando le hago notar mi disgusto. Y continúa con su explicación.

—Y fíjate que todavía tenemos la sentencia de cadena perpetua sin ninguna oportunidad de *parole*. *Life without parole* significa que no importa cuanto cambies, no importa qué es lo que pase en tu vida, si estás sentenciado a *life without parole* nunca vas a tener una oportunidad de ir ante un juez y esperar una segunda chance. Esto viene siendo una sentencia de pena de muerte más lenta, ¿verdad? Ahora, en los últimos cuatro años, aquí en California, hemos podido hacer pasar leyes que sí le dan a los menores de edad una segunda oportunidad, o sea, todavía existen leyes que permiten dar sentencias de cadena perpetua a los niños, ¿verdad?, pero las leyes que pudimos hacer pasar en California dicen que hasta los niños que fueron sentenciados con cadena perpetua, después de estar veinticinco años en la prisión, van a tener una oportunidad de ir ante un juez, comprobar que han cambiado, que han intentado hacer todo lo posible en los últimos veinticinco años para mejorar, y luego el juez puede darles una sentencia que les permite salir. Nos tardamos siete años para que pasara esta ley, la SB9 (Senate Bill 9). Si hubiéramos intentado hacer pasar una ley que dice que ya no se pueden sentenciar niños a cadena perpetua, nunca lo habríamos logrado. Oyes de otros países donde te cortan la mano si robas y dices, oh, ¡qué barbaridad! Pues así nos ven otros países a nosotros. No pueden entender que Estados Unidos, el país de la libertad, haga estas cosas. Esto no existe en otro país en el mundo. ¡Federico, Estados Unidos es el único país en el mundo que sentencia a los niños a cadena perpetua!

* * *

—Todavía *it was 1994, so I don't know if they were going to trial me as a juvenile;* ya tenía dieciséis años, era un delito grave, intento de homicidio, *so they trial me as an adult. So I was going to court.*

Siendo juzgado como menor de edad, a lo mejor hubiera sido diferente la vida de Edwin.

—*I would have been in YA (Youth Authority), and you go as a teenager, until you're twenty-five. Which is like a prison, but...*

—Pero ¿hubieras hecho el mismo tiempo? ¿Los mismos años?

—*Probably less. Or maybe more. I don't know.* La cosa es que si te juzgan como juvenil, *as a youngster and they give you twenty-five to life,* tú sales a los veinticinco *because that's like a life sentence. That's the difference between a juvenile system and adult system.* Pero en ese tiempo en el que empezaron a aplicar esa ley, muchos de nosotros fuimos juzgados como adultos. Y cuando te juzgan como adulto cambia todo, la *life sentence* es de verdad. *And if they give you twenty-five to life you don't come out no more. And they were giving us life senten-ces. So you can imagine, you're thirteen, fourteen years old and you get twenty-five to life and they send you to prison. And you're done.* Lo iban a sentenciar por asalto con lesiones corporales con la agravante de odio racial. Le iban a dar 13 o 14 años. Snoopy los hubiera tomado, con que no le dieran *life sentence.* Pero su defensor público le propuso un *deal*, un acuerdo de unos 12 años.

—*I was, oh man, it can't be less? You can't go less than twelve? Él* hizo un *deal* con el *DA*, el *district attorney. Alright ten years*, si te portas bien sales a los cinco. *Which at that time it was good. So I took the ten years.* Mi mamá estaba presente en la corte.

Edwin pasó un año en el *juvenile hall* esperando su sentencia. Y su tiempo en la juvenil fue todo una pelea. Ahí fue donde conoció a Javier y empezó su relación con el voluntario joyero. Edwin estaba todo el tiempo *in the "box"*, así es como le llaman al hoyo en la juvenil. Se la pasaba entrando y saliendo del hoyo.

—Al parecer siempre te ha gustado estar en el hoyo, ¿eh? —le pregunto sin miedo a que se ofenda.

Edwin es una persona extremadamente irónica, sobre todo es capaz de reírse de sí mismo y de sus tragedias. Tiene un sentido del humor muy desarrollado, que se hace negro cuando habla de sí mismo. Se ríe fuerte cuando le hago el comentario.

—*Yeah, I was always in the box, and then in the* SHU. *The story of my life.*

Edwin se toma sus años y lo mandan a Lynwood County Jil, en una sección para juveniles, porque ésta ya era una cárcel de adultos. No se quedó mucho tiempo ahí, justo el tiempo de cumplir 18 años. Después lo mandaron al L. A. County Jail. Tampoco ahí duró mucho tiempo. Insistía para que lo mandaran a Delano, a unas tres horas al norte de Los Ángeles.

En la cárcel se califican los detenidos con base en un puntaje, que depende de muchos factores, entre los cuales se toma en cuenta la gravedad del delito o si han estado en prisión antes. Edwin era un nivel tres. El nivel cuatro es máxima seguridad, y los detenidos se mandan en prisión. Hay una distinción entre *jail* (cárcel) y *prison* (prisión): la primera es normalmente del condado, la segunda es estatal y más dura y hay varios niveles de seguridad. Aumentando el puntaje aumenta el nivel de seguridad de la prisión, que puede ser de máxima o de súper máxima seguridad.

Durante un año Edwin estuvo en la recién abierta High Desert State Prison, cerca del estado de Nevada.

—*We opened up High Desert because it was a new prison. I still was level three.* Pero para nosotros de broma era como un sistema de honor: quien tiene más estrellitas pasa al siguiente nivel (ríe). Pero si te involucras en pleitos o te cachan con un *shank*, aumenta tu puntaje y te puede llevar a nivel cuatro. *That's how it started. I was eighteen years old, I was in prison and I was, oh shit, ok, I'm with the big boys now. I was kinda like excited, but scared at the same time.*

Luego acabó picando a otro *inmate*, y lo mandaron al hoyo. Acuchilló a otro tipo, y se fue al *Security Housing Unit*, el SHU, "*worst of the worst*", el aislamiento en la prisión de súper máxima seguridad de Pelican Bay.

Esto es más o menos el orden temporal de los traslados. Una vez que entró a prisión tuvo que aprender otro lenguaje, conocer otra organización, interiorizar otra disciplina. En Pelican Bay finalmente entraba al mundo de los adultos.

* * *

—Así es la vida adentro: reglas, órdenes, rutinas. Tú tienes la opción de seguirlas o no. Puedes decir, no, ¿sabes qué? Nomás vine a hacer mi tiempo. No voy a correr con eso. *It's your choice.* Pero ese tipo de decisión te marca, porque tú estás decidiendo cambiar tu vida. Si optas por no meterte con los camaradas y no entrarle al juego aquí en prisión, pues estás cambiando tu vida. Y respetable, adelante, cada quien es su hombre, cada quien está a cargo de su vida. Nadie te dice ¡hey, tienes que pertenecer a nosotros! No, esto es decisión de uno.

La decisión que toma uno allí, pues te afecta también. Porque o le estás al cien por ciento... porque los que están al 99 por ciento... pues ese uno por ciento es lo que te va a chingar. Ja, ja, ja. Adentro siempre era: sigue tu corazón. Y siempre fue algo así, curioso. En prisión, ¿"sigue tu corazón"? *What the hell, ¿no? Follow your heart... what the fuck* (ríe). Pero era *follow* tu *kora*, lo que tú sientas. Así estás en lo correcto. Porque tú lo quieres hacer. Ya luego lo entendí. No porque el grupito, la ranfla, te quiere llevar y tú quieres sentirte parte de ella. Ahí es cuando las cosas fallan, cuando tú quieres pretender ser algo que no eres. Y eso se me quedó muy grabado. Si en la calle quise andar de cabrón, ¿qué va a cambiar aquí? ¿Nomás porque estoy en la cárcel me voy a portar bien? ¡No! Pues sigo en lo mismo. Entonces yo decía pues no, yo: pa'delante. Ya a cierta edad fui entendiendo, chin, ok, la gente cambia, no todos son tan chingones como uno piensa; te das cuenta de la gente, pero ya no es parte de tu pandilla, o de tu banda, ya es como hombre, como ser humano. A ver, ¿de qué estoy hecho? Porque yo ya no soy ese pandillero. Ya mi vida... la pandilla ya no es lo esencial, por decirlo de una manera. Importa la gente de la que yo me estoy rodeando aquí. ¿Este cabrón quién es? Tiene mi espalda, ¿de verdad me ofrece su amistad? Pero la amistad hasta ahí está condicionada. Porque hasta tu mejor amigo te puede llegar a chingar. Y nada personal.

Porque adentro hay reglas y hay que seguirlas.

—A ver, te lo voy a poner así. Allá adentro es jalar parejo. Tú le entras en esto, tú levantas la mano a lo que se tiene que hacer... ¿sí? Y si no, adelante. Pero no vas a tener nuestro apoyo. Nadie te va a decir nada. Nadie te va a obligar, si no quieres, pero si decides que sí, hay que jalar parejo. Así es, más o menos.

Es un río. Imparable. Nuestras conversaciones se convierten en largos tramos de monólogo, sobre todo cuando Edwin recuerda su vida en prisión. Le encanta explicar, hacerme entender, sorprenderme con los detalles de su reclusión, con el sistema de reglas de honor y de convivencia. Y aun así ciertas cosas no logro entenderlas a fondo. Le encanta también presumir la rudeza de su vida, de las reglas del ambiente carcelario; hacerme ver que es un sobreviviente, que es un guerrero.

—Me parece todo claro, Edwin, pero ¿por qué alguna vez me dijiste que si hubiera pasado algo tú hubieras preferido que tu mejor amigo viniera y te chingara? ¿Qué cambia? Si te tienen que matar, ¿no es igual si te mata un amigo o un desconocido? Es más, ¿no es mejor que te mate alguien que no conoces?

—De hecho yo creo que porque es cercano a ti. ¿No?

Ahora de la mirada seria y ruda pasa a una risa fuerte y alegre.

—O la verdad, ¡no sé por qué chingados hacíamos eso! ¡Ahora que lo pienso yo no quiero que mi mejor amigo me chingue! Pero no sé. Yo creo que... porque adentro era eso. Pero afuera no tiene ningún sentido, ¿verdad?

No, no tiene sentido. O por lo menos no lo tiene para mí. Éste es uno de los rasgos que más me entusiasman de Edwin, su capacidad de cambiar de punto de vista manteniendo su postura pandillera. No es que se olvide de lo que ha sido, pero en pocos segundos logra cambiar de postura y verse desde afuera. Tal vez era su forma de sanar su mente en los largos días encerrado en el shu, de la misma manera en la que un monje budista logra enajenarse de su cuerpo para irse a otros lugares.

Son las reglas las que determinan profundamente la separación que hay entre *dentro* y *fuera*, entre *nosotros* y *ustedes*.

Más que los muros, las celdas, los guardias, lo que define la prisión para Edwin es aquel sistema de reglas, la estructura, los roles, el orden, lo que lo hace sentir diferente de los demás.

La experiencia de la prisión es el punto. Cómo quieres vivirla tú, cuál es tu postura frente al hecho irrefutable de que vas a estar encerrado. Y durante mucho tiempo. Esto es lo que durante años he escuchado repetir a Edwin de muchas formas, desde el principio.

Es la vida y la articulación del poder más allá de su esquematización.

—Adentro tenías que captar siempre la situación. Y rápido. ¿Con quién estás? Porque los que están alrededor de ti no son gente pendeja. Tienes que tener un nivel de respeto, de actitud. No puedes llegar y, ah, ¡¿qué pasó, güey?! Si no te dicen *hey, what the hell is wrong with you?* En la calle es diferente. En la calle estás libre. Había camaradas que eran chistosos y todo. Adentro es así. *Whassup, homie?* ¿Qué pasó? Con respeto. No llegas así como mamón o como bobo. Porque luego luego, *hey man* ¿qué te pasa? *You know?* Porque hasta en eso hay reglas de cómo comportarte, de cómo *carry yourself*, de cómo debes ser. Y lo aprendes, *you know?* Muchos de nosotros entramos ahí cuando éramos chamacos. Pensábamos que la vida fuera de una manera, el glamour de llegar al barrio y estar todo tumbado, y unas chavas y el *relax* y el dinero. Vives en una ilusión, por decirlo así. Cuando ya caes, ¡chin! ¡Ay güeey! Okey. Aquí nadie te va a dar el pinche *red carpet*, ¿no? Aquí es así. Lo que pasa es que adentro había camaradas que tenían todavía la mentalidad de chamacos. Pero… ¿cómo te lo digo? Entre nosotros cabuleamos, cotorreamos, y chistes y todo, pero era hasta un nivel que no te puedes pasar. Hay gente que se ponía así, muy seria, que quería ese rol de: yo soy muy cholo, muy gangster. Yo era serio, pero también cabuleaba, bromeaba, pero siempre mantenía mi distancia. Porque también siempre tienes una imagen que guardar. Te pones una imagen, ¿no? No puedes hacer el pendejo con todos, porque es tu imagen que cuidas.

—¿Y es la imagen que creas de ti lo que te da respeto?

—No. No es tan así. Lo que te da respeto es lo que los demás saben de ti. De lo que tú has hecho, dónde has estado y cómo te llevas tú como persona. A mí, gracias a dios, me tocó que la gente que me rodeaba me enseñó. Y había gentes que muy acá… yo era más, *ehhh, you know…* yo soy *relax*, me la llevo y chido, y cuando es tiempo de hacer el desmadre, pues órale, ahí le entramos. Pero nunca con el afán de yo creerme muy chingón. De hecho, los vatos que eran así me caen gordos. Pues ¿qué chingados te crees tú? Yo era más *relax*. A mí me enseñaron a ser de otra manera, y a los chamacos que llegaban, los *youngsters*, le daba la misma *clecha*, la misma escuela.

De repente, Edwin se da cuenta de que las cosas que está contando ya nos han llevado a un terreno resbaladizo. Es tan intenso el recuerdo que el darse cuenta de que estoy ahí, grabando su relato, lo sacude. Sonríe de sus mismas palabras, de sus gestos que vuelven a interpretar inconscientemente al pandillero, porque el cuerpo recuerda con una lógica que la mente no conoce, y ya son fluidos, recuerdan a los movimientos de un rapero cantando. La transformación ha sido gradual, pero se nota. Enfrente tengo otra vez al joven pandillero recién llegado a prisión. Riéndose, agarra el micrófono con el que estoy grabando la entrevista y con voz formal llena de ironía dice:

—Borra esto, ¿sí?

Toma una pausa de su largo monólogo. Lo disfruta realmente. La sensación, al verlo, es la de una persona que posee una sabiduría profunda, lograda con dolor, con paciencia, con enorme esfuerzo. Pero que no ha perdido ni ha olvidado al adolescente rebelde que alguna vez tomó un camino de violencia, que lo llevó a la experiencia de la prisión.

Conviven los dos lados, en un hombre que transmite confianza, equilibrio, honestidad, que lleva adentro un universo de violencia y de dolor que de repente sube a la superficie.

Y me sorprenden, constantemente, rompiendo con la fuerza de su personalidad, con la sutileza de sus razonamientos, elaborados en años de aislamiento, todos los prejuicios que, pese a mi esfuerzo de desactivarlos, llevo en mi pequeña estructura mental burguesa con presunción de intelectual.

Edwin considera nuestras conversaciones como un espacio terapéutico. Además porque no confía en los terapeutas de verdad.

—Si estás tú, ¿pa'qué chingados quiero ir a un terapeuta? —es uno de sus mantras.

Yo empiezo a ver nuestras entrevistas como un ejercicio de desarrollo filosófico y del pensamiento. Siempre salgo de aquí con un bagaje enorme de reflexiones, que me impone volver a considerar mi vida misma, las decisiones que tomo, a reconsiderar mis errores, a redimensionar mis tragedias, mis miedos, mis problemas. O más bien a darles un peso más aceptable.

Sin darme cuenta empiezo a verlo siempre más como un hermano mayor, que gracias a su vida dura, dolorosa, logra dar consejos profundos sin perder el sentido de la autoironía.

Sin embargo, en otros momentos vuelve a imponerse mi postura periodística. No tengo que generar empatía, sino contar una historia. Su versión de la historia no puede volverse mi versión. Necesito alejarme si quiero reconstruir los acontecimientos de su vida de manera completa, sin prejuicios, pero también sin condescendencia.

Pero esto ya no es un trabajo periodístico. ¿Cuál es la nota aquí? ¿La historia de un hombre que fue pandillero y acabó muy joven en prisión? No es nada nuevo.

Lo que es nuevo, y que voy a entender mucho tiempo después, es el mismo encuentro. Es nuestra interacción. Es la historia que se va construyendo gracias a la visión de los dos. Ya no se trata de un reportaje, sino de una búsqueda. Cada quien está buscando algo en esta historia. Sólo que no sabemos de qué se trata. Lo que sé por el momento es que tengo que aprender y escuchar lo que tiene que decirme Edwin. Y es urgente.

—Mira, es así, no todo es como piensas, porque… tú también ves a alguien y te van a agarrar de títere, ¿no? Pero esto pasa también en la vida afuera, que te agarran y te llevan como pendejo. Y adentro era así: edúcate, trata de leer. Como en la vida afuera, te dan consejos y no le haces caso hasta que tú mismo empiezas a vivir. Yo de eso me di cuenta, de que no a todos puedes alcanzarlos. Pero siempre me decía planta la semilla, que ya solita va a crecer, tarde o temprano, como de repente sale del pinche concreto un… *blade of grass*, o sea, un hilo de pasto. Tarde o temprano va a dar cosecha esa semilla. Claro, no puedes tú escarmentar en cabeza ajena, ¿no? Pero le das la herramienta. ¡Tómala, ahí está! Y sí, había camaradas que no aguantaban ese ritmo y, pues, ya se rendían. Decían no, ya no puedo estar aquí.

—¿Y qué hacían?

—Pues soltaban información. Se volvían soplones, *you know?* De lo que estaba pasando, de lo que se estaba moviendo. Información que para los guardias ahí era muy útil. De agarrar a uno, sacarlo y encerrarlo. Pero si das ese paso ya diste por hecho que ya no hay vuelta atrás.

—Los que daban informaciones, los soplones, como tú los llamas, ¿luego los separaban de los demás para que no hubiera represalias?

—Sí, claro. Pero… pero había momentos en los que tenías acceso a ellos, *you know?* Son las reglas. Muchos se cansaban de vivir esa vida. Y se entiende. Como seres humanos se entiende. Los entiendo. Pero también ves la traición, y entonces ya no es posible ver la amistad.

La traición es un pecado demasiado grave. Es uno de los valores más importantes en el mundo de la pandilla como en la prisión. El honor, el respeto, la lealtad en este mundo se escriben con mayúsculas. En realidad se trasgreden y violentan continuamente, exactamente como afuera de la prisión y de la pandilla, en la "vida real", como la llamaría Edwin, pero aquí las consecuencias y las sanciones son mucho más duras, melodramáticas, definitivas.

Tengo que admitir que me siento cercano a esta forma romántica de ver las relaciones. Cuando Edwin expresa sus juicios tajantes, absolutos, siento un deseo de pertenecer a ese mundo donde la Lealtad y el Honor regulan las relaciones. Entiendo la decepción de Edwin por tener que vivir en un mundo, el de afuera, mucho más confuso, donde los valores en los que ha crecido no sólo son violados, sino considerados inútiles, despreciados.

Creo que el tema no es tanto si se violan o no esos principios, sino que sean constantemente vituperados; que ni siquiera ya se consideren valores.

—Ser hombre para mí fue: ya la cagué, estoy aquí y asumo la responsabilidad. No puedes culpar a nadie más que a ti mismo. No puedes hacerte la víctima o hacer sentir a tu gente culpable porque, ¡híjoles!, no me diste a mí esa oportunidad, no me compartiste esos juguetes, no me educaste bien, no me ayudaste cuando yo quería hacer un deporte o quería estudiar. No. O sea, es como Cristina Pacheco, así nos tocó vivir y haz lo que puedas. Como dicen en *English*, *you play the hand you're dealt*, juegas las cartas que te tocaron. Con eso vas a hacer lo que puedas en tu vida. A mí, cuando me agarraron tuve la oportunidad de delatar a mis *homies*. Me dijeron a ver, di quién fue, te vamos a dar menos tiempo. ¿Para qué? Y mi mamá así, sí, mijo, tú diles. Y yo, ¡no! ¿Qué quiere, mamá?, ¿un hijo muerto? Y luego yo no soy soplón. Yo hice esto, ¡chíngale!, y los que estuvieron ahí conmigo, pues mira, ¡qué bien! Yo fui el único que arrestaron. Pero yo jamás voy a hablar. Me decían esto va a ser cadena perpetua, y yo, ah, *I don't give a shit*, ya mándame a la celda porque ya tenía sueño. Yo la cagué, yo hice esto, pues ¡con huevos, cabrón, y pa'delante! No tienes de otra. Eso pa'mí es ser hombre, en la vida. De darme cuenta de que si la cago, pues ni modo, me levanto y trato de corregir lo que se pueda, y lo que no, pues, mira… *hey*, todos cometemos errores, pero nunca culpar. Y tal vez puedo culpar, puedo culpar a mi madre, puedo culpar a mi padre, puedo culpar las situaciones, las circunstancias que me rodearon, pero ¿qué gano? Nada. No gano nada, y la verdad, dices, es un gaste de agrie, un desperdicio de amargura, de hablar y culpar, pero ¿tú qué, cabrón? ¿Tú qué vas a hacer? A mí me dio mucha fuerza la gente que en la historia estuvo presa, que estuvo en la guerra, que fue prisionera de guerra, que le mataron toda su familia, y aún así te sonríe. Dices, *fuck!* ¿Yo qué sufrí? Hasta te da pena decir, ah, yo sufrí por estar en prisión. No mames, este cabrón pasó todo esto y aún así te sonríe y te cuenta un chiste. Sí, me duele, pero es tu dolor que tú cargas. Pero si tú dejas que ese dolor te venza… ya te chingaste. Todos queremos esa historia de fuerza. Buscamos contar una historia. Yo te cuento esto no por presumirte, porque lo que yo he hecho no es para presumir, no es algo de que me sienta orgulloso. Le hice daño a gente. Le hice daño a mi familia a través de mis acciones. Esto es lo que viví, pero mira quién soy yo ahora. Y aún lucho con esto. Porque mi vida, mi historia no la puedo contar así a todos. Porque no sabes cómo reaccionan. Si te van a juzgar y dices, ya no quiero que me juzguen. Si me juzgan es porque ese güey es un pinche amargado. Es por eso, no por lo que hice en mi vida. Yo ya soy una opinión en tu mente y tú ya no me dejas crecer como persona.

Se calma, toma un trago de café ya frío. Prende otro cigarro. La *playlist* es de música funky negra de los años setenta. Parece incoherente con nuestra conversación, a lo mejor demasiado alegre para acompañar ciertos temas, pero la conversación es desarticulada, y de repente pasamos de un registro casi trágico a un registro cómico o grotesco. Escuchamos *You Stepped Into My Life* de Melba Moore, después de *Ring My Bell* de Anita Ward. Estamos en una sesión de disco *dance* años setenta. Así la conversación, llevada por el ritmo, se mueve naturalmente hacia la música.

Edwin esboza un par de movimientos de hombros, simulando un baile setentero. Es un momento. Y se abre en una risa jovial.

—Nosotros escuchamos mucha música *oldie* y rap, ¿sabes?

Sí, me queda claro. Ya empiezo a conocer los gustos musicales pandilleros y me parecen fascinantes. Van de 2Pac a Marvin Gaye, pasando por Anita Ward y The Persuaders.

—Hay una de 2Pac muy buena que salió cuando yo ya estaba afuera, *Only God Can Judge Me*, "sólo dios me puede juzgar". *Why?* Porque estamos en una vida de crimen, contra la sociedad. Somos los *outcast*, los repudiados. Entonces es como una manera de decirle a todos, hey, tú no me puedes juzgar. *You no better than me, you know?* Y usamos *Only God Can Judge Me* para tatuajes, por ejemplo. Y luego escuchamos *oldies* y rap. Tienes una que se llama *Thin Line Between Love and Hate*, de Persuaders. Entonces uno se tatúa eso o *driftin' on a memory*. ¿Por qué? En mi perspectiva porque todo eso tiene un sentido cuando estás encerrado. Alguien se pone *Hello Stranger*, que también es una canción, de Barbara Lewis. Porque cuando estás encerrado tanto tiempo y sales, pues ya eres un extraño. Entonces usamos mucho eso, las canciones, es parte de la cultura de nosotros. Es algo raro porque escuchas música de los cuarenta, cincuenta, sesenta, y es parte de esa cultura de las *oldies*.

Los textos hablan de amor, traición. Y muchos de los cantantes salieron de los barrios. Marvin Gaye fumaba piedra y su papá lo mató porque quiso robarle. James Brown también salió de la pobreza, de los barrios negros pobres. Lo mismo dígase de Joe Bataan, que también se crió en barrios.

—Todos esos cantantes… nosotros de una forma nos comparamos con ellos: salieron de la nada, hicieron esto, *they came up*. ¿Muchos raperos de dónde salen? *From the streets, drugs, gangbang,* y cantan de su vida. Y nosotros estamos involucrados en eso. Hablan de *standing on the street, watching my bag,* tengo mi fusca, también de que nunca sabes cuándo viene el enemigo. Hablan de cómo vivimos nosotros. Hay una canción de 2Pac, se llama *Dear Mama*. Esa canción… *man!*

Se emociona con sólo mencionarla.

—Está chingona porque él habla de… mira te la pongo porque…

Se levanta, apaga la voz de Marvin Gaye acompañado por Tammi Terrell cantando *Ain't No Mountain High Enough,* y busca la canción de 2Pac.

—Ésta se la dediqué a mi jefa. Checa lo que dice. Esa parte: *huggin on my mama from a jail cell / And who'd think in elementary? / I'd see the penitentiary…* De la primaria al penitenciario. *And that's true. Cause we are just kids, going to school,* y luego: *home, you get caught up you got low sung,* y ya estás *in jail. And then from there you graduate,* te vas a los *camps placements,* YA, and *from YA then to prison.* Y pues habla de eso *Dear mama*. Aunque su mamá fuera una *crack fiend,* fumaba piedra. De todas maneras es para agradecerle todo. Lo que canta es lo que… *look…*

Vuelve a poner la canción desde el principio, para que escuche y entienda. La recita y me explica cada verso.

—*"And even as a crack fiend, mama / You always was a black queen, mama / I finally understand / For a woman it ain't easy tryin to raise a man / you always was committed."* Y luego dice otra cosa. Ves que dice: *"A black single mother on welfare"*. Aunque es *black single mother*, pero pues, como las negras, también las mamás mexi-canas sí trabajan y muchas veces vivimos del gobierno, *from welfare*, luego te dan departamentos gubernamentales y vives de eso. Que por un lado se ve mal porque luego la gente vive de eso. Ya no se esfuer-za en buscar un trabajo, entonces sí, la perspectiva de vivir de puro gobierno y no hacer nada, ¿qué te pasa? Pero muchas de las familias allá, pues es un hoyo en que te caes. Porque no encuentras trabajos. También porque muchas de las familias mexicanas no hablan inglés. Es otra cosa que no asimilamos. Los hijos sí asimilan la cultura, los padres no. Y por eso a veces el trabajo que encuentras es *washing dishes*, lavar trastes, cuidando a los niños, hoteles o en casas o trabajar en fábricas *minimum wage*. Dices, *shit*, si el gobierno me da un dine-ro yo me hago de mis cosas, trabajo y salgo bien. Son cosas que cantan estos *rappers* porque es lo que vivimos todos. Te agradezco, a pesar de que no me criaste. Uno dice bien, pero con pequeños detallitos entre todo eso sí formaste algo, ¿no? Y los que no tuvimos padre, pues el barrio es nuestra familia. Y los que vendían drogas, con el dinero le daban a la familia. Aunque era malo, ¿pues qué haces? Te agradezco, y sí es cierto, a veces es comida lo que hay. A veces, en *Thanksgiving* juntábamos pavo y jamón, y comíamos, a pesar de que mamá no tenía dinero, pero para darnos eso a nosotros… Y es lo que uno vive, ¿no? Muchos de los raps hablan de lo que es estar adentro y escribir cartas.

La música sigue y el rap de 2Pac inunda el pequeño departamento. Edwin se apasiona tratando de hacerme entender la profundidad del texto, la autenticidad de la gente crecida en la calle. Pero esto es rap negro. ¿Cómo puede ser que se odien tanto, que se maten en cuanto se vean, que se desprecien al punto de no poder convivir en el mismo cuarto, pero que se emocionen con la misma canción? Le pregunto.

—Oye, pero ésta es música negra. ¿A poco no? Se odian y se matan, ¿pero escuchan su música? —su mirada concentrada se abre en una amplia sonrisa, como cuando cachas a un niño haciendo una travesura.

—Ésta es la contradicción. Mira. Parece que no tiene sentido. Lo sé. Separados y todo, pero su música sí la escuchamos. Porque ellos cantaron lo que nosotros también vivimos. En algún sentido somos iguales.

Tiene sentido su discurso. La marginalización, el racismo, la violencia padecida. Luego de repente Edwin parece darse cuenta de que se ha dejado ir con demasiada facilidad, que ha salido del personaje y vuelve a su postura de barrio, a su orgullo de *Mexican*.

—… pero uno por ser mexicano, pues no me meto. No me mezclo.

—Pero eso ¿por qué?

—Yo creo que simplemente por racistas. Recíprocamente racistas. En Estados Unidos hay mucho de eso, de cada quien con su raza. Los gabachos igual, eh, no se meten con *blacks*, con *Mexicans*, con *Chinese*, todos conservando nuestra raza. Pero todos tenemos algo ahí, pues. Todos tenemos un corazón, pues.

Observa cómo lo miro, con ojos divertidos.

—¡Oye, también los pandilleros tenemos sentimientos! —exclama con ironía, y se vuelve otra vez serio—. Fíjate que me costó mucho reconocer que yo puedo hacer cosas buenas. Yo esos halagos nunca los tuve, ¿entiendes? Así de, ah, eres buena persona, eres a toda madre. ¡Nadie te dice eso! Y cuando lo escuches, dices, ¿qué pedo? ¿No? Lo veo así, que estoy siendo bien normal. Como cualquiera. Trato de agarrarme y decir, mi experiencia es esto, pa'delante, lo que he vivido ya pasó, ya entiendo, ya es algo que me hizo esta persona, me hizo resistir… Dicen, tú hablas así porque así te fue en la feria, ¿no?, y a veces sí me da coraje la gente que se queja. Me da mucho coraje. ¡No te quejes, cabrón! ¿No ves lo que tú tienes a tu alrededor? Y hay gente que no tiene nada y que todavía te sonríe, todavía te habla de su vida con sentido del humor. Cuando tú sientes que tu vida te está chingando y dices, a ver, cabrón, ¡despierta! ¿Qué te falta? Eso es lo que yo siento que te hace hombre. Cuando me dijo el camarada, ¿tú te crees hombre? Y yo, sí. No, no eres hombre, porque tú no sabes nada de responsabilidad. Tenía toda la razón.

En muchas ocasiones en mi vida profesional he pensado lo mismo que ahora afirma con tanta vehemencia Edwin. En el patio de una casa tumbada en Puerto Príncipe, después del terremoto de Haití de 2010, vi la alegría y la esperanza de una familia que había perdido todo en un acontecimiento catastrófico que se llevó más de 350 000 vidas. Recuerdo estar sentado en la noche, en la oscuridad, a un lado de personas que habían perdido familiares, cantando góspel criollo, compartiendo unas cervezas Prestige —excelente cerveza, por cierto—, tratando de responder con una sonrisa al horror que nos rodeaba.

Recuerdo haber regresado de esa cobertura con una consciencia diferente sobre mis propios males, mis problemas burgueses, y con cierto sentido de culpa. ¿Cómo puedo yo quejarme de problemas tan fútiles cuando en el mundo hay tanta gente que tiene que encarar tragedias inconmensurables? ¿Con qué derecho me quejo yo, que tengo todo y siempre lo tuve, si hay personas que nunca han tenido nada y lo poco que tenían se les vino pa'bajo con un terremoto?

Conozco el sentimiento que mueve a Edwin, que lo hace hablar, minimizar su dolor, su frustración, porque alguien está peor. Lo conozco y lo entiendo, pero lo he superado.

En años de trabajo contando las historias más tristes, las violencias, las desapariciones, los asesinatos, las tragedias de México y de los países que lo rodean, he tenido la oportunidad de acercarme al dolor de muchos seres humanos, a sus historias tremendas, monstruosas.

Y no es anulando tu propio dolor frente a la enormidad del dolor de los demás como puedes llegar a entender. Es generando un puente de empatía y de humanidad entre tu vida y la vida del otro como puedes contar su dolor. Es construyendo un canal de comunicación y de mutua comprensión como puedes ver al otro y que el otro te vea. Lo he pensado durante mucho tiempo, viendo colegas periodistas que se anulan y se consideran indignos hasta de manifestar su presencia en el relato porque su presencia es "irrelevante" frente a la historia y al dolor de los demás. Me parece la hipocresía más común en nuestra profesión. Conozco decenas de periodistas que han contado las peores violencias escogiendo inmolar su identidad, su historia, su voz para resaltar el dolor de las "víctimas", generando un desequilibrio entre sí mismos y esas "víctimas". Haciéndose voceros de "los que no tienen voz". ¡Cuánta arrogancia! ¡Cuánta soberbia! ¡Qué pinche sentido de superioridad! El periodista bueno que se anula para poner en el pedestal el dolor ajeno. La creación de las víctimas, que ya no son personas, no son tus pares, no son seres humanos, sino, borrando toda complejidad, son simplemente víctimas.

Para mí hay personas. Hay personas que comparten la gran tragedia y gran comedia de la vida. Hay personas a las que les pasan cosas tremendas, más que a otros. Hay personas que tratan cada día de salir adelante y encontrar la forma de sobrevivir y, posiblemente, de mejorar su condición, en búsqueda de la quimera de la felicidad, cualquier cosa que esto quiera decir.

Hay personas que cuentan historias y personas que las escuchan, que las elaboran, y las escriben. ¿Para qué? Porque el ser humano vive de historias. Contarnos historias es una de las pocas actividades humanas que siempre se han dado, alrededor de la hoguera, o en la pantalla de un iPad, pasando por las páginas de los libros. Necesitamos contarnos historias.

¿Por qué haces periodismo?

Esto hago yo. Porque me interesa conocer, entender y tratar de explicar lo que entendí. Sin salvar a nadie, sin darle voz a nadie, porque no tengo este poder.

Y para mí, después de tantos años, somos realmente todos iguales, a la par, al mismo nivel, humanos que sufren y que cuentan y escuchan historias.

Una de mis profesoras de literatura del liceo, Marisa Scognamiglio, decía que uno puede sufrir por el más grande amor, por el sufrimiento ajeno más profundo, pero si tiene un pelo encarnado muy doloroso, no hay manera de que su cuerpo no concentre su atención en ello.

Bueno, es ese pelo encarnado la respuesta a Edwin. Es verdad, hay gente que sufre y ha sufrido mucho más que nosotros. Y a lo mejor somos muy privilegiados, pero esto no elimina nuestra condición humana, que experimenta el dolor constantemente, a un nivel individual incognoscible a los demás. Lo único que podemos hacer es contarnos lo que sentimos y ver si algo tenemos en común. Seguir contándonos nuestras historias.

* * *

A veces la mente elimina o esconde en remotos rincones de la memoria los acontecimientos del pasado, sean dolorosos o placenteros. Edwin recupera sus experiencias a partir de gestos, sin un orden aparente. Preparando un sándwich, rigurosamente elaborado con ingredientes "gabachos" comprados en el Costco, promete cocinarme algún día una comida "como adentro": ramen con mayonesa, Doritos, chicharrones, salchicha, jamón, atún, *everything mixed up*. ¡Una delicia!

Espero que ese día tarde muchos años en llegar. La felicidad con la que recuerda las comidas preparadas con sus camaradas casi logra engañar mis desarrolladas defensas en temas de cocina. Me dejo transportar por la emoción de mi entrevistado, como si tuviera enfrente al mismísimo Marcel Proust con sus *madeleines*. Estoy a punto de pedirle que me lo prepare ahora mismo, que volvamos a recrear y a probar esos sabores juntos. Afortunadamente recupero mi lucidez y amor propio, y me quedo callado, con una media sonrisita en la cara. Registro que para él y sus *cellmates* era "lo más chingón", y más bien pregunto detalles sobre la posibilidad de cocinar en prisión.

—Podíamos preparar Maruchan, ramen, cosas así. Si podías ir a la *canteen*, sacabas cosas. En inglés es *canteen*, pero en español la cantina es un bar, es otra cosa, pero en *espanglish* se volvía cantina. O le decías a los que iban, llévame un *chanate. Chanate* es "café". *Alright, I got you.* Chanateábamos. Había agua caliente; salíamos de la celda, llenábamos bolsas de agua caliente y hacíamos el café. Pero también en la celda salía agua caliente, sobre todo en la mañanita temprano, pero el resto del día salía tibia. Por eso yo tomo café tibio. Me acostumbré al café tibio. No me gusta caliente.

Chanateando y platicando, como hacemos nosotros ahora, Edwin y sus *homies* construían rutinas. Leer, lavar, hacer ejercicio, pequeños gestos cotidianos, compartidos, que les permitían dar un sentido y un orden a su vida encerrados.

—Éramos como soldados, realmente, mucha rutina. *I loved that life, you know?* Hoy no soy tan así, *and I hate it*, soy muy desordenado. Pero en mi celda me peleaba por chingaderas, hey, ¿por qué dejaste esto así?

Con el *cellmate* se creaba una relación de convivencia, casi de pareja. No siempre era el mismo compañero, a veces cambiaba, pero se mantenía una separación entre "razas".

—Si te meten con un negro, ya te vas a dar en la madre. No vas a vivir con un negro, ni con un gabacho. Y luego parecíamos como viejas, como una parejita (ríe). Seguíamos reglas de convivir como en una pareja y se pelea a veces por la mínima pendejada. Desde echarte un pedo, que mejor lo haces hacia la puerta, o cuando haces del baño, *flusheale*; si te bañas, pon una cortina; si te vas a jalar, o que tu *cellie* esté dormido o que no esté en la celda. No quiero estar acostado y nomás escuchar, chak, chak, chak.

Le da mucha risa la imagen.

—Pero hay muchas cosas que uno hace que no son tan agradables o divertidas, pero bueno, es parte de… *you know?* Por ejemplo, *one time*, tenía que guardar un pedazo, una *knife*, que no es obligación, pero de vez en cuando es necesario, pero esto no es a lo que voy. La primera vez que me metí algo *up in the ass… damn! I never thought*, nunca pensé que haría algo así. Uno de mis *cellies, a youngster*, quería tener un pedazo, y le dije, éste no se guarda en el colchón nada más. *You got to keister it, homie.* Nada más se le pelaron los ojos. Ja, ja, ja, ja. Así que muchas veces pasaba que hacíamos ejercicios y traíamos chingaderas en el recto.

—¿Y cómo le hacían para no cortarse las tripas desde adentro?

—Los tapábamos bien. Pero luego se puede voltear, y ¡ay, hijo de su madre!

El recuerdo del dolor de una navaja artesanal clavada en el recto le genera un ataque de risa incontenible.

—Una historia chistosa: un camarada… —no logra ni siquiera respirar por la risa que le da— un camarada… estaba chamaco y empieza a decir, ¡ah!, ¡ah!, y se le salen los ojos de la cabeza. Ja, ja, ja. Y yo, ¡cállate, que están pasando los guardias! ¡Es que duele mucho! Ja, ja, ja, ja. ¡Y yo me estaba cagando de la risa! Pero nunca te imaginas eso. *Putting* cosas *up your ass!* Lo bueno es que yo me lo ponía solo, nadie me metía.

Se pone más serio de improviso.

—Era prepararte a eso también. *That's part of what you gotta do.* Desde afuera no es tan fácil entender, pero en prisión estás en un contexto donde esto es lo que tienes que hacer. Y lo haces.

—Y llevábamos muchas cosas: navajas, tabaco, siempre amarrábamos bien todo, antes. En el hoyo no podíamos fumar. A partir del 97 nos quitaron el tabaco, porque le costaba mucho al Estado mantenerte adentro y con cáncer. *So they took it.* Siempre entra el tabaco de contrabando. Pero está bien porque nos hizo sanos. *Healthy as hell! That was a nasty thing, up in your ass, then you take it and you smoke it* (ríe), *smoking shit cigarettes.* Esto no te lo imaginas, pero pasa, es parte del juego ahí adentro. *It was funny.*

* * *

—Mi amigo Javier fue muy importante en mi vida, porque con él sí vi qué es una amistad. Una amistad desinteresada. Dije ah, cabrón, ese güey… perdón que le diga güey (ríe). Ese amigo mío me brindó amistad verdadera. Pero yo lo cuestionaba y decía, ¿quién hace esto? Nadie te da sin pedir nada a cambio. Aquí *something's up.* Algo tiene que tener a cambio. ¿Qué quiere? Y él no quería nada. Nunca quiso nada.

—Pero él también ganó algo, Javier aprendió mucho de ti.

—Yo creo que sí porque él cuando venía a visitarme ya con el tiempo no se sorprendía que saliera del SHU sonriendo. Es que muchos pensaban, ah, pobrecito, está ahí en el SHU, está sufriendo, y luego te ven que estás sonriendo. ¿Qué esperabas? ¿Que llegara triste? ¿O llorando? No, porque era la meta de nosotros: este lugar no me va a quebrar. El único que te quiebras eres tú mismo, si tú te dejas, estés en prisión o estés afuera. Eres tú. Porque a veces la gente que está libre está en una prisión. O no sabes manejar ciertas cosas de tu vida.

Una prisión de la mente, en la que te encierras solo y de ahí ves hacia fuera, sin tener idea de cómo se pueda salir. Edwin lo menciona con frecuencia, utilizando palabras distintas, que llevan siempre al mismo concepto. Todos construimos jaulas en las que, por nuestra decisión o responsabilidad, nos encerramos, a veces sin siquiera ver las rejas, sin saberlo. Pero están ahí. Y somos nosotros los responsables; aunque el mundo afuera y la sociedad nos empujen o casi nos obliguen o nos arrinconen, al momento de la decisión somos nosotros con nuestro albedrío los que asumimos la responsabilidad.

Dentro y *fuera* son conceptos arbitrarios. El espacio de la prisión, en sus palabras, se vuelve relativo.

En mi percepción de su discurso es como si la prisión en la que ha estado encerrado tantos años fuera un accesorio que se puede quitar y poner al gusto. Escucho la normalidad de la vida de un hombre preso y percibo una libertad absoluta, obtenida gracias a un ejercicio de disciplina autoinfligida, a una capacidad de adaptación refinada, a una gimnasia de obediencia.

Veo una prisión transparente en la que están conviviendo miles de hombres porque quieren, porque eso fue lo que decidieron.

Tal vez se trata sólo de una alteración en mi percepción, pero es el efecto que tiene en mí la narración de Edwin. Sus palabras me hacen pensar en la prisión como en un lugar emocionante, donde los que realmente toman las decisiones son los presos, y no los guardias, el sistema carcelario, el Estado, la sociedad.

Estoy leyendo por segunda vez *Vigilar y castigar*, del filósofo francés Michel Foucault. Lo había leído cuando estudiaba sociología en la Universidad La Sapienza de Roma. Me había parecido un libro extraordinario, difícil de leer por la densidad de la prosa foucaultiana, tan incoherente con el mensaje emancipatorio, a causa de su elitismo profundo, pero increíblemente lúcido, fundamental para entender los dispositivos del poder para controlar y dominar a través de la institución carcelaria. Volví a leerlo cuando empecé a trabajar con Edwin. Buscaba en ello la explicación teórica de lo que mi entrevistado me iba contando. Buscaba un camino en un universo que desconocía. Unas herramientas para interpretar el mundo de Edwin. En parte encontré lo que buscaba, pero sentía que faltaba algo. Faltaba lo que como periodista y socioantropólogo siempre he considerado imprescindible y que un teórico como Foucault, con toda su erudición, a lo mejor nunca tuvo: la experiencia de vida y la experiencia de campo.

Lo que falta, en el importante libro de Michel Foucault, es ver a los presos, a los prisioneros, a los hombres y las mujeres que viven la experiencia totalizante de la prisión, como sujetos que toman decisiones y actúan frente a las situaciones en donde los poderes buscan aniquilarlos, frente a la realidad del control en instituciones totalizantes, como la prisión o un monasterio. Fuera de la complejidad lingüística elitista de Foucault hay una falta casi total de consideración por los otros actores, además de los poderes, de su campo de estudio: los presos. Y falta el contacto con ellos a través del trabajo de campo.

El poder no es una entidad monolítica y homogénea, y no se presenta frente a todas las personas de la misma forma. De la misma manera también las experiencias de toma de decisión, de resistencia, de liberación no siguen un camino universal. Antes de Foucault esto lo habían dicho las feministas decoloniales latinoamericanas durante décadas. Así, volviendo al poder, circula, pasa de mano en mano, es situacionista, oportunista, su objetivo está y va más allá de un cuerpo, de un objeto.

Edwin en la carcel, como todo preso, tal vez a los ojos de la mayoría de las personas, es un sujeto en el sentido de sujeción frente al poder, o sea, que está sujeto al poder. Pero en el entendimiento de Foucault, estando el poder constantemente en movimiento, hay experiencias en las cuales para Edwin el enfrentamiento con el sistema de opresiones es a la vez exitoso y frustrante. La misma persona, el mismo preso, tiene experiencias de distintas relaciones con el sistema de opresión cotidiano que vulgarmente consideramos uniforme y homogéneo. Con todo esto quiero decir que la experiencia de liberación de Edwin puede no serlo para mí, puede no serlo para ti; para nosotros es un preso, jodido, víctima, y nada más. Pero sus decisiones, sus experiencias, son las que abren el espacio de libertad que me permite tenerlo enfrente ahora, en su casa. Lo que para mí no tiene mucha importancia a lo mejor para Edwin ha representado su ejercicio de liberación.

En la tesis de Foucault hay un abismo a mis ojos imperdonable porque considera exclusivamente "el poder", excluyendo de la ecuación las vidas y las acciones de los que componen la parte más importante de cualquier prisión. Invisibiliza su experiencia como actores y no sólo su experiencia de víctimas del poder.

Este detalle se había empezado a manifestar mientras leía el libro de Jack H. Abbott, *In the Belly of the Beast*, el poderoso diario de un hombre que pasó gran parte de su vida en prisiones de Estados Unidos y que gracias a su gran capacidad de escritura logró tocar el sueño de salir libre, aunque volvió a precipitarse en el hoyo negro de la prisión tras matar a un hombre en una riña en un bar a pocas semanas de su liberación.

El libro de Abbott es al mismo tiempo un escalofriante testimonio político de la exactitud de las tesis de Foucault, pero también una poderosa toma de conciencia explícita del rol activo que puede tener un hombre hasta en la celda de aislamiento más fétida de una prisión.

Así le pregunto a Edwin que me cuente algo que extrañe de su experiencia en prisión. Y poco a poco llegan a su memoria muchas anécdotas, situaciones chistosas o definitivamente positivas.

—Muchas cosas se me olvidan de repente. Pero recuerdo, por ejemplo, que hacíamos *pruno*, que era vino, con las manzanas, naranjas, shhh, ya con todo así mezclado a fermentar y salía el pinche vino y lo tomábamos (ríe). ¡Qué horror! Luego llevábamos todo el día pinche pedos. Es jugo de fruta fermentado.

—Cuéntame bien cómo era el proceso, porque me interesa, a ver si lo puedo hacer también en mi casa.

—Mira. Guardábamos toda la fruta. Antes nos daban azúcar, pero luego no. Así que guardábamos la fruta. Y exprimíamos todo el jugo en una bolsa y toda la pulpa la dejábamos así, pudriendo, fermentando. Era la patada. Se la echabas, le echabas la azúcar y luego lo calentabas con agua calientita, con lo que salía. Y lo tapábamos con cobijas. Y luego decías, ¿ya está el *baby*? Y ya se inflaba, *you know*? ¡Chin… gasumadre! ¡Lo olías y te daba el chingadazo! Y lo hacíamos entre dos celdas. Y pasabas la bolsita a la de a lado que te había pasado la fruta y salían varias copas, como seis u ocho, y nos hablábamos, ¡chin, estoy bien pedo! Cantando rolas, corridos, de Chalino Sánchez, *you know*, esas cosas de borrachos. Cosas así. Y cuando había mota, pues la ponías, pero siempre era el vino.

—¿Cuánto se tardaban en hacerlo?

—Como unos cuatro días, hasta una semana. Es que depende, había gente que sabía hacerlo bien fregón y a otros nos salía más o menos… nos pasábamos de azúcar o de agua, no manches, nos salía de la chingada y todos guacareando ahí (ríe). Pero sí nos divertíamos en ese sentido con los cuates. Nunca había un momento en que no hacías algo pa'divertirte. Claro, había momentos, con camaradas, que te llegaban malas noticias, falleció un pariente, por ejemplo. Pues ya le dabas su espacio, ¿no? O luego uno se levantaba de malas y no te hablaba. Y eso era difícil porque él así tenso y tú tenso, y le decías oye, *homie*, si vas a andar de malas está bien, pero dime algo, tienes que hacer esto y lo otro. Yo entiendo que quieras tu espacio, pero… o si uno estaba mal, luego quería pelearse; pues no sabíamos manejar nuestros sentimientos.

No es que ahora Edwin sea un campeón en expresar sus sentimientos. Muchas veces el intento de disimular su dolor o su felicidad lo hacen actuar de forma burlona, casi cínica, pero está consciente de que puede tener sentimientos, que es normal, y que es justo expresarlos. Que no es menos hombre si lo hace, no le quita su virilidad. Lo que nunca le falta, e imagino que ha sido un rasgo característico de Edwin en la mayor parte de su vida, que lo ha salvado de la locura en los peores momentos, es la autoironía, que brota en sus relatos al recordar que no hay que tomarse demasiado en serio. Llega como un bálsamo a sanar heridas todavía dolorosas.

—Te vuelves… como compulsivo —recuerda Edwin riendo fuerte, con alegría—. Yo, por ejemplo, ponía las cosas en un lugar, luego las movía, pero siempre ordenando. Ahora ya no soy tan así. Ya no hay bronca. Antes era yo como que siempre me fijaba de por qué está esto así.

Mientras lo cuenta mueve el vaso en la mesa de un lugar a otro. Lo observa y se ríe.

—Y la celda estaba siempre limpiecita, bien pulida. Desde el baño. Nos lavábamos las manos y mi *cellmate* dejaba mojado el lavabo, y yo le decía oye, *homie*, ¿por qué no le limpias ahí, *man*?

La mirada fija en un punto a la derecha del vaso que acaba de mover en la mesita, concentrado en el recuerdo.

—Y de hecho hasta llegábamos a pelear por esto. Eran cosas que te molestaban... por ejemplo, el *homie* empezaba a hacer ruido así.

Y empieza a repiquetear con los dedos un ritmo rápido en la mesa.

—Y yo, ¿por qué tienes que estar haciendo ese ruido, *homs*? O de repente chiflaba y yo, ¿por qué tienes que chiflar? Pero eran cosas de amargura, estrés, depresión, que te llevaban a eso. Y te preguntabas *why*? ¿Por qué me estoy haciendo de esta manera? Puede que fuera una armadura, a lo mejor nadie te escribía, nadie te mandaba fotos, nadie de tu familia afuera, no tenías contacto. Y a lo mejor notabas que a los otros, ah, mira, me escribieron, me mandaron cosas. Y pues claro, te sentías de la chingada, ¿no? Y siempre bromeábamos, porque era estar así.

Se levanta, y cerca de la puerta representa mediante gestos la postura que tomaban como si tuviera colgados los brazos afuera de la celda.

—Viendo hacia fuera. No ves ni madres, pinche pared, uno está ahí de menso nomás viendo así, quién está saliendo y si pasaba el correo. Y el otro, oye, güey, quítate de la puerta, ¡no te escribieron, cabrón! (ríe). Y tú, ¡alguien sí me va a escribir! Orita te voy a escribir una carta, *you know*? Algunos no tenían nada y otros carta y carta, *man!* Güey, mándame un conecte pa' que yo escriba también, y así le hacíamos, que a una chava o no sé qué. Era un escape para uno de soltarte, ¿no? Y también era pa' que la chava te mandara dinero o fotos encuerada, ¿verdad? (ríe.) Pues sí, era así de *daaaaamn!* Una foto con la tanga, *you know*. Pero los guardias ya te las habían abierto antes de dártelas, nada entraba sin ser procesado. Así te mandabas cartas con chicas desconocidas, escribías lo que se te ocurría, a veces estas relaciones duraban unos meses, a veces ni eso. Mi amigo Javier y una monjita que se llama Eileen son los que siempre estuvieron ahí, para recibir mis cartas y para contestarme. Los quiero un chingo.

* * *

El segundo día en Los Ángeles, Javier me entrega un gran folder blanco que en el lomo lleva escrito "EDWIN". Está hinchado por la cantidad de micas de plástico transparente guardadas ordenadamente adentro. Cada mica contiene una carta de Edwin, con su sobre, o un dibujo. Hay decenas de cartas y de dibujos, todos los que Edwin, a lo largo de los años, le ha mandado a su amigo Javier. Ahora están ordenados por fecha, con un cuidado que se parece al que un padre tiene al guardar las obras de un hijo que va creciendo, sin que él lo sepa, para luego ojearlas cuando el hijo se haya ido de la casa y tenga su propia familia.

—Aquí tienes las cartas de Edwin —me dice Javier con cierto tono solemne al entregarme el folder.

—Cuídalas y saca copias si quieres. Creo que te van a ayudar con tu libro.

Guardo el folder en la mochila para estudiarlo con más calma a mi regreso. En la noche, en la cama de la casa de Gerard, donde me estoy hospedando, saco cuidadosamente las hojas de las micas y empiezo a sacar fotos de cada una. Siento que estoy trabajando en un pequeño archivo de la memoria de Edwin. Mi intención es devolverle sus cartas a mi regreso, para que pueda leer lo que escribía a sus 17 años, para que pueda llenar algunos de los hoyos de la memoria con documentos reales.

La gran parte de los dibujos son regalos que Edwin mandaba a lo largo de los años a Javier y a su esposa, a su hija, tarjetas dibujadas a mano para la Navidad o los cumpleaños. Hay un retrato de Javier en blanco y negro, muy fiel al original, en el que la figura del amigo, varios años más joven y el cabello todavía negro, se recorta sobre un panorama tranquilo de una laguna con palmeras; sobre una roca hay un par de figuritas sentadas admirando el panorama y pájaros volando a lo lejos. Varios dibujos tienen un estilo épico con temas prehispánicos: águilas con sus nopales, guerreros aztecas, paisajes de una versión idealizada de un México salvaje, guerrero.

Después de la sesión fotográfica, vuelvo a poner cada hoja en su lugar en el fólder de la memoria para devolvérselo a Javier. Será sólo unos meses después, al momento de escribir estas líneas, que volveré a leer lo que el joven Edwin Martínez le escribía a su amigo, y entenderé la importancia capital de su figura en la supervivencia de ese joven pandillero. Edwin se agarró a un hombre desconocido y lo volvió su salvavidas dando y recibiendo una amistad fundamental, desinteresada.

* * *

—Javier siempre vino a visitarme, y qué padre que siempre tuve alguien que estuvo ahí, ¿no? Me ayudó mucho a no perder mi humanidad, a seguir sintiéndome un ser humano. Nunca me consideré una mala persona, pero te das cuenta de lo que eres capaz. Y dices: *Damn!* Soy capaz de esto, *you know?* Y nunca te das cuenta de lo que en verdad eres capaz.

En prisión es donde Edwin empezó a hablar náhuatl, para poder comunicarse sin problemas con la raza, los mexicanos.

En prisión ya no perteneces a una pandilla como afuera. Ya no importa si representabas a la B13R, o a cualquier otra pandilla de la calle. Adentro eres *Mexican.* Y la Eme, también conocida como la *Mexican mafia*, es la organización a la que muchos pandilleros quieren pertenecer. La mayoría, sin embargo, como en el caso de Edwin, nunca llegan a ser parte de la Eme, nunca llegan a entrar en la élite de la prisión, nunca llegan a ser *big homies*. Sólo pueden actuar como soldados, *like soldiers*.

Edwin no quiere platicar de este tema. No quiere hacer comentarios sobre sus excompañeros. No quiere ser un infame.

—Mis respetos, pero no voy a decir nada sobre esto. No es un secreto, ahí están, y en algún momento de mi vida quise ser como ellos, ser parte de algo más. *I was young* y es un pensamiento. Sé que en mí fue muy marcado, pero *it was just a thought.*

Yo sé que adentro muchos quieren ser parte de la Eme, le apuntan a eso. Era ser parte de los *big homies*, como los llama Edwin.

Frente a su silencio, busco informaciones sobre este grupo que opera en las prisiones de Estados Unidos por mi cuenta. Para entender de qué se trata.

En YouTube hay un documental de la serie *Gangland*, de History Channel. El tercer episodio de la primera temporada de 2007 (en total 13, más otras seis temporadas) es "Code of Conduct (Mexican Mafia)". Mientras lo veo, con cierto fastidio, dado que se trata del típico programa gringo de espectacularización del crimen, me entra la duda de si Edwin estuvo en la Eme, si me ha dicho la verdad, si todo lo que me ha contado es cierto. Aparecen varios testimonios de exmiembros de la Eme y un "experto", que acababa de publicar un libro sobre el tema, Tony Rafael, cuyo libro, *The Mexican Mafia*, es aparentemente una de las referencias sobre este grupo delictivo.

Aparte de una reconstrucción histórica banal, estereotipada y casi mitificada, son pocas las informaciones que se pueden obtener. El grupo es muy fuerte en las prisiones, sobre todo de California, donde la presencia de mexicanos y latinos es más alta. Tiene un código de comportamiento que es de por vida, es muy articulada a pesar de que son pocos los miembros de la élite, los que mandan, los *big homies*. Se subraya la brutalidad del grupo, la violencia en la forma de operar y en el castigo a los que traicionan. También se pone el acento en el código de honor que prevé que no se pueda matar mujeres y niños. Los miembros son rudos e implacables asesinos, votados para aumentar su poder, y sus ganancias derivan de la venta de drogas, dentro y fuera de la prisión.

Lejos de la visión estereotipada de los programas de History Channel, la Eme es una organización que aglutina a los mexicanos, pero no sólo. Ya no hay barrio, ya no hay guerras internas, es juntarse en contra de los negros, de los blancos, y ser un buen soldado para la

Eme, hasta que se realice el sueño de ser parte de la élite. Es la "raza" contra las otras razas.

—Ya no representas al barrio. Pasa algo. Si llegas chamaco, todavía estás acelerado, todavía fascinado con la cultura de estar todo tatuado. Entonces salir de prisión lo considerabas el *show:* salías y eras el *rock star, back in role gangster*, pero con el tiempo te das cuenta de que *this ain't a game. This is real, this is real life, your years are passing you by.*

"La gente que conocías ya no te escribe, tu misma familia ya no te escribe, y entiendes que tienen cosas que hacer. Tienes coraje, rencor, rabia, pero *damn! It's your fault, nobody else's*. Y ahora tienes que hacer las cosas que tienes que hacer. Política, ir a picar a otro cabrón, o a golpear a otro vato. Ahora dices, ay, güey, no es igual estar en un carro, ir en la noche y dispararle a otro cabrón. Aquí es de frente, y aquí te enfrentas también con el cohetero, *the gunner*. Tú tienes dieciocho años, te sientes el más chingón, y tienes *these dudes* de treinta y cinco, cuarenta años, y están tan mamados, y tú, *fuck*, cabrón!, *they've been to* guerras, y han hecho cosas, y oyes quiénes son esos, y tienes que meterte con esa gente, ésa es la cosa. Y tienes que preguntarte: ¿yo quiero esto? Te preguntas: ¿yo quiero ser así?

"Si tumbas uno de esos, ganas respeto. Todos te conocerán por ser un *down vato*, un chingón, por tener huevos.

"Si afuera andabas en las calles representando el barrio, ¿adentro qué va a cambiar? La cuestión principal es tu libertad, que no es un detalle. Pero la prisión no es del todo mal para ti. Adentro tienes la oportunidad de encontrar camaradas que ya llevan años, gente educada, no *dumb criminals* como la gente piensa. Es gente que te pone a leer. Te dicen, lee esto, *homie*, apréndete esto. ¿No tienes tu escuela? *We'll get you GED* [certificado de preparatoria, por sus siglas en inglés]. *Don't you say you're being dumb*. Te dicen, tienes años aquí, pues aprovecha. Te dicen, usa este tiempo para crecer, para hacer algo de tu vida. Hasta había policías que te agarraban y te madreaban; te daban tu madriza y ya te dejaban. Y otros que te decían *hey*, ven a este programa, que querían ayudarte. Y tú pensabas *hell*, un *police. Fuck that! I'm in da hood, I'm in da barrio*, yo no voy a estar yendo a esos programas. Perdiste las oportunidades que se presentaban porque las veías como una traición. Tu reacción era, no, yo soy del barrio, aquí me muero y aquí me matan. *This is me.* Porque no veías nada más. Perdiste muchas oportunidades que dejaste ahí, tiradas. Pero claro, hasta que no están perdidas no te das cuenta."

* * *

La vida adentro era también construirse una formación alternativa. Esto hace la raza en prisión. La raza se educa. La raza lee. La raza se representa a sí misma, con dibujos, poesía, tatuajes, leyendo la historia de los heroicos antepasados guerreros aztecas. Entrando en cualquier prisión de California, los pandilleros leen más que mucha gente afuera. Han leído seguramente más libros que Peña Nieto, como hace notar Edwin sarcásticamente, pero nunca van a ser presidentes de México.

Su objetivo es ser *criminals and educated.* Es un valor saber hablar. Nadie quiere a un *dumbass who doesn't know nothing.* Tienen que saber hablar, no sólo defenderse. Más bien tienen que saber defender-se también con la palabra. Los demás tienen que ver que los *homies* tienen clase, que tienen educación; no tienen que caer en el estereoti-po del "pinche mexicano ignorante".

* * *

Te peleas con alguien y como castigo te encierran en el hoyo. Después de estar en aislamiento unos quince días, te llevan con el *sergeant.* Te sientan, estás esposado; el *sergeant* te habla, *you're here for bla, bla, bla, bla, bla.* Te regaña, te pregunta por qué lo hiciste, te trata pater-nalmente, te dice que la cagaste.

Y tú entras pensando que eres un *badass,* desafiante. El *sergeant* te desafía a ti. Te pregunta ¿te sientes muy chingón, verdad? *You think you're a badass, right?*

Y tú lo miras a los ojos y piensas *fuck you!* Lo miras a los ojos y con el tono más arrogante que puedas le dices *fuck you!*

Pero tienes también otros camaradas que te educan. Te dicen no es necesario que tú entres así y les hables de esa manera. Mejor entra y que vean que tú tienes algo de respeto, que no eres un ignorante.

Te cuesta un poco de tiempo entender. Pero el tiempo te sobra. Te das cuenta de que es cierto. A pesar de estar aquí adentro puedes ser una persona. Puedes y debes tener esa educación.

Quieres madrearlos, claro. Todos adentro quieren madrearlos, los guardias. Pero decides cambiar de actitud, decides ser el que habla bien, que es diferente, que no se deja aniquilar, que no se deja tratar como un animal. Sí, a veces te siguen hablando mal los guardias, te siguen provocando, pero es entonces que tú tienes que ser más inteligente. Tú eres el que tiene el control, el que no deja que le afecte. Al principio no lo entendías, pero ahora es más claro. Antes se te nublaba la vista, nomás estaba el pandillero desmadroso gritando en tu cabeza *I'm gonna beat smash everybody!* ¡Todos! *Fuck you, guys! Fuck you all!*

Pero tienes el tiempo de tu lado. Y con el tiempo y los consejos de los camaradas aprendes. Ahora llegas y lo aguantas siempre más. No es ser pasivo; es ser inteligente, es ser un jugador de ajedrez, es tener el control. Ahora llegas y le dices *hey, good morning. How's everybody doing? Alright.* Ahora ellos te contestan *hey, good morning, Martínez.* Ahora el *sergeant* te dice *Alright, what are you here for?* Y tú sabes cuánto tiempo te van a dar. Pero respondes con ironía. Él te comunica el castigo, seis meses, dieciocho meses, treinta meses, y tú estás en control. Tú sonríes, como sonríes ahora, recordando, y le contestas *Alright, I'll make the best of it.*

Has encontrado alguien que en algún momento te ha preguntado, *homie, what are you gonna do in here? You gonna be a dum dum or you're gonna be something in here?*

¿Quieres pasar la vida estando aquí encerrado, agüitándote, siendo ignorante, o vas a pasar por aquí educándote, superándote como persona, como hombre?

Porque no vas a tener siempre diecinueve años. Van a pasar años, veinte, treinta, depende de cuánto tiempo tengas; entonces si llegas a salir a la sociedad, ¿con qué vas a salir? ¿Vas a salir pendejo o vas a salir bien?

Adentro la vida es de una manera y afuera es otra. Y no puedes salir con la actitud de quien dice yo me madreo a todos. Tienes que respetar, tienes que ser humilde. Mucha gente piensa que cuando sales de prisión vas a salir peor que cuando entraste. Bueno, puede ser, pero *maybe because you didn't take the time to do your time wisely.* A lo mejor no usaste tu tiempo para aprender algo.

No nada más vas a seguir de güey, viendo la tele y no haciendo nada todo el día. Porque el ser humano también tiene que alimentarse de algo. Te haces el chingón, pero lo haces afuera, no adentro. Adentro ya la regaste, te das cuenta, ¡chin, fui un pendejo y la cagué! Afuera está todo el glamour, todo el *show.* Adentro no hay mucho glamour, no hay *show.*

No es una película, no hay ninguna musiquita cuando sales de prisión. Siempre que logres salir.

* * *

Ya se volvía una broma. Cuando salían del hoyo, los *gunners*, los coheteros que siempre vigilaban armados con sus fusiles, les hacían bromas, les decían Voy a dejar ahí tu Biblia y unas mentas pa'cuando regreses, *we'll leave the lighs on.*

Ya era algo… Era parte del juego de roles, parte del *show.*

—*And funny thing.* Cuando estaba yo así, había *homies* que tenían *life sentences.* Y *no man! We're going to the SHU!* ¡Un año! *And I was like, what are you worried about one year in the SHU for? You got a life sentence. And it's cool in the SHU. You get to kick back.* Sí, no sales mucho *and you don't use the phone, but… you know,* ¿qué te preocupa? Es *part of the prison. This is a jail. And if you're wrong with us,* esto es lo que vas a pasar. O sea no te pongas cómodo, *cause sooner or later you gotta go to the back. So, it's true,* siempre por el lado *optimistic…* hasta adentro, *hey man, why you so pessimistic? Don't be so bitter, be happy. I mean, we locked up already…* ¿qué vamos a hacer?

* * *

El tiempo y las ganas de no desperdiciarlo son el detonante para hacer algo que valga la pena. Además las prisiones están llenas de gente de gran valor. Personas inteligentes, listas, seguramente inconformes y de alguna manera violentas, obligadas a renunciar a su libertad, constantemente humilladas y retadas por parte del sistema carcelario, brazo operativo de un sistema social que no los quiere. Así, las celdas se llenan de escritores que nunca encontrarán un editor, de artistas de gran talento que nunca expondrán en un museo, de abogados autodidactas que usarán sus capacidades sólo para reducirse la condena o ayudar a un *cellmate*.

Edwin era un adolescente cuando entró a ese mundo. Necesitó tiempo para quitarse de encima el modo pandillero gandalla y entender que la prisión es un lugar distinto. Se sorprendió al ver tanto potencial, tanto talento sin expresarse. Se sorprendió al ver que su compañero de celda, tatuado de los pies a la punta de la cabeza, con una condena de por vida por homicidio, sabía escribir poesías conmovedoras. Se conmovió al ver compañeros que no hesitaban en plantar una navaja en el pecho de un hombre, y que pudieran hacerlo salir de la angustia de una celda con tan sólo hacer un dibujo. Lo molestaba la idea de que tanto valor, tanta belleza fueran despreciadas, humilladas, aniquiladas cada momento de cada día no sólo por los guardias, sino por la sociedad entera. Le hubiera gustado ver afuera todo lo que se lograba hacer adentro, sin recursos, sin las mínimas condiciones. Le daba risa saber que afuera había gente dispuesta a pagar cientos de miles de dólares para ver a sus hijos de abogados y aquí adentro había gente que lograba estudiar y formarse con los pocos libros que lograban encontrar en la biblioteca y mucho tiempo de estudio, apelando sus propios casos, sacando a sus amigos, estando en prisión. O gente que nomás con un *dictionary* y su imaginación y lo que había leído en las largas horas en la celda, empezaba a escribir historias emocionantes, sin tener otra cosa que ver que unas paredes electrificadas y una pantalla de televisión.

Había gente adentro que usaba su mente estando en la caja, a pesar de la caja, de la celda. Edwin entendió que él también podía hacer algo más que pelearse y ver la televisión ahí adentro. Es cierto, ellos eran los que rompían reglas, que habían violado la ley, muchos lo hacen, sólo que ellos habían acabado en el bote por las cosas que hicieron. Pero esto no quería decir que su vida tenía que ser a fuerza lo que la aniquilación del sistema tenía preparado para ellos. El ser humano siempre tiene muchas opciones para sobrevivir.

Así, Edwin empezó a dibujar, y a través del dibujo, a darle una vía de escape a su mente, a construir, con la imaginación, un lugar diferente, a salir de las paredes de concreto y romper las barreras de la prisión. Por lo menos durante un rato.

* * *

Edwin saca un folder lleno de dibujos hechos en prisión. Todos llevan una fecha. Se nota la diferencia de estilo y de discurso entre los dibujos de 2001 y los de 2006. Algunos están hechos con cierta prisa, dibujados rápidamente, nomás por hacer un dibujito. En otros se tardaba más tiempo porque quería hacerlo chingón.

En una tarjeta de Navidad hay un joven mexica. Edwin se inspiró en la foto de un niño del Amazonas de Brasil, y como tiene rastros de indio lo usó como modelo para su dibujo, como si fuera un mexica. Es muy frecuente usar fotos de revistas como modelo para dibujos épicos que refuerzan la identidad mexicana a través de la historia prehispánica. En otro dibujo el personaje es un guerrero águila, luego reconozco al dios Huitzilopochtli.

En otra tarjeta navideña aparece una caricatura mexicanizada de Santa Claus: bigotón, panzón, cara enojada, sombrero en la cabeza, un saco de regalos donde se destaca la palabra "frijoles" y en lugar de desear feliz Navidad, dice: "ni Santa Claus ni que chingaos eh".

Viéndolo, se pone a reír e intenta explicarme.

—Es que éramos del barrio, *you know?* Y en el barrio Santa Claus no llegaba. Así que mejor asumir nuestra identidad.

Para dibujar no hay lápiz en prisión, sólo una pluma Bic, sin el tubito de plástico. Todos son objetos potencialmente peligrosos. No hay goma para borrar, hay que ser creativos, así que la goma se fabrica con la liga de los boxers.

—Sacábamos las liguitas elásticas de los boxers, con ésas íbamos haciendo pelotitas de goma para borrar. De hecho, ahí hacíamos también pelotitas pa'jugar *in the SHU*. Para jugar frontón. Ahí le llaman frontón. Usábamos eso. Y de las gomas. Con eso borrábamos. Allá acostumbraba mucho si era cumpleaños de un camarada, hacer *Birthday cards*, y todos los camaradas la firmábamos. Así para que, aunque nadie nos diga *Happy Birthday*, pues entre nosotros lo hacíamos. Y si hacíamos pruno, pues nos tomábamos una copa de eso.

—¿Este dibujo es del *cuauhtli*? —le pregunto.

—Sí, el águila.

—Entonces Cuautitlán es…

—"Lugar de las águilas". Éste es un dibujo de fantasía que quise hacer. Adentro siempre veíamos dibujos de *knights, dragons, vikings, warriors*, para identificarnos, pero en las revistas no encontrabas representados a los aztecas, a los mexicas, nuestra raza. Así que buscábamos dibujos o fotos de guerreros en general, como modelos, y los volvíamos a dibujar, los convertíamos en mexicas, le dábamos ese toque. Este otro es para una chava a la que le escribía. Ja, ja, ja.

Hay uno realmente impresionante; es un juego de ajedrez. Del lado derecho, un pandillero rapado, con varios tatuajes, uno de los cuales en el lado izquierdo de su cabeza dice: "Viva México", está jugando un partido. Sus piezas son guerreros aztecas, y uno de ellos es un pandillero que ha disparado a un hombre, tirado al suelo en un charco de sangre en una continuación del tablero de ajedrez. Sentado en la cabeza del pandillero jugador, está un diablito riendo, con su horca en la mano. En la continuación del dibujo, arriba de la cabeza del pandillero pelón, está un pequeño pandillero con el uniforme de la prisión, en una celda. Al costado, una niña con cara preocupada y una mariposa en el cabello, y a su lado, una *haina* en traje de baño enseñando las nalgas voluptuosamente. Arriba de las dos, se reconoce una casita típica del barrio y una joven mujer embarazada, con una bandana en el cabello que dice: "100% mexicana", y una playera con un corazón en el pecho que contiene la leyenda: "#1 Nantli". *Nantli* en náhuatl significa "madre". La figura de la madre contiende el centro del dibujo con la *haina*, aunque la serenidad en su rostro hace intuir que no tiene que temer la competencia. Del lado izquierdo, separado por un telón de teatro de la enorme *haina* al centro del dibujo, hay una representación vertical. Abajo, un pequeño títere en forma de *homeboy*, maniobrado por las garras de un demonio de ojos blancos acompañado por calaveras que se esconden detrás de la cortina. Arriba de él, el pequeño *homeboy* levanta las manos arrodillándose frente a un Jesucristo serio pero misericordioso que domina la columna vertical, rodeado por su aureola y unas blancas palomas. Según la interpretación del mismo Edwin, todo el dibujo está basado en la religión: el diablo te lleva a hacer cosas, te maneja como un títere, te induce al error, al horror, te desvía. Pero siempre existe la posibilidad de salvación pidiéndole perdón a Dios. Está representada la celda y la vida de pandillero, que es un juego de ajedrez en el que en cuanto te equivocas, *you're done*. El otro gran tema es la familia, representada por la casa en el barrio, la novia, la *haina*, al mismo tiempo sensual y que siempre puede ser infiel, los niños y *Nantli*, la mamá.

Me recuerda los frescos medievales que veía en la escuela en mis libros de historia del arte. La necesidad de los pintores de representar historias complejas en un solo cuadro, que comunicara a los fieles la grandeza de Dios, de la Iglesia, que contara los acontecimientos importantes, las historias de los santos, que los espantara frente a los peligros del pecado, los acostumbrara a visualizar el infierno, las múltiples manifestaciones del demonio, los castigos atroces y eternos. Me llega a la mente el *Juicio final* de Giotto, con sus diablos y ángeles, las muchas escenas que se dan en el mismo encuadre. La capacidad de resumir en un solo dibujo tanta información, sin necesidad de explicaciones, el uso de la metáfora gráfica, la cura de los detalles simbólicos, hasta los más pequeños.

En la Edad Media era fundamental lograr esa síntesis vivida, asombrosa, para exhibirla en las paredes y en la arquitectura de las iglesias, los únicos lugares donde se podía estar seguros de que cada domingo llegaría toda la comunidad; como medios de comunicación masivos, las iglesias medioevales eran los lugares donde más efectiva resultaba la comunicación visual, como las pantallas gigantes en Times Square en Nueva York o los anuncios durante el Super Bowl. En un solo dibujo magistral se tenía que concentrar toda la información posible, que fuera entendible y descifrable por un peón analfabeta, su esposa, sus hijos, sin necesidad de explicaciones, que remitiera al imaginario colectivo de historias y experiencias de la comunidad de una manera directa y efectiva.

Esto siento en el dibujo de Edwin, realizado durante largas semanas en su celda en aislamiento con la tinta de una pluma Bic sin su tubito de plástico.

* * *

El 11 de mayo de 2016 camino por la colonia Condesa con mi hijo. Llego a la pequeña escuela y toco a la puerta. Me abre una maestra joven que nos mira con desconcierto. Edwin baja la escalera sonriendo y viene a saludarnos.

Pantalones de mezclilla, suéter gris de manga larga, peinado impecable con un poco de gel, bigote bien afeitado. Ha engordado un par de kilos desde la última vez que lo vi.

Nos deja pasar a la entrada de la escuela. Mi hijo agarra una pelota y empieza a jugar futbol. Edwin juega con él unos minutos, luego toma una bolsita de plástico rosa y me la entrega. Baja un grupito de niños de unos cinco años, todos saludan a Edwin. Él contesta con chistes, en inglés.

Está a gusto. Es su ambiente, su territorio. Sus movimientos son seguros, sabe qué hacer, sabe cómo hablarle a los niños, qué tono usar, no tiene hesitaciones.

—Estos dos son para mi amigo Javier, uno es para mi jefita, esto es para la esposa de Javier, esto para la monjita. No te equivoques, eh. Aquí vienen los nombres de todas maneras.

Se emociona.

—No sabes cómo quisiera ir contigo, carnal. Es lo que más quisiera. Vas a ser mis ojos allá. Toma muchas fotos.

Casi se le rompe la voz. Pasan dos maestras y nos sonríen amables.

—¿Quieres que te traiga algo?

—Unos Corn Nuts.

—¿Nada más?

—Es lo único que se me ocurre.

Lowrider

Whassup, ese? What hood you claim?
Now throw it up and down like it ain't no thang (low-ri-der)
Hands in the air with the pinky rings
Soul Assassins, runnin everything
To all you vatos, make sure you check this
In every barrio, I'm well respected (low-ri-der).

CYPRESS HILL, *Lowrider*

—Donde creciste tú era un barrio en el que hacías cosas, donde transitabas. Para nosotros el barrio era: *this is us. You never stop being from the neighborhood.* Es una comunidad de razas, es muy típico de Estados Unidos. Afuera del barrio las pandillas son enemigos, pero adentro son todos *homies.* Yo no me crié en mi barrio, yo vivía en Sun Valley, pero me junté con la *clika* de Burbank 13. *You grow up with them and you say, this is me.*

—Y si yo ahora fuera a Burbank, ¿qué vería?

—Todavía verías *youngsters*, todavía sigue el desmadre, todavía siguen vendiendo drogas. Todavía están los *veterans.* Todavía está el barrio.

* * *

Quiero ir a conocer Burbank, el barrio de Edwin. Lleva tatuado en varios puntos de su cuerpo el nombre de su pandilla, Burbank 13 Rifa. El 13 es el número que corresponde a la letra M, de *Mexican.*

Quiero ver el barrio que se la rifa, el barrio por el que Edwin ha luchado, que ha representado durante tantos años en las calles y en prisión. El barrio que tenía que defender con la vida. Comparar con la realidad lo que me ha dicho Edwin en estos años, ver con mis ojos los lugares donde caminaba con sus *homies*, donde pasaba sus días y sus noches, donde se desarrolló su adolescencia y donde lo agarraron aquella noche. Donde todos lo conocían como Snoopy. Donde dejó de ser Snoopy. Hoy iré a visitar Burbank.

Llega a recogerme en S Centinela Avenue un Volkswagen Passat gris. Acaban de pasar las doce del día y es un tranquilo domingo de mayo. Tengo toda la tarde para conocer la locación principal de la primera parte de la vida de Edwin. Me subo al Uber con mucha emoción. Estoy tratando de pensar en qué es lo que quiero ver, con qué mirada voy a tener que observar las cosas. Siempre me pasa cuando voy a visitar algún lugar relacionado con el trabajo. Es un momento de gran concentración.

El chofer empieza a hablarme con insistencia desde el primer minuto. Se llama Guevork y es armenio. Es lo primero que me dice en su inglés con un pesado acento ruso.

—*You know where is Armenia?*

—*Yes. I know.*

Tengo una idea bastante vaga de dónde queda Armenia. La ubico aproximadamente cerca de Turquía o Georgia, o de ambas. También, según mis recuerdos de la escuela, queda cerca del mar Caspio. Después descubriré que no tiene acceso al mar. Pero sí, está por ahí. También sé que es una de las repúblicas exsoviéticas que a principio de los noventa obtuvo la independencia de la despedazada URSS. Es más o menos todo lo que sé de Armenia.

Guevork, nombre armenio de Jorge, maneja como un loco, demasiado rápido, acelerando y frenando sin un sentido aparente, cambiando carril de repente. Insulta a cinco personas en los primeros 10 minutos y toca el claxon cada vez que alguien se atreve a quedarse unos segundos de más en frente de su coche.

—*Fuck this peoples. Fuck the Americans. They don't know how to drive.*

Me quedo callado. Intento no comentar sus afirmaciones. Quiero evitar que empiece a hablarme de cualquier tema. Quiero concentrarme. No me interesa lo que tiene que decirme, nomás quiero estar en silencio la media hora que me separa de Burbank. Pero mis esfuerzos resultan totalmente inútiles, porque Guevork quiere hacer conversación. En efecto no quiere hacer conversación, simplemente quiere escupir un poco de su coraje y hablar de su vida con quien sea que esté en su coche.

—*Los Ángeles is ok, but too many peoples, too many cars, too many cultures. If you don't have car here you are homeless.*

Lleva siete años viviendo aquí, porque, dice, tiene dos nietos y quiere estar cerca de ellos. Parece tener alrededor de unos 60 años, pelo canoso, lentes redondos, cara excavada por largas arrugas verticales. Sus nietos tienen 13 y 9 años, y su yerno, el marido de su hija, es un policía. También es armenio, y, mira las coincidencias, trabaja justo en Burbank.

Platicar con los taxistas es una actividad que muchos periodistas, sobre todo los italianos, consideran fundamental para obtener material que luego utilizan como fuente en sus reportajes. Siempre me ha parecido una práctica bastante mediocre entrevistar a los taxistas, en cualquier parte del mundo en la que haya trabajado. Sobre todo considero mediocre que las entrevistas a los taxistas sean lo único que muchos colegas tienen, porque no hacen verdadero trabajo de campo. En los traslados de un hotel a otro es lo más fácil hacer unas preguntas al hombre que te está llevando. Pero en general nunca he considerado a los taxistas buenas fuentes, además porque políticamente es muy frecuente que sean conservadores y sus lecturas muy banales. Así que de verdad no quiero hablar con este hombre. Pero una información, sin querer, es útil para mi libro. Lo que Guevork lleva ya varios minutos repitiendo es que Burbank se ha vuelto una especie de enclave armenio.

—*There is good peoples in Burbank. You will see. Many armenians. Good peoples, money. Different life here, but many armenians.*

Lo repite varias veces y es sólo gracias a su reiteración que logro entender lo que está diciendo, porque al principio no le estaba prestando atención. La información me llega inesperada. No había mínimamente considerado hasta este momento que Burbank pudiera ser algo muy distinto de lo que vivió aquí Edwin en su juventud.

Había leído en una crónica muy divertida de David Foster Wallace contenida en el libro *Hablemos de langostas*, que Burbank y la San Fernando Valley eran la capital mundial de la industria del porno, pero esto no estaba en contradicción con los relatos de Edwin. Saber ahora que la zona es un enclave armenio me cambia la perspectiva del lugar. Pero no le quiero dar demasiada importancia a lo que me dice un rabioso y agresivo chofer armenio.

Le pido que me deje en la esquina de un Tommy's Hamburgers, en la San Fernando Boulevard. Aquí es donde Edwin iba a comer hamburguesas con sus *homies*. Es el primer lugar que he planeado visitar. Guevork no entiende por qué quiero llegar ahí. Me pregunta si voy a comer al Tommy's y me sugiere que vaya a otros lugares si quiero probar una buena hamburguesa. Lo ignoro y le reitero que quiero llegar justo ahí. Su expresión, en el espejo retrovisor, es de total decepción, con algo de desprecio.

Me bajo, recojo mi cámara fotográfica y una mochila que me voy a llevar al aeropuerto. En la noche tengo programado un viaje con Javier a Medford, en Oregon, para ir a ver finalmente la prisión de Pelican Bay. Me despido de Guevork con la alegría de saber que jamás volveré a verlo y me paro frente a la casita blanca de techo rojo a dos vertientes, símbolo de las hamburguesas con sabor a México.

Estoy finalmente, por primera vez en dos años, frente a un elemento real, concreto, de la larga historia que he escuchado, imaginado y últimamente odiado por no poder salir de ella hasta que acabe de escribir, de Edwin Martínez, que aquí conocían como Snoopy.

Me merezco una de estas famosas *chili burgers*.

* * *

Camino sobre San Fernando Avenue después de haberme atascado de hamburguesa con chili, la manera gringa de concebir una salsa de carne y frijoles con picante, de papas y de refresco. Los gustos gastronómicos de Edwin me parecen sumamente discutibles, por lo general. Su amor por la comida chatarra y en general por la comida gringa es una enorme barrera cultural entre él y yo. Probablemente coincidimos sólo en el amor hacia el queso *pecorino*, pero cuando estaba a punto de irme a Los Ángeles fue muy claro en este punto:

—Tienes que ir a comer un *chili burger* al Tommy's en Burbank. Si no lo haces, nunca vas a entenderme.

Valió la pena escuchar el consejo. Tengo que admitir que estaba buena la *original chili burger*, y creo haber entendido algunos detalles de la vida de Edwin. Más bien, sentado en las mesas de concreto a un lado de la casita del techo rojo, a pocos pasos del parque, puedo visualizar a los adolescentes *wannabe* pandilleros riéndose y tragando papas y mordidas de hamburguesa, sintiéndose invencibles. Los veo contando malos chistes, en grupitos de tres, cuatro, fumando un porro, con sus bandanas en la cabeza, sus pantalones de cholos. Los puedo ver chiflándole a una *haina* que llega a comer.

Entiendo que ese lugar fuera un punto importante de sus días, de su vida en la calle. Es aquí donde se llegaba a convivir, comiendo lo que representa la mezcla perfecta de los dos mundos imaginarios en los que transitaban Snoopy y sus *homies*: Estados Unidos y México. Una hamburguesa con chili encarna exactamente esta síntesis, la crasis que viven muchos de los mexicanos en Estados Unidos.

Se van acercando muchos clientes, principalmente latinos, pero también blancos. Sobre todo familias, que se llevan la que va a ser la comida de su domingo. Me levanto de mi lugar, dejo los espectros de los jóvenes pandilleros desaparecer en cuanto me alejo del pequeño comedor al aire libre, para ir a ver otro de los lugares del pasado de Edwin.

En la contraesquina de la cuadra del Tommy's, sobre San Fernando Boulevard y Amherst Drive, se abre un pequeño parque, el McCambridge Recreation Center. Cerca de la omnipresente bandera de Estados Unidos hay un pequeño obelisco blanco y una serie de placas de metal encajadas en un murete también blanco. Son placas conmemorativas de los residentes de Burbank que fallecieron en la guerra de Vietnam y en la guerra de Corea. Viene la lista de los nombres.

Detrás de los héroes del intervencionismo estadounidense, en el pasto, familias comiendo sobre amplias mesas de concreto, una cancha de baloncesto en la que entrenan unos niños blancos, asiáticos, latinos, que toman clases de un maestro negro. Hay una hilera de palmeras entre los cedros del Himalaya.

Hace 25 años aquí era impensable ver jugar juntos a niños latinos con niños negros. Hace 25 años aquí las pandillas se mataban a balazos. Ésta era la zona donde vivían y que controlaban los pandilleros de Burbank 13 Rifa.

En la contraesquina de las placas de los caídos hay una pequeña estatua ecuestre. Es una estatua de bronce que representa a un hombre a caballo con un sombrero amplio. Se le conoce como el "cowboy de Burbank", pero su sombrero me parece más bien mexicano.

Tendría poco sentido una estatua de un *cowboy* por estos rumbos, así que prefiero interpretarla como la representación de don José María Verdugo, el antiguo propietario del Rancho San Rafael, que luego se volvió Burbank. La estatua está bastante fea, con formas cilíndricas de caricatura, poca gracia y escaso estilo, pero aun con sus defectos me recuerda que los espacios que estoy pisando fueron tierra mexicana.

Continúo mi paseo por el barrio. Pienso en qué pensaría Edwin de lo que veo. Tomo fotos para que él las pueda ver a mi regreso. Sigo caminando de vuelta sobre San Fernando Boulevard, vuelvo a pasar en frente del Tommy's, pero del otro lado de la calle. Me dirijo a unas pocas cuadras más adelante.

Llego a un anónimo estacionamiento. Me paro. Frente a mí, una pequeña construcción de color anaranjado. Una campana morada en cada lado del cubo de concreto.

Éste es el Taco Bell donde una noche de invierno de hace 22 años Snoopy sacó su navaja y acuchilló a Damon, el cabrón que no murió. Es un lugar como muchos en esta ciudad, en este país. Un minicentro comercial, con pocas tiendas, un Taco Bell, un estacionamiento. La mediocridad sistemática del consumismo de Estados Unidos concentrada en un lugar igual a miles de lugares así.

Desde aquí Snoopy se echó a correr, tratando de escapar de la policía. Intento visualizar la escena en este día luminoso de mayo de muchos años después.

Me había hecho un dibujo. Me había explicado la dinámica del arresto.

—Aquí está Tommy's, sobre San Fernando Boulevard.

La mano es firme, segura, de alguien que está acostumbrado a dibujar, claro, pero también de alguien que tiene memoria, que tiene el mapa en su mente.

—De este lado está todo el parque. Aquí hay como una cuchillita, aquí sigue San Fernando Boulevard y aquí hay otras callecitas. Aquí, donde ya para el parque, y empiezan todos los departamentos, aquí. ¿Ves? Ahí me agarraron. Y ves que todo para allá son puros *apartments*. No sé si por esa callecita te podías meter —dice indicando lo que en su dibujo representa East Avenue.

"Yo estaba en unos callejones, *the alleys*. Yo salí, llega un carro blanco, se sale un policía, *"freeze"*; yo me eché a correr, y luego salieron todos los carros. Y aquí me chingaron. Eso sí lo tengo muy vivido. Así lo veo."

Estoy caminando en East Avenue, en los *alleys*, entre los "puros *apartments*". Imagino lo que tenía que ser y veo lo que es hoy. En lugar de *lowriders* estacionados en la calle, veo coches de clase media, muchos son autos japoneses y coreanos. En lugar de *homies* sentados en las esquinas fumando un porro, veo mujeres y hombres ancianos sentados en terracitas a nivel de la calle. Tienen la mirada fija en diferentes puntos, a la altura de un árbol, del cielo, de un semáforo. Esta parte de Burbank está llena de asilos para ancianos. Como el Bleu Chateau Retirement, sobre Grismer Avenue. Paso en frente de los cuatro hombres sentados con mi cámara y mi libreta. Me observan fijamente con una mirada al mismo tiempo atónita y ausente. Me da algo de inquietud esa mirada, esa inmovilidad senil, ese abandono.

Están estacionados aquí esperando que llegue la muerte a liberarlos. Lo saben y su respuesta es la inmovilidad.

Me resulta difícil imaginar la violencia de las pandillas, los tiroteos, la presencia arrogante en las calles, viendo a estos viejos hombres sentados en la sombra.

Camino más. Hay muchos pequeños edificios residenciales: Burbank Tropicana, Burbank Housing Corporation, Metropolitan Place Apartments. Todos son de máximo tres pisos. En todos domina el color beige. De hecho es el color que predomina en Los Ángeles. El beige en varios matices.

Siempre he pensado que cada ciudad tiene su color, que se queda en la parte trasera del cerebro como si fuera una imagen sedimentada, no consciente, producto de la visión lateral, una imagen que se va esfumando y que se recupera en el recuerdo. Roma, mi ciudad, para mí es una ciudad anaranjada, color tierra de Siena. Creo que la asocio a ese color cálido por la tonalidad que toman sus edificios al atardecer. Nueva York es una ciudad definitivamente color acero, algún tono entre el azul y el gris, seguramente frío. Su luz, sus edificios verticales, sus espejos. Salamanca es una ciudad amarilla, casi dorada, por la típica piedra franca de Villamayor con la que están construidos sus edificios, así como Madrid es rojiza por sus ladrillos y Argel es blanca. Los Ángeles retoma el color del desierto y es una ciudad beige. Y estas casas de Burbank son así. Definitivamente, beige.

Me cuesta un gran esfuerzo imaginar a Edwin escapando de la policía en estas calles y no puedo evitar generar en mi mente la imagen de un joven pandillero adolescente con incipientes bigotitos y una playera manchada de sangre, escondiéndose detrás de estas momias sentadas en la terraza del asilo para ancianos sin que ellos se den cuenta.

Cuando veía películas o series que tenían como argumento las luchas entre pandillas, siempre se me llenaba la cabeza de preguntas. ¿Por qué se odian tanto? ¿Por qué tienen que matarse nomás al verse en la calle? ¿De dónde surge tanto odio? ¿No pueden ser amigos? Pues cuando veía esas películas era un adolescente y de verdad no encontraba respuesta que pudiera convencerme.

Edwin intentaba explicarme, en una de nuestras entrevistas, la lógica de tanta aversión.

—Muchas veces de las razones uno ni sabía. Eran pleitos de los de antes. Muchas veces te enterabas que era por una vieja. O simplemente para quererte chingar a otro, cosas así.

Al entrar a una pandilla sabías que tu vida iba a cambiar. Porque estar en la pandilla quería decir que tarde o temprano acabarías en la cárcel. Quería decir violencia y otro nivel que no lograbas ver.

—Salían películas de pandillas, las que tú veías, las veíamos nosotros también. Y era casi casi cierto. Pero era gente con la que te asociabas, te relacionabas, considerabas tu amigo y decías me siento bien con este grupo. Siempre uno, de chamaco, yo creo que anda en búsqueda de ser algo, de pertenecer a algo. No voy a decir lamentablemente, pero la decisión te lleva a juntarte con un grupo que la sociedad dice que son criminales, pues. Y la verdad, pues sí, pero dentro de esa pandilla somos hermanos, somos familia; nos cuidamos, nos apoyamos. No vas ahí y lastimas a gente inocente. Son con otros pandilleros. Ésta es la diferencia, que luego la gente dice ah, pues pandilleros, nos roban a todos. No, es cierta pandilla y tan tan. Y claro, pues si tú te metes por eso, tú también vas a bailar, ¿no? Es el ambiente. Ya cuando yo me metí, ya cambias hasta de apariencia, porque es hasta eso: peinado largo, diferente vestimenta, y al rato eres pelón, paliacates, pantalones así, todo tumbado, bien vestido, pantalones planchaditos, zapatos nuevos, todo limpio, y ya empiezas con los tatuajes. No puedes ser cholo. Siempre bien rasuradito. Cholo es así, como el cabrón que se viste punk y el cabrón que es *wannabe* punk. Es eso. El darketo, el rockero, que dice ah, a mí me gusta el rock, y luego está escuchando Katy Perry, AC/DC. Tons dices ese güey no es rockero, es un *wannabe*. Un cholo es así. Y antes éramos así, *wannabe* cholos. *I wanna be, I'm from a* barrio. Nosotros no éramos gringos, éramos parte de esta comunidad mexicoamericana. Tampoco teníamos nada que ver con los negros. Nos juntábamos con la comunidad, con la raza. Y yo quería ser cholo; me juntaba con los chamacos, buscaba mi identidad. Y cuando ya me metí al barrio, me empecé a juntar con gente, empecé a vivir experiencias de carros robados y drogas y todo; dije órale, de aquí soy, *you know?* Entonces te jala el desmadre.

* * *

Edwin tenía unos 12 años cuando empezó con la pandilla.

—Yo desde chamaco andaba en el desmadre aun antes de entrar en la pandilla y todo eso. Fumaba mota desde los 10 años, andaba robando cosas. Casi casi estaba pidiendo, ¡hey, una pandilla, adóptenme! (ríe). *Hello!* ¿Quién me quiere hacer parte de su pandilla? *I'm joining the club!* Sientes que sin pandilla te falta algo. Yo lo veo así, como todo ser humano quiere pertenecer a un grupo, sea de intelectuales, sea de desmadre, sea de ciertas amistades, y te sientes bien. Y como mi papá vendía mota, pues ya en la escuela iba con mis amigos diciéndoles, oye, ¿no quieres fumar mota? No, es que no sé qué. *Oh come on, you're a fucking pussy*, ¡pinche puto ese! *Smoke a joint!* Y todos fumando, todos locotes. Cuando tenía como nueve años una vez mi papá me puso bien mariguano y ya desde ahí yo le robaba y la vendía. Pero te desarrollas así y luego es normal para ti. Pero luego yo llegué a entender muchas cosas. Cuando supe que no era mi padre verdadero.

Javier tiene una opinión muy parecida a la de Edwin sobre las razones por las cuales los chavos de los barrios entran a las pandillas.

Según él, las personas que se unen a pandillas están buscando un sentimiento de pertenencia a un grupo, están buscando ser parte de una familia. La mayoría de ellos está escapando de hogares donde hay muchos problemas. Y cuando hay pobreza, muchas veces la pobreza trae otros problemas.

—Los jóvenes que se juntan en la pandilla están buscando familia, están buscando algo que todo ser humano quiere: ser reconocido, sentir que tienes una identidad, que eres alguien, que perteneces a un grupo y que tienes algo de poder. Los niños que nacen en ciertos barrios no tienen el ejemplo del vecino que va a la universidad y consigue buen trabajo, y así va a ganar algo de poder, tener identidad, y va a tener respeto. Ellos lo que ven, cuando van a la escuela, son a los jóvenes ahí en la esquina, y ven que los adultos les sacan la vuelta y ven que a las chavas les gustan esos chavos, y eso lo ven como un ejemplo, de la gente que tiene reconocimiento y algo de poder en el barrio, los pandilleros. Ellos son los que lo tienen a través del miedo. Si no tienes ningún otro ejemplo de cómo vas a obtener esas cosas en tu vida aparte del primo, el tío, el papá, que todos terminaron en prisión, todos estuvieron en la pandilla, de la misma manera que para otras personas es normal ver que sus primos y todos van a la universidad y se gradúan, y tienen ese ejemplo, para otros el ejemplo es el que todos sus amigos estuvieron en la juvenil, de ahí se graduaron a la cárcel del condado y de ahí van a la universidad de la prisión estatal. Es algo normal para ellos. No ven muchas opciones y cuando tu vida no te ha dado la oportunidad de imaginarte un futuro positivo, entonces eso es muy peligroso. Yo he hablado con niños en la juvenil, que es muy común que te digan, yo cuando muera quiero que sea así mi funeral, quiero que toquen esta música. Pero si les preguntas ¿qué quieres hacer cuando seas grande?, no saben. Pero su funeral ya se lo imaginaron. Vivir sin esperanza, con la certeza de que seguramente vas a terminar en la prisión o muerto para la edad de dieciocho años, es algo obviamente muy triste, pero puede ser algo muy peligroso.

—*We got respect, education* también —dice Edwin—. Y también a nosotros nos chequeaban. Un día me acuerdo que vino un *homie* a la casa, y mi mamá me dijo ponte a hacer esto, y yo le contesté mal y él me dijo *hey man, what's wrong with you, fool? That's your* jefa, *fool!* Y me ayudó a recoger la casa, a limpiar, y mi jefa nos puso a los dos, y luego nos hizo de comer. Mi *homie* me agarró y me dijo *If I see you again answering like that I'm gonna fuck you up.* Nos criamos en este sentido, *you never disrispect your* jefa *like that,* ése! Y le dice a mi jefa si le vuelve a decir algo me dice y yo vengo aquí *and I'm gonna kick his ass,* y ella, ah, me parece muy bien. Ese *homie,* que en paz descanse.

* * *

Vuelvo a pasar en frente del Tommy's y regreso al parque McCambridge. Me siento en una mesa de concreto a descansar y observar a las familias de los que quiero pensar que sean armenios festejando a una niña de unos seis años. Platos, vasos y tenedores de plástico, refrescos, un pastel rosa gigante, globos y unas 20 personas platicando.

No hay mucho más que ver en este barrio tan aburrido. Quería visitar los lugares de la vida de Edwin para tenerlos presentes y lo hice. Al principio estaba muy emocionado, pero ahora, con el pasar de las horas, todo me parece muy ordinario. Otro barrio residencial, otros minicentros comerciales, Taco Bell, 7-Eleven, tiendas de refrescos, Starbucks.

Llegan tres adolescentes con su *skateboard* al parque, cerca de los niños que hace poco tomaban clases de baloncesto. Uno es blanco, uno es negro, uno es latino. Empiezan a entrenar, probando y repitiendo brincos con sus patinetas. Se divierten, pero juegan con cierta disciplina. Los observo escuchando una *playlist* que hice para venir acá. Es la música que Edwin escuchaba en su época de pandillero. Cierro los ojos acompañado por las notas de Cypress Hill que cantan *Insane in the brain*.

* * *

Rascar, buscar, meter las manos o un gancho para ropa en un contenedor de basura en la calle, sacando bolsas. Controlar cada contenedor en un barrio entero, metiendo las cosas interesantes, posiblemente útiles, en buen estado, en un viejo carrito de supermercado. Es lo que hacía en ciertas mañanas en Roma, acompañando a María Humiza, una gitana *khorakanè* originaria de Bosnia Herzegovina, pero que llevaba 30 años viviendo en Italia. Humiza era la jefa de un mercadito de lo usado muy conocido en el barrio de Roma Norte, donde, todos los domingos, cientos de personas iban a comprar lo que ella y sus familiares y colegas recuperaban de la basura.

Cuando todavía vivía en Italia, mi último trabajo antes de emigrar a México fue responsable de proyectos internacionales para una organización que se dedicaba al reúso de los desechos. Era una organización que trabajaba en Roma con los gitanos de etnia rom, elaborando y realizando estudios de economía popular relacionada con el reúso, cuyos principales actores, en Roma como en otras grandes ciudades de Italia, son precisamente los gitanos. La organización tenía un laboratorio que producía objetos de *design* y ropa hechos con los desechos. Los gitanos pepenadores recuperaban cantidades de desechos con los cuales, en el laboratorio, se producían piezas únicas que los precursores de los *hipsters* compraban.

En mi trabajo también participaba en una investigación de campo para calcular la economía informal del reúso, que consistía en parte en ir a recolectar basura en las calles con los compañeros gitanos como Humiza.

El 6 de mayo, en el calendario gregoriano, se festeja a san Jorge, uno de los santos más importantes de la tradición religiosa cristiana ortodoxa.

La fiesta, probablemente con raíces precristianas, es originaria de Serbia, pero se difundió en todos los territorios de la antigua Yugoslavia. Djurjevdan, éste es el nombre eslavo de la fiesta, es también el evento más importante en el calendario rom. Es la llegada de la primavera, festejada por los rom de todo el mundo, a pesar de su pertenencia religiosa, musulmanes, católicos u ortodoxos. El 6 de mayo de cada año los gitanos de todo el mundo matan un cordero, adornan de flores sus casas, los muros, los jardines, y festejan el santo que derrotó el dragón.

El 6 de mayo de 2008 la pareja de compañeros gitanos con los que trabajaba, Sevla y Vesjil, me invitaron a su fiesta en el barrio de San Paolo, en Roma.

Las fiestas gitanas con bailes, la ropa de colores llamativos y la música balcánica es una imagen a la que nos han acostumbrado películas como las de Emir Kusturica, pero no son muy frecuentes en los campos nómadas de las periferias de Roma. Más bien son fiestas del *Lumpenproletariat* urbano.

Los hijos de Sevla y Vesjil están vestidos como raperos. La música estruendosa que sale de las cajas de un Chevy blanco con las puertas y la cajuela abiertas, es reggaetón, hip hop y música balcánica. Sin parar. Durante horas. Es la cultura del *ghetto*. Y en Roma los jóvenes rom, marginalizados, víctimas de racismo, agresiones, apátridas, nómadas, han interiorizado esta cultura, que es la que los representa más. En la que se sienten cómodos.

El acontecimiento más importante de la fiesta es la matanza del cordero. Vesjil degüella el cordero con un cuchillo de carnicero. El chorro de sangre es poderoso. Sevla, su esposa, se acerca al marido. Él mete su índice en la garganta abierta del cordero y con el dedo ensangrentado dibuja un signo en la frente de la mujer. Es un gesto antiguo, simbólico, purificador. En mi cabeza resuenan las nenias de mi infancia en la iglesia, "cordero de dios, que quitas el pecado del mundo, ten piedad de nosotros". La mancha de sangre en la frente de Sevla parece casi un tercer ojo hindú. Los rom, en el fondo, tienen raíces indoeuropeas. Tendría sentido.

Sevla, con la gota de sangre en la frente, vuelve a preparar otras cosas de comer con sus hijas y sobrinas.

—Para nosotros los rom, la sangre es sagrada, así como lo son las mujeres y el oro. Matar el cordero, no sólo en Djurdjevdan, sino en todas las fiestas importantes, es algo emocionante, sagrado. Lo sentimos mucho —me explica Vesjil.

La sangre salpica abundante desde la garganta desgarrada del cordero, que se queda callado, la mirada atónita de quien no sabe qué es lo que le está pasando, mientras la vida escurre fuera de su yugular. Nos mira, respirando ruidosamente, y ruidosamente muriendo.

Se tarda un par de minutos en morir. En silencio. Vesjil cuelga el cordero en un gancho que pende del techo del pequeño porche en el patio de su casa modesta. Lo desuella, lo degüella, lo hace pedazos. Con calma. Meticulosamente. Con maestría. Todos los chavos participan en el ritual. Ayudan, con su ropa de raperos, a degollar un cordero todavía caliente. Romano, el más pequeño de los hijos de Sevla, me pide que le tome fotos mientras juega con las tripas colgadas de la oveja. Cuando el cordero está listo es empalado con las patas cruzadas, para ser cocido a la brasa. Mientras tanto, Sevla nos ofrece pita a nosotros los *gagé* —los no rom— como mata hambre, en espera de que se cocine la carne. El día es soleado, la música balcánica que sale del coche deja espacio a canciones de Snoop Dogg, con las cuales los jóvenes se exhiben en coreografías probadas muchas veces. La tradición rom, centenaria, mezclada con las nuevas tradiciones del *ghetto*.

La imagen: en el fondo, un borrego empalado a la brasa para honrar a san Jorge. En primer plano, unos *teenagers* vestidos de blanco, gafas de espejo, bandanas y gorritas de *baseball* que bailan Eminem.

Acabando la comida riquísima, los chamacos me piden que les tome fotos tirando el barrio. Quieren parecer rudos, irresistibles, como diría Edwin, quieren parecer *badass*. Aretes de brillantes, cadenas de oro, caras de gitanos. Quieren dar miedo.

Mirco, uno de los más grandes, tendrá poco más de 17 años, me mira con cara de asesino. Después de la foto me dice, luego tienes que meterlas en un CD, para que las enseñemos a las chicas. Todos ríen. Todos vuelven a ser niños.

*   *   *

Siguen pasando canciones de una *playlist* de música rap negra. Edwin sale al patio con la vecina, que ha sacado la ropa limpia de los dos, y juntos la tienden. Ella es la que tiene lavadora y la comparte con Edwin. Pocos minutos después Edwin regresa.

—Antes era mucho de raza. Hoy en día va cambiando la cultura. Ahora hay muchos raperos mexicanos, de la *West Coast*. Cuando yo era chavo escuchabas rap o hacías rap y te decían ¿qué eres negro o qué pedo? Pero ya cambió toda la cultura en cómo se viste uno, en cómo habla uno. Todo cambia. Y sí, luego hay rechazo ante eso. Pero sí, la música que uno escucha es de negros, porque es música y cuenta de las cosas que uno vive. Aparte no había mucho mexicano cantando eso también porque en Estados Unidos no le daban tanto espacio a los mexicanos. A cada quien le toca su turno. Yo nunca tuve eso del racismo. Siempre tuve amigos negros, pero al meterte en esto [en la pandilla] ya no eres sólo tú. Yo los conocía, los saludaba. Pero no depende ya de ti. Te lo digo así, pero no estoy contento de lo que hice, de cómo caí, pero fue algo que tuve que hacer. Fue con un negro. No éramos cuates, pero él venía y me saludaba. Pero tuve que picarlo.

Vuelve el tema, vuelve siempre. Empiezo a entender que las historias de Edwin son concéntricas, hechas de círculos que se cruzan o que acaban en *loop*. Siempre llega un momento en el que se regresa a aquella noche. A veces el círculo es más amplio, a veces muy estrecho, pero ahí se vuelve. Y a la vida de la pandilla. A lo que Snoopy hacía. A veces pienso que estoy escuchando la misma historia una y otra vez. A veces pienso que ya ni siquiera me interesa, que volvemos a repetir el papel del periodista y el entrevistado, pero que el guion ya es muy pobre, ya no hay nada nuevo. Me siento siempre más así. Y parece que Edwin no logra salir de su papel de apestado y redimido, que empieza a molestarme. La verdad es que me molesta que sigamos en estos roles, me molesta su historia, me molesta mi búsqueda de un hilo, de una enseñanza. Llevamos mucho tiempo caminando, pero el camino parece haberse acabado y ahora me doy cuenta de que volvemos a pisar nuestros mismos pasos en estos malditos círculos concéntricos. Otra vez Edwin me cuenta lo mismo.

—Pues a mí no me tocó mucho, por ejemplo, ir… y buscar enemigos… dispararles… y cosas así. Más bien estar peleando contra los enemigos si los mirábamos. Cosas así. Yo siempre estaba dentro de las juveniles. Si estaba afuera, pasaban ciertas cosas y volvía adentro. A mí me tocó mucho de lo mío adentro. Afuera casi no era salir y vamos a dispararle a la gente, que son las cosas de las pandillas de allá. Pero también había temporadas en las que era todo tranquilo. Mi vida sí era…

Busca las palabras para no decir algo impreciso, para no parecer ni más ni menos de lo que era.

—… siempre andaba en el barrio, en la calle; nunca llegaba a la casa, drogándome. Andaba en las fiestas, tratando de hacer cosas, de chamaco, robar carros, haciendo todo ese tipo de cosas. Y llegabas a casa como si nada. Mi mamá no sabía lo que yo hacía. Digo, ella se imaginaba, pero nunca lo mencionaba. Pero también era, ya está aquí mi hijo y es lo importante. Está sano y está aquí, no hay bronca, ¿no? Lo que uno hacía afuera era... fuera. Luego en la casa era otra cosa. Tenía como una doble vida en ese aspecto. Porque luego la familia sabía que uno andaba en malos pasos, pero no decía nada. Yo creo que en muchas situaciones igual influye dónde te criaste, las amistades. Si yo me hubiera criado en una familia de clase bien, con educación, dinero, sería otra cosa. Y los pocos que se criaron en el barrio y salieron de ahí e hicieron algo, fue porque rechazaron ese tipo de cosas. Yo siempre, de chamaco, que el futbol americano, que quería un *telescope*, los *programs* de los *white kids*; yo anhelaba esas cosas. Y todos los que me rodeaban estábamos en el desmadre. Mis hermanos se alejaron de eso porque mi mamá, conscientemente o no, les dio otra visión. Yo siempre de chamaco quise aprender mucho. Iba a la tienda para robar lápiz y papel, para dibujar. ¿Qué tipo de ratero fui de niño? ¿Quién chingados se va a robar lápices y papel para estar dibujando? Yo hacía eso, me robaba *comic books* para leerlos en casa y dibujar. Porque mi jefa no podía comprarme esas cosas. También buscas una pertenencia, quieres pertenecer a algo. Todos queremos ser parte de algo, pero no todos tienen la opción de ir al *college*; entonces vas cayendo. Diferente al que tiene todo y se mete a esto de las pandillas.

—Tú dices que en esa época estabas mucho tiempo encerrado en la juvenil.

—Ajá. Y ahí luego cuando llegas a una juvenil, como somos de barrio, igual estás metido con los tuyos.

Escribo páginas de apuntes, tratando de darle un sentido a una narración que está perdiendo el interés inicial. No es que ya no me importe Edwin o su historia. Pero necesito ya deshacerme de un personaje que a mis ojos se está volviendo una caricatura del pandillero.

Me estoy acercando al castillo, pero no quiero entrar. Todavía no estoy listo. Prefiero seguir contando la historia del pandillero y aburrir al lector que decidirme a enfrentar al dragón encerrado en el castillo.

Así se regresa a Burbank.

* * *

Voy a sentarme en un Starbucks para revisar mis apuntes. Necesito organizarlos para no perderme al momento de escribir mi experiencia. Observo a las personas que entran y salen desde mi minúscula mesita. Todo tipo de personas entra y consume café en lo que considero una de las tantas aberraciones de la comida que se producen en Estados Unidos. Hay una mezcla de rasgos, colores, fisionomías, edades. Nadie me molesta y puedo pensar y descansar. Me siento listo para enfrentar el viaje de mañana a Pelican Bay. Siento que estoy finalmente entrando en esta historia y empezando a ser parte de ella.

Un chofer de origen chino me lleva al aeropuerto donde encontraré Javier.

Pero antes de entrar al castillo, el capítulo sobre el aislamiento, sobre el SHU, sobre el monasterio mental de Edwin, antes de este desafío, necesito romper la línea cronológica y dar un paso atrás; llevarlos a una taquería de East Los Ángeles. Hay que agarrar fuerzas para el camino, agarrar coraje para entrar al castillo y enfrentar el dragón.

Corte.

* * *

Un taco de cochinita pibil, uno de chicharrón, uno de bistec en salsa roja y uno de frijoles con queso. Un agua de horchata. Javier pide lo mismo. Sus tacos favoritos son los de frijol con queso. La salsa de habanero pica como debe de ser. En un gran pizarrón negro colgado en la pared detrás de las planchas para cocinar, vienen todos los platillos, con una traducción al inglés bastante pobre. Los tacos de tinga son *chicken*, los de mole poblano también dicen *chicken* y los de chorizo dicen, obviamente, *pork*, al igual que los de chuleta. Sin embargo, los tacos de calabacitas y de hongos con cilantro entre paréntesis dicen *veggie*.

Según Javier, los tacos de guisados son lo mejor y lo más mexicano que puedas encontrar en la East Cesar Chávez Avenue. Después de haber estacionado su pick-up, hacemos una *pit stop* a comer los tacos preferidos de Javier mientras nos preparamos para el encuentro con Carlos Coronado, director del Eastlake Juvenile Hall, la cárcel juvenil de Boyle Heights donde Edwin pasó mucho de su tiempo entre los 12 y los 16 años.

Boyle Heights es un barrio histórico de *Mexican-Americans*, como los llaman aquí los políticamente correctos. Para la comunidad latina, Boyle Heights es parte de México. Las tiendas de sombreros, de botas vaqueras, las taquerías, los abarrotes, todo recuerda casi perfectamente un barrio de Guadalajara, de la Ciudad de México, de Tijuana, si no fuera por ese dominante color beige que define Los Ángeles. Ante los ojos de Octavio Paz, Los Ángeles tenía una "atmosfera vagamente mexicana", una mexicanidad hecha de "gusto por los adornos, descuido y fausto, negligencia, pasión y reserva", que flotaba en el aire porque "no se mezcla ni se funde con el otro mundo, el mundo norteamericano, hecho de precisión y eficacia". Según el escritor mexicano premio Nobel, en su *Laberinto de la soledad*, la mexicanidad "flota pero no se opone; se balancea, impulsada por el viento, a veces desgarrada como una nube, otras erguida como un cohete que asciende. Se arrastra, se pliega, se expande, se contrae, duerme o sueña, hermosura harapienta. Flota: no acaba de ser, no acaba de desaparecer". Siento que la mexicanidad de la que habla Paz es poderosa en Boyle Heights. La puedo respirar, la puedo percibir flotando.

En este barrio del *downtown* de la ciudad viven más de 100 000 habitantes, la mayoría de los cuales, obviamente, hablan español. Más bien, hablan mexicano.

Pido un par de tacos más, aunque cuesten 2.75 dólares *each*. Están bastante buenos, aunque, como toda comida hecha fuera del país de origen, les falta ese toque mágico de originalidad que tendrían en México. Tengo hambre y no sé cuándo voy a volver a comer. Al momento de pagar, Javier reconoce a una de las cajeras. Es la hermana de un joven que conoció en la juvenil. Ahora está condenado a cadena perpetua. Ella lo saluda con cariño. Le agradece por todo lo que hizo por su hermano, por todo lo que sigue haciendo, por no dejarlos solos, por estar. Nos regala una sonrisa.

* * *

Carlos Coronado nos recibe en su oficina de director del Eastlake Juvenile Hall. Es un hombre alto de unos 65 años, con bigotes negros, así como su cabello coloreado. Negro cuervo. El saco colgado al respaldo de la silla, camisa blanca, corbata regimental en los tonos del azul marino. Un hombre de acción. Del tipo "severo pero justo". Me sorprende que no tenga las mangas enrolladas en los antebrazos.

Javier me presenta. Se conocen desde hace mucho tiempo. Coronado me observa detrás de sus lentes ligeramente oscurecidos. Siento que en cualquier momento se va a referir a mí, diciendo "mijo", o *"son"*, pero no lo hace. Al principio me habla en inglés. Son necesarios unos cinco minutos de conversación antes de pasar definitivamente a su idioma materno, el español, el mexicano.

Coronado ha pasado casi 30 años trabajando en la juvenil. Más de 20 como *probation officer*, en sus palabras, el oficial que tiene la tarea *de supervising minors*, supervisar a los menores presos que están en el *juvenile hall* esperando el proceso en la corte, que supervisa las actividades de los menores durante el día, que tiene la responsabilidad de que los "niños", como le dice Coronado, alternando esta palabra con "chamacos", vayan un mínimo de 300 minutos al día a la escuela.

—El que si tienen problemas médicos, psicológicos, emocionales, cualquier problema, está ahí para servirlos —me dice orgulloso.

Durante 21 años ha sido un guardia.

Hoy lleva ocho años como director del instituto. Dice que todos los "chamacos" lo respetan porque es duro pero justo. Es uno que dice lo que piensa y hace lo que dice, lo que promete. En el bien y en el mal. Porque es importante que "los chamacos" sepan que lo que haces lo haces por su bien.

Coronado nació en México, en "la puerta grande de los Altos de Jalisco", en el municipio de Degollado, famoso por sus artesanías en barro y sus labrados de cantera. A los 12 años llegó a Los Ángeles con su familia a vivir en uno de los muchos *projects* de la ciudad, esos grupos de edificios hechos para gente muy pobre, conocidos porque en el imaginario colectivo son los lugares en los que se desarrollan los *dealers*, los pandilleros y toda clase de desechables. Los primeros *pro-*

jects, o como los llama Coronado en *spanglish*, "proyectos", se construyeron en la zona este de Nueva York en los años sesenta para dar alojamiento a grupos marginados. Starrett City, que se conoce coloquialmente como las Spring Creek Towers, situado en una parte de Brooklyn, fue el primer "desarrollo de vivienda" popular, y pronto se volvió un *ghetto* para la comunidad negra. El asunto de los "proyectos" es que sí dieron la posibilidad a mucha gente pobre y marginada de tener un lugar donde vivir, pero al mismo tiempo generó una guetización de los pobres que fueron alejados físicamente de los ricos; se dio una mayor distancia entre blancos, negros, latinos, que se volvió una de las razones históricas por las que los grupos pandilleros no tenían otra cosa que hacer que defender su barrio, su territorio, su *ghetto*, su pedazo de mundo, aunque fuera feo, pobre y jodido.

Sin embargo, Coronado, recién llegado de Degollado, Jalisco, nunca se metió a una pandilla. Boxeaba un poco, le gustaba el atletismo y su papá estaba muy cercano a la iglesia. Así, Carlos, adolescente, fue monaguillo y boxeador.

—Iba a servir la misa de las seis de la mañana, iba a servir la misa de las doce, que hay un rosario, o una bendición, y luego a las siete de la noche, porque sí había un rosario a esa hora. Y en los sábados servía las misas de funerales, casorios, y en las tardes hacía los bautismos con los padres, y los padres me retiraron de la presión social.

La presión social, así la llama Coronado. Esa fuerza que te atrae al lado oscuro, que te obliga a hacer cosas que no deberías hacer, que no quisieras hacer. La fuerza que te encamina en los "malos pasos".

Coronado logró evitar esa presión social porque le tenía más miedo a su padre, severo pero justo, que a los pandilleros de la ganga que se agrupaban en su *project*. Además boxeaba y era grandote, más de un metro noventa. Así que los pandilleros a él y a sus amigos, grandotes, peleadores y monaguillos, no los molestaban demasiado.

Así se hizo guardia en lugar de hacerse pandillero. Así se posicionó en el lado correcto de la sociedad. En el lado correcto del poder. Así se volvió un *Mexican-American* en lugar de volverse un *homeboy* más.

115

La historia de Coronado es la historia de un emigrante que logró alcanzar sus objetivos, hasta logró superarlos. Que en la escuela lo querían segregar a los estudios técnicos, pero a fuerza de tenacidad y "por sus huevos" pudo llegar a la universidad, en contra de un sistema que lo quería subalterno.

Es una historia de lucha, que está hecha para conmover. O por lo menos suscitar respeto. Y de hecho me llega, pero no puedo evitar pensarla en contraposición con los que no lo lograron. O que no lo quisieron. Me parece una historia de éxito típica de las películas de Hollywood. Es como si para adherirse a la sociedad estadounidense se tuviera que tener una historia así. De esfuerzo, de valentía, de decisión, de tenacidad, que siempre, antes o después, te va a premiar con el éxito. Con el reconocimiento de que tus esfuerzos valieron la pena. Que finalmente eres parte de aquel gran sueño de bienestar y de duro trabajo que nos hace dignos ciudadanos respetables. Pero no creo en ese relato, ni me siento parte de esos valores.

Me parece extraordinario que un hombre como Coronado haya logrado ir a la universidad y alcanzar las metas profesionales que se planteó. Me parece digno de respeto el hecho de que en la *high school* sus profesores querían que escogiera materias técnicas, porque esto es lo que hacían los latinos en un contexto de discriminación racial, los latinos no iban a la universidad, pero Coronado insistió. Le dijo a su profesora de inglés que quería tomar su curso. Ella le hizo escribir un párrafo, para evaluar su nivel en el idioma, y resultó insuficiente. No podía escribir bien en inglés, el joven Coronado, y por ello no podía tomar la clase. Pero Coronado la enfrentó, diciéndole que se iba a quedar, porque su padre pagaba impuestos, y que lo que ella tenía que hacer era darle un tutor para que lo ayudara, pero que él, Carlos Coronado, iba a tomar esa clase, porque era su derecho y porque quería salir de la miseria, y que si ella lo reprobaba, él seguiría tomándola. Al final pasó con una B. Y así con muchas otras materias. Querer es poder, me dice.

Terquedad, obstinación, determinación, rectitud, sacrificio, éxito. Es totalmente positivo. Es lo que uno se espera de la historia de un

migrante, de alguien que construye su vida lejos de su país, en medio
de dificultades y desafíos, y que finalmente se adhiere completamente a los valores del país que lo recibe. Ésta es la narrativa que queremos escuchar sobre los valiosos emigrantes que logran superarse en
un contexto hostil, racista, que margina.

Pero es justamente esta adhesión, esta asimilación dócil de valores
como ésos, lo que me inquieta. Son los valores que de Estados Unidos
hemos aprendido en las miles de películas y series de televisión que se
producen todo el tiempo, en la aplastante propaganda que se recibe de
este país. Y que aborrezco.

En el fondo busco una historia de rebeldía, de inconformidad. Es
lo que voy buscando en los pandilleros, en Edwin.

Les sigo preguntando a todos si no se puede interpretar la dinámica de las pandillas como una forma de rehusarse a aceptar las reglas de
un sistema que considero inhumano, el sistema capitalista de Estados
Unidos. Quisiera que fuera una forma extrema, violenta, pero heroica
de oponerse a una estructura que te exige que seas siempre competen-
te, orientado al resultado, exitoso. Pregunto, para que se me conteste
lo que yo quiero escuchar.

Pero la realidad es que nadie me regala esa respuesta. Lo que se me
dice es que la pandilla es otra forma de poder, es una forma de control, es un lugar donde se encuentra un sentido de pertenencia, donde
se logra tener un mínimo de respeto, de poder, aunque sea basado en
el miedo. Lo de siempre.

El mismo Edwin comparte los valores del sistema, pero él es uno
de los muchos que no logró ser parte de ello.

Esto me molesta, en el fondo. Porque quisiera que mi personaje fuera otra cosa, fuera perfecto, fascinante en todos sus aspectos, un
rebelde, un radical. Que fuera puro.

Voy a tener que reconsiderar mis categorías y mis expectativas
hacia el personaje de mi historia. Pero voy entendiendo poco a poco
las razones profundas de mi lejanía con este país.

Alguna vez en una de mis clases de la maestría en ciencias políticas que cursé en la UNAM, estudié que Estados Unidos es el único país

del mundo que funda su identidad nacional no en un idioma, en unos rasgos culturales compartidos, sino en una ideología política y económica. Siento que es profundamente así. Hacerse ciudadano americano requiere la adhesión a la ideología del capitalismo estadounidense. Nada más. Pero nada menos.

Y vuelvo a pensar lo que Octavio Paz, con el que comparto muy poco a nivel político e intelectual, decía de la figura del *pachuco*. Creo que vale la pena hacer una pequeña pausa para leer con atención sus palabras. Según Octavio Paz:

Como es sabido, los *pachucos* son bandas de jóvenes, generalmente de origen mexicano, que viven en las ciudades del Sur y que se singularizan tanto por su vestimenta como por su conducta y su lenguaje. Rebeldes instintivos, contra ellos se ha cebado más de una vez el racismo norteamericano. Pero los *pachucos* no reivindican su raza ni la nacionalidad de sus antepasados. A pesar de que su actitud revela una obstinada y casi fanática voluntad de ser, esa voluntad no afirma nada concreto sino la decisión —ambigua, como se verá— de no ser como los otros que los rodean. El *pachuco* no quiere volver a su origen mexicano; tampoco —al menos en apariencia— desea fundirse a la vida norteamericana. Todo en él es impulso que se niega a sí mismo, nudo de contradicciones, enigma. Y el primer enigma es su nombre mismo: *pachuco*, vocablo de incierta filiación, que dice nada y dice todo. ¡Extraña palabra, que no tiene significado preciso o que, más exactamente, está cargada, como todas las creaciones populares, de una pluralidad de significados! Queramos o no, estos seres son mexicanos, uno de los extremos a que puede llegar el mexicano.

Incapaces de asimilar una civilización que, por lo demás, los rechaza, los pachucos no han encontrado más respuesta a la hostilidad ambiente que esta exasperada afirmación de su personalidad. Otras comunidades reaccionan de modo distinto; los negros, por ejemplo, perseguidos por la intolerancia racial, se esfuerzan por "pasar la línea" e ingresar a la sociedad. Quieren ser como los otros ciudadanos. Los mexicanos han sufrido una repulsa menos violenta, pero lejos de intentar una problemática adaptación a los modelos ambientes, afirman sus diferencias, las subrayan, procuran hacerlas notables. A través de un dandismo grotesco y de una conducta anárquica, señalan no tanto la injusticia o la incapacidad de una sociedad que no ha logrado asimilarlos, como su voluntad personal de seguir siendo distintos. […] el pachuco es un *clown* impasible y siniestro, que no intenta hacer reír y que procura aterrorizar. Esta actitud sádica se alía a un deseo de autohumillación, que me parece constituir el fondo mismo de su carácter: sabe que sobresalir es peligroso y que su conducta irrita a la sociedad; no importa, busca, atrae la persecución y el escándalo. Sólo así podrá establecer una relación más viva con la sociedad que provoca: víctima, podrá ocupar un puesto en ese mundo que hasta hace poco lo ignoraba; delincuente, será uno de sus héroes malditos. […] Por caminos secretos y arriesgados el *pachuco* intenta ingresar a la sociedad norteamericana. Mas él mismo se veta el acceso. Desprendido de su cultura tradicional, el pachuco se afirma un instante como soledad y reto. Niega a la sociedad de que procede y a la norteamericana. El *pachuco* se lanza al exterior, pero no para fundirse con lo que lo rodea, sino para retarlo. Gesto suicida, pues el *pachuco* no afirma nada, no defiende nada, excepto su exasperada voluntad de no-ser. […] El hibridismo de su lenguaje y de su porte me parecen indudable reflejo de una oscilación psíquica entre dos mundos irreductibles y que vanamente quiere conciliar y superar: el norteamericano y el mexicano. El *pachuco* no quiere ser mexicano, pero tampoco yanqui.

Lo escribía en los años cincuenta Octavio Paz. Desde entonces mucho ha cambiado, y no necesariamente hay que coincidir con su visión. Su lectura de los aspectos culturales de los *pachucos*, de los mexicanos, de los norteamericanos, como los define él, está saturada de suposiciones y generalizaciones culturales fundamentadas en su lectura personal y poética de lo que son los rasgos identitarios. No está fundamentada con ningún estudio social, cosa bastante frecuente entre los intelectuales que plantean articuladas interpretaciones sociales y culturales a partir solamente de su mirada personal, sin querer ensuciarse con los datos de las asquerosas ciencias sociales, tan poco elegantes y tan poco poéticas.

Pero es interesante su visión porque intenta una reflexión sobre algo que a partir de aquel momento en adelante ha tomado siempre más importancia: los pandilleros, herederos naturales del *pachuco*, y la cuestión identitaria de los *Mexican-Americans* y de los grupos marginalizados que no pertenecen completamente ni a la idea que se tiene de Estados Unidos ni a la que se tiene de México.

* * *

Coronado nos acompaña a dar una vuelta por el *juvenile hall*. Quiere que veamos qué tan tranquilo y bien manejado es este lugar donde Edwin pasó tanto tiempo en su primera adolescencia, mientras yo jugaba Dungeons and Dragons en el sótano de la librería de la mamá de un compañero de la escuela.

Los chamacos efectivamente lo saludan, pero no se entiende si es con respeto o con miedo. Caminando, Coronado me sigue platicando de lo que hacen aquí, de cuál es la función y la especificidad de este lugar.

—A nosotros no nos interesa de qué acusan al chamaco; el chamaco viene aquí y la responsabilidad de nosotros es tratarlo como si estuviera en su casa. El ambiente socioeconómico aquí es como si estuvieran en su casa. Si necesita ayuda médica se le da, si necesita ayuda psicológica se le da, si necesita dentista se le da. La responsabilidad de nosotros es asistir en lo que necesite el chamaco. Y obviamente tenerlos...

Hace una pequeña pausa. Busca las palabras.

—... que esté seguro en este ambiente: que no lo vayan a golpear, que no lo vayan a raptar.

Por como lo pinta, este lugar es una maravilla. Dan casi ganas de quedarse.

Las celdas, que aquí llaman habitaciones, son bastante limpias, siempre y cuando sus inquilinos las mantengan así. Tienen ventanas, cobijas, colchones y almohadas normales. Cada habitación/celda tiene un par de zapatos ordenadamente acomodados afuera de la puerta, en el pasillo, cuyas paredes blancas están decoradas con los escudos de los equipos de futbol americano y de *baseball*.

Javier ha trabajado aquí durante muchos años. De hecho, aquí empezó su vida como capellán. Y quiere enseñarme su primera oficina, a la que se llega pasando por una pequeña puerta al final de la capilla, donde hay un grupo de jóvenes detenidos que ensayan para preparar un pequeño concierto.

—Ésta es mi oficina —dice Javier—. Bueno, fue mi oficina. Donde empecé. Yo pinté las paredes, hace 20 años. Antes eran todas blancas. ¿Te acuerdas, Coronado? Y con la hermana Janet también pintamos la capilla.

En el muro amarillo están colgadas varias fotos. En una está Javier, hace 30 años, cuando todavía era un voluntario.

Coronado interrumpe bruscamente el flujo de recuerdos de Javier.

—Mejor vamos a ver dónde vivía Edwin.

Nos dirigimos ordenadamente al edificio JK, la unidad donde están los más grandes y los más violentos. En el camino cruzamos varios grupos de jóvenes. Algunos están haciendo ejercicio con unos guardias; otros, agrupados en filas y con las manos detrás de la espalda, van hacia sus celdas. Todos nos observan con curiosidad. Todos quieren saber quién es la gente que viene de visita a su juvenil, acompañada por el director, tomando fotos y videos. Veo ojos curiosos, despiertos, atentos a todos los detalles. No me siento cómodo viendo niños tan jóvenes esposados o con un uniforme gris, en cautiverio. Me genera una sensación desagradable de inquietud. Lo que me asombra es verlos actuar exactamente como prisioneros adultos, los movimientos, la docilidad, la sumisión a los guardias. Pero el hecho de que lo hagan niños de 12 o 14 años lo hace parecer una caricatura grotesca de la disciplina carcelaria de este país.

Finalmente llegamos a los edificios JK. Fue en estos pasillos donde Javier conoció a un joven Edwin que entraba y salía. Ambos estaban empezando a pisar sus primeros pasos en el sistema de detención de California, desde dos lados diferentes de la reja.

—Normalmente los niños están aquí mientras están peleando su caso en la corte —explica Javier caminando a mi lado.

"Entonces dependiendo del cargo, hay unos que nomás vienen una noche y se van a casa; hay niños que empiezan aquí y determinan que los van a tratar como adultos y los llevan a Sylmar (Holton

Conservation Camp), y allá terminan sus casos. Pero aquí el prome-
dio es de ¿qué? ¿Veinte días, Coronado?"

—Unos 35 días —le responde Coronado—. Cuando los chamacos
son arrestados llegan aquí, y si es un delito mayor, entonces se recluye
al chamaco, ¿verdad? Pero si es un delito menor y tiene una residencia,
tiene padre y madre que lo reciban, se regresa a la comunidad y luego
se le cita para que venga a la corte, según el caso. Si es un delito mayor
se recluye al chamaco hasta que pasa el procedimiento de las cortes.

Coronado insiste en que ha cambiado mucho desde que Edwin
estuvo aquí. Según él, lo que ha cambiado es que ahora la institución
se concentra en la rehabilitación más que en el castigo.

—Nos enfocamos más en rehabilitar y ayudar a los chamacos para
que cuando regresen a la comunidad sea más difícil que vuelvan a
meterse en problemas. Hay más énfasis en ayudar a los chamacos de
lo que había antes, por falta de recursos. Ahora tenemos a una de las
supervisoras que está enfocada directamente en ayudar al chamaco en
no tener *punishment*. No se pueden castigar a los chamacos, entonces
nosotros lo que hacemos ahora es que no regrese el chamaco a la institución. Que cuando la corte lo deje ir, tanto que vaya a un *placement*
o a un campo; el *probation officer* se junta con los padres, o la madre
o los abuelitos, con el chamaco mismo, para darle un programa para
rehabilitarlo y que no regrese a lo que estaba en aquel tiempo. También estamos dando educación a los padres: cómo identificar a los chamacos si están usando alguna droga, si no van a la escuela, cómo tratar
a los chamacos, en vez de hacer como antes, de agarrar un cinturón y
pegarles. Si tu hijo tiene un problema vamos con él a ver qué es el problema y tratamos de ayudar a los padres, y esto es para los chamacos
que no han sido detenidos, y la corte les da a los padres esta oportunidad, no como castigo, pero les da clases, y cuando se les da su certi-
ficado regresan a la corte y los chamacos pueden estar con los padres.
Es como una alternativa a la detención, trabajar con las familias.

Después de décadas de mano dura, en Estados Unidos entendieron
que es más caro mantener una sociedad del castigo y que se puede

ahorrar mucho dinero con programas de rehabilitación. Pero esto choca con las políticas de mano dura y de marginación racial que por otra parte son muy efectivas para el control del territorio a través del segregacionismo. Las dos líneas son recíprocamente excluyentes pero coexisten. Coronado ha vivido e interpretado la política segregacionista durante gran parte de su vida, y ahora es el intérprete de la postura que favorece la rehabilitación. Me explica los beneficios de esta visión, como si siempre hubiera sido evidente, como si fuera yo el que se tiene que convencer.

Los que no se convencen en realidad son los que conforman el aparato de guardias y funcionarios, que al parecer se resisten al cambio de paradigma y siguen actuando como si nada hubiera cambiado.

Muchos oficiales no conocen las reglas de las pandillas. Pero las pandillas tienen sus reglas y los chamacos que pertenecen a una de ellas tienen que seguir el mando que se les da. Hay niños que a pesar de la corta edad tienen mucha influencia; pueden formalizar pleitos, peleas, ordenar treguas o coordinar protestas. Desde afuera dictan la línea de comportamiento de los chamacos de adentro.

Caminando por los pasillos, veo jóvenes latinos como Edwin, con la misma cara, la misma actitud provocadora, desafiante y arrogante que veía en su cara en las pocas fotos de su adolescencia que me ha enseñado. Las mismas caras de pandilleros montadas en un cuerpo de niño poco más que puberto. Estos chavos podrían matar, probablemente varios de ellos lo han hecho, pero esto no les quita la niñez que no ha sido completamente barrida. Niños que imitan adultos rudos, violentos, y son caricaturas grotescas y espantosas de un mundo hecho de gestos extremos, sin grises. Siento un escalofrío.

Para dejar de hundirme demasiado en mis pensamientos le pregunto a Coronado qué tipo de chavos llega aquí y por qué tipo de delitos.

—Cuando se recluyen aquí es porque han usado un arma en un delito de robo, puede ser una navaja, un *bat*, una pistola; por detener una persona, quitarle su libertad, robarle el carro con arma, abuso sexual, con un menor o como sea, obviamente por matar a una persona. De cada diez chamacos que llegan aquí, seis o siete están involucrados de una forma o de otra en alguna pandilla. Y hay chamacos que vienen aquí porque fueron cómplices de alguna forma y no van a dar testimonio contra sus amigos y van a un *camp*, y a ésos se les trata como adultos. Y ahí van por delitos graves, todo lo que sea un *felony*. Se les trata como adultos y se van al *camp*, y de ahí van a la corte de adultos y de ahí son sentenciados a la prisión.

Lo que le pasó a Edwin.

Por las ventanas se ve la yarda y la cancha de *baseball*. Unos jóvenes presos están jugando *kickball*, una especie de futbol pero con las reglas del *baseball*. O una versión de *baseball* que se juega con los pies y una pelota de futbol. En fin, no parecen demasiado excitados por el partido, ni demasiado partícipes. Pero están ahí, patean la pelota, hacen el esfuerzo de correr. Siempre supervisados por varios agentes.

Coronado sostiene que los chamacos están todos juntos "a pesar de la raza". O más bien tienen que estar todos juntos. Las cosas cambian cuando entran en campamentos del condado. Los mismos compañeros, los *inmates*, son los que establecen las reglas y les dicen a los nuevos, "tú no puedes sentarte aquí, no puedes estar con esta gente". Y efectivamente los jóvenes que veo desde la ventana están todos juntos. Mezclados pero no revueltos. Aquí puede pasar que un negro y un blanco o un latino sean amigos. No puede pasar en prisión. Son las reglas. Las reglas para que los prisioneros mismos generen discriminación, separación, y no se vean todos como prisioneros, que no se junten, no se vean como un único cuerpo que se tiene que oponer a la autoridad. *Divide et impera*, enseña la antigua locución latina. Y las consecuencias de no seguir estas reglas pueden ser muy graves. Puede ser la muerte.

Vamos bajando de regreso a la yarda, siempre las miradas de los chicos clavadas en nuestros ojos. Ya veo qué es lo que me inquieta. No bajan la mirada. Buscan tus ojos. Para saber, para desafiar, seguro, pero para conocer. Y para que los veas. Para estar seguros de que los veas. Que no sean una sombra más, a pesar de parecer todos iguales, con sus uniformes, su corte de cabello, sus esposas, reales o simbólicas. A pesar de su cautiverio.

Interrumpé el flujo de mi pensamiento la pregunta de Coronado.

—¿Qué viste aquí?

No sé qué contestar. Vi a unos menores de edad tratados como si fueran adultos. Vi la infancia anulada, la adolescencia criminalizada. Vi la gestación de relaciones racistas y discriminatorias. Vi a jóvenes principalmente pobres o marginados que aprenden a vivir detrás de las rejas, que se socializan en la prisión, porque van a tener que acostumbrarse. Porque su raza, su clase, su destino se los impone. Vi ojos atentos y deseosos de rebelarse.

Pero no me está preguntando esto Coronado. Y no es esto lo que le contesto. Le contesto que no sé. ¿Qué es lo que vi?

—Mira, nunca tienen que estar muchos afroamericanos juntos ni muchos hispanos juntos. ¿Ves? Como éstos son de dieciocho años, ya están entrando a la cultura a donde van a ir. Así que tienen que estar mezclados. Separarlos y juntarlos.

Mezclarlos y juntarlos, separarlos y juntarlos, para que no empiecen a matarse aquí. Porque ya reciben indicaciones de cómo tienen que comportarse.

—Están todo el tiempo juntos, por ley tienen que tener mínimo cuatro horas de recreo a la semana y trescientos minutos de educación al día. Y no tiene que pasarles nada.

Pasando ahora muy cerca de la cancha de *baseball*, uno de los jugadores hace una entrada muy brusca a otro, parado en una de las bases. Un agente corre de inmediato a separar a los dos chicos. Coronado y Javier me explican lo que veo. Dicen que se tienen que separar sin perder tiempo, que a veces basta una mirada para armar el pleito. Un golpe casual puede desembocar en una riña en cada momento. Tal vez el que dio el golpe sabía que el otro no iba a reaccionar. Dicen.

—Si el chamaco que estaba parado hubiera sido pleitista, ahí mismo se hace el pleito.

Coronado está muy seguro de lo que sabe.

—¿Quieres ver un shu de aquí?

—Claro que quiero. Vamos.

Se escucha el silbato de un tren a lo lejos. Me gustaría agarrarlo e irme de aquí. Irme lejos de aquí. Quién sabe cuántas veces al día lo piensan estos niños. O a lo mejor ya no.

* * *

El SHU de aquí está vacío. Bueno, casi vacío. El edificio nuevo, que, me asegura Javier, no existía cuando Edwin estaba aquí, tiene todas las celdas libres menos una.

—De todo aquí nomás hay un chamaco —afirma Coronado abriendo la puerta del área, con una de sus llaves que abren todas las puertas, como si fuera un San Pedro *Mexican-American*. Habla con el guardia para preguntarle quién es el joven que ocupa la celda. En cuanto le dicen el nombre se acerca a la puerta, la abre y empieza a hablar con él, que no tiene evidentemente ganas de interactuar con nadie, menos con el director de la juvenil. Está tirado en la cama con una sábana encima. Desde afuera no se alcanza ni siquiera a verle la cara, el color de su piel.

—*How you're doing today? You're ready to go back?*

—*No.*

—*Well. Try to be ready, son. I'll be back.*

Vuelve a cerrar la puerta, detrás de la cual el joven sigue inmóvil debajo de su sábana blanca.

Coronado nos presenta al guardia. Luego con cierto énfasis me explica:

—Ya casi no se usa para nada este lugar. Por esto lo ves vacío.

Teóricamente en el SHU ya no tendría que estar nadie encerrado, porque ya está prohibido el aislamiento en este tipo de instituciones, así que Coronado intenta justificar la presencia de ese niño con el hecho de que se trata de una situación muy temporal.

Estos edificios son PQ, aquí ahora se tiene a los jóvenes con problemas emocionales y psicológicos.

Con el oficial, en una especie de sala de control, está un joven sentado en una silla. Cuando nos acercamos trata de acomodarse más decorosamente.

Javier le sonríe y le habla con cortesía y con ironía.

—*You look too comfortable. You don't want to get confortable in this place.*

—*I know, sir, you're right.*

Coronado sigue explicando como guía turística las innovaciones del *juvenile hall:*

—Ahora estamos enseñando a los oficiales a que traten de comunicarse con los chamacos en vez de encerrarlos cada vez que hay un problema, ¿verdad, *officer*? No. Ahora es, vengan, ¿cuál es el problema? Se hacen evaluaciones psicológicas, si fumas, si trataste de cortarte las venas. Cosas así. Si vemos que el chamaco tiene tendencias sexuales (*sic*) lo mandamos con una persona directa que lo esté revisando.

Hay un sistema de premios y puntos, explicado con un esquema coloreado en la pared. Si no te peleas, ganas puntos; si vas bien en la escuela, ganas puntos; si no te metes en broncas, ganas puntos. Una vez a la semana puedes cambiar tus puntos en una tiendita interna y comprarte dulces, golosinas, refrescos o hasta papitas.

Dejamos al joven platicar con el guardia y nos acercamos a la salida.

Coronado no deja de platicarme para que yo entienda lo mucho que estos "chamacos" lo aman.

—Como te digo, muchos de los otros directores no conocen a los chamacos como los conozco yo. A mí no me interesa por qué está acá un chamaco, yo vengo y hablo con ellos. Hay que hablar con ellos, ¿qué tal?, ¿cómo estás? Hay que hablarles con respeto. Yo siempre les hablo con respeto. Cuando yo era oficial siempre los formaba por su nombre y su apellido. Yo les llamaba *Mr. Johnson, Mr. Hernández,* y ya tienen otra reacción. Una vez había un disturbio racial, y había once latinos que no se querían regresar a sus cuartos, y unos veinticinco oficiales que los iban a forzar, digamos. Sucede que yo iba pasando, y pregunté, ¿cuál es el problema? Regresen a sus cuartos y ahorita vamos a hablar. Todos se levantaron y se fueron a sus cuartos. Y luego traje a la persona que según hablaba por los demás, la voz, y le dije

¿qué está pasando? Y me dice mira, Coronado, lo que está pasando es que aquí este cuate afroamericano se levanta a usar el teléfono usando una tarjeta que no me interesa de quién sea pero luego le pasa el teléfono al otro y luego al otro, y cuando es el turno de nosotros ya no tenemos tiempo. Le dije no se preocupen, les voy a dar tres minutos a cada uno para que usen el teléfono. Pero tienes que cumplir lo que prometes. Entonces les di a todos los tres minutos y se acabó.

El respeto, el honor, la equidad, la justicia, la firmeza son los valores que Coronado intenta poner en práctica. O que reivindica como propios. Son los valores que según su versión de la historia le han sido reconocidos a pesar de todo.

—Yo me he encontrado a muchos afuera que de niños habían estado en el *camp*. Es increíble porque todos me han hablado muy bien; y me dicen, gracias por lo que me dijiste, *I'm doing this, I'm doing that*. Hace unos cuatro años fui con un dentista, y me hablaba muy bien, y que esto y que el otro y señor Coronado; ya cuando acabó, dijo ¿qué tal? Pues bien. Y me dice ¿a poco no se acuerda usted de mí? Dije no, ¿dónde te conocí? Y me dice *when I was in JK*, tú fuiste uno de los que me enseñaron a jugar ajedrez y dominó, y eso y el otro. Entonces a uno le da gusto. Otra vez me fui a comer unos tacos, se acerca un coche, se da la vuelta y baja un tipo todo tatuado y viene hacia mí con cuatro tipos, *gangsters*, y también me dijo oiga, señor Coronado, ¿se acuerda? Y yo le dije al taquero, no me acuerdo, pero sírvele a los señores todo lo que quieran y va por mi cuenta. Pues son experiencias positivas y negativas. Hay que ayudar a los chamacos no para que todos cambien, pero los que puedes cambiar, pues vale la pena. Yo creo que puedes tener un impacto grande con los chamacos, porque te miran. Te observan. Hay unos que no han tenido padre, y otros que no han tenido ni padre ni madre, y ellos ven en ti la sinceridad; ellos saben si eres o no eres sincero.

Coronado se considera un ejemplo. Un hombre con valores, que por ello es respetado. Y al momento de explicar la reincidencia de los muchos jóvenes que saliendo del *juvenile hall* vuelven a la pandilla, atribuye un gran peso a la que él llama la presión social.

—A muchos de los chamacos los ayudamos, y muchos quieren cambiar, pero lamentablemente cuando regresan a su comunidad vuelven a la pandilla, no porque quieren, sino porque tienen la presión social de sus amigos pandilleros. Y en la pandilla las cosas son en serio, les dan entrenamiento con armas, como si fueran profesionales. Yo a veces me pongo a hablar con ellos, porque son muy callados. Les digo mira, yo también a tu edad tuve estas presiones en la escuela, y yo pedí tutores que me ayudaran. Les digo que la presión social es muy fuerte, pero cuando salgas tú, dile a tus compañeros: la policía me está viendo a mí, tengan cuidado porque si no te van a arrestar junto a mí. Les digo que se acerquen un poquito a Dios, lean un poquito más y los van a dejar en paz. Y luego morenos, afroamericanos, latinos, levantan la mano, señor Coronado, yo tengo problemas en la escuela, ¿me puede dar un tutor a mí? A veces les da vergüenza, porque cuando tú repruebas un curso ya no vas a la escuela, y te empiezan a tratar mal, a empujar, y esto y lo otro. Yo lo que les enseño es que hay que trabajar para mejorar. Yo soy una evidencia de que se puede lograr. Estoy hablando con ustedes, y una persona como yo, me hizo cambiar como ustedes. Pero hay muchos oficiales que no se relacionan. No quisiera que ninguno de mis hijos trabajara aquí porque no se pueden relacionar con otro ambiente socioeconómico. Y aquí es necesario.

Al final de esta gira tengo una visión más amplia del ambiente donde Edwin ha pasado gran parte de su adolescencia. Hombres como Coronado, si no el mismo Coronado cuando era *officer*, han representado, en el bien y en el mal, los interlocutores principales de su vida.

Un hombre como él, que quería paternalmente darle un consejo a Edwin, le dijo que leyera mucho. Fue aquí, en esta juvenil. Fue alguien como Coronado, con la misma dureza y el mismo sentido de justicia. La misma ilusión de hacer el bien, de salvar a un joven de sí mismo.

Edwin lo escuchó. Pero no se salvó de sí mismo. Tal vez porque no había que salvarse de nadie, sino encontrar el camino. Un camino.

Regresando al coche, Javier recuerda con una sonrisa los años pasados aquí. Para él no es tan exacto que las cosas hayan cambiado de manera positiva.

—Acá teníamos actividades, ¿sabes? Llegamos a traer caballos, para que estos niños de barrio pudieran montar caballos. ¡Imagínate! A veces poníamos el *barbecue*, usábamos la alberca. Hay dos albercas. Ahora ya no se usan.

Me pide que me acuerde de entregar la foto que le saqué con Coronado. Era uno de los oficiales cuando Edwin estaba aquí. A lo mejor lo reconoce. A lo mejor.

A mi regreso, le enseño la foto de Coronado. Tiene muchos recuerdos de la juvenil, pero a este hombre alto y severo no lo recuerda. O por lo menos eso es lo que me dice.

Ahora me siento listo para enfrentar lo que me espera, entrar en el castillo. Estoy listo para ir a visitar la universidad de los pandilleros. Pelican Bay. Para volver y contarlo.

PARTE II

Thin line between love and hate

It's five o'clock in the morning
And I don't give it a second thought
It's a thin line between love and hate
The sweetest woman in the world
Can be the meanest woman in the world
If you make her that way, you keep on hurting her

THE PERSUADERS, *Thin Line Between Love and Hate*

Restricciones de vestimenta:

Hay restricciones en lo que puedes llevar a una prisión. En general, hay cuatro reglas para recordar:

1. No use ropa que se parezca a la ropa que usan los prisioneros: *a)* pantalones de mezclilla azul; *b)* camisas de cambray azul; *c)* overoles anaranjados o *pants* y *tops* anaranjados; *d) tops* rojos (sólo en Pleasant Valley State Prison); *e)* vestidos que se parezcan a batas de prisioneros (sólo en instituciones femeniles).

2. No use ropa que se parezca a la que lleva el personal de custodia: *a)* pantalones verde bosque; *b)* camisetas color canela; o *c) camouflage.*

3. Vista conservador y modesto; y

4. No use ningún elemento que no pueda ser sacado y que no pase sin problemas el detector de metales (como un brasier con partes de metal o ropa con botones de metal).

Restricciones específicas:

1. No está permitido traer mezclilla azul, cambray azul, mono color naranja o camisa color naranja y pantalón color naranja;

133

2. No está permitido pantalón de color verde con camiseta de tirantes;

3. No está permitido traer el camuflaje a menos que la identificación muestre que se trata de personal militar o de reserva;

4. No está permitida vestimenta sin tirantes, transparente, que muestre partes del cuerpo o abdomen descubierto;

5. No están permitidas faldas, vestidos o pantalones cortos que expongan más de dos pulgadas por arriba de la rodilla;

6. No está permitida vestimenta que exponga los senos, los genitales o el area del trasero;

7. No está permitida vestimenta muy ajustada;

8. No están permitidas pelucas, peluquines, extensiones de pelo u otro tipo de peluquines, excepto por razones médicas y con aprobación previa;

9. No están permitidas gorras o guantes, excepto con aprobación previa o a causa de clima inclemente; y

10. No zapatos de ducha.

Inside Pelican Bay

La cita con Javier es en el aeropuerto de Los Ángeles a las seis de la tarde. El primer avión de United Airlines nos llevará a San Francisco, donde cambiaremos para volar a la ciudad de Medford, en la parte más meridional del estado de Oregon.

Llegamos a la medianoche al pequeño aeropuerto vacío. Un joven pelirrojo flaco y pálido saca las pocas maletas de la banda transportadora para acomodarlas ordenadamente en una esquina. Acabando la tarea enciende un lavapisos y empieza a limpiar la entrada. Javier y yo nos acercamos al mostrador de la empresa con la que reservamos la renta de un carro. Está vacío y nosotros estamos muy cansados. Buscamos sin éxito un empleado que nos entregue las llaves del vehículo para poder ir a dormir. Después de un par de minutos el pelirrojo levanta la mirada, nos nota, apaga la máquina y con toda la calma del mundo empieza a caminar hacia nosotros. Llegando al mostrador, se exhibe en una media sonrisa y nos pide una identificación y la tarjeta de crédito con la que pagamos la renta del carro. Aparentemente es el factótum del aeropuerto. A lo mejor mañana, de regreso de la prisión, lo volveremos a encontrar.

Con mucha calma nos comunica que ya pasó la medianoche y no va a ser posible entregarnos el carro, así que tenemos que volver aquí a las siete de la mañana. Son las 12:06 a.m.

Acostumbrado a luchar con la terquedad típica de la burocracia mexicana, desisto sin protestar y leo en los ojos de Javier la misma resignación velada de sutil ironía y abundante cansancio. Agarramos nuestras maletas y flácidamente nos acercamos a la salida.

A un lado de la puerta automática de cristal, justo unos pasos antes de salir, llama mi atención una vitrina en la que están en exhibición algunos productos italianos: botellas de vino Barolo, chocolates, un bote de Nutella. Hay fotos de una pequeña ciudad del noroeste de Italia, famosa por sus vinos extraordinarios y obviamente por la Nutella. Resulta que la ciudad de Medford está hermanada con Alba, en Piamonte. Explico a Javier este detalle bizarro que me emociona y decidimos que se trata de un buen auspicio para nuestro viaje.

El taxi es un colectivo que nos lleva al hotel junto con otro pasajero que, como nosotros, tampoco pudo rentar un coche. El taxista es un hombre de unos 60 años, flaco, arrugado, que pasa los 10 minutos que nos separan del hotel hablando con un colega en su radio. Lo escuchamos regañarlo porque el otro taxista, evidentemente nuevo en el servicio, no quiere aceptar la llamada de una señora de un pueblo vecino que le pagaría 79 dólares. Javier se divierte escuchando la conversación. Interviene, hace bromas con el taxista, creando una breve sintonía con este hombre blanco en la blanca Medford. Lo que he notado es que todas las personas que vimos hasta ahora son blancas. Y todas las que veremos.

Javier me explica que ésta es una zona de pocos negros, pocos latinos, y mucho racismo.

—Verás mañana en la prisión —me dice antes de despedirnos.

Hay que levantarse temprano. Las dos mujeres, jóvenes, blancas y obesas, que se encargan del mostrador nocturno, nos entregan la llave y nos explican brevemente las reglas del hotel.

Subiendo a la habitación tengo justo el tiempo de preparar mi ropa para mañana antes de colapsar en un lago oscuro y nebuloso que no puede definirse sueño.

A las seis suena mi alarma, pero sigo flotando en ese estado nebuloso que no me ha dejado descansar. Es el día más importante de mi viaje, cuando tenemos que llegar a la prisión de Pelican Bay, y no puedo despertarme. Logro levantarme sólo cinco minutos antes de las siete, porque Javier me está llamando por teléfono desde el *lobby*. Arreglo mis cosas, me baño y me visto en un único gesto descompuesto, y me lanzo por las escaleras. Me espera Javier con una guayabera negra y blanca y una gran sonrisa en la cara.

Agarro una manzana, un café, y vamos a recoger nuestro coche.

Es sólo después de haber dejado nuevamente el aeropuerto en un Ford azul que logro efectivamente despertar. Javier está hablando con su madre por teléfono y yo me doy cuenta de que ya estamos en camino.

Todo lo que nos rodea es verde.

*   *   *

Sequoia sempervirens. El bosque susurra. Murmura. Y respira. Respira muchísimo, el bosque. Pasar en medio de una criatura viva, conformada por miles de columnas altísimas que te tuercen el cuello, es impresionante. Respira, el bosque, y murmura. Troncos rojizos y ramas verdes. Siempre verdes. La brisa del océano se mezcla con el verde, se vuelve respiro. Inhalar el respiro del bosque es electrizante, energizante. Restituye lucidez, refresca los pensamientos. Sin darte cuenta aparece una sonrisa en tu cara, en cuanto tus pulmones se llenan del respiro del bosque. Enormes troncos rojizos, columnas verdes. Sin fin.

Hay que cruzar el Redwood National Park, y son horas de puro bosque. Me siento un niño que ve por primera vez la nieve. No puedo contener la emoción de estar en un lugar tan hermoso.

—Es hermoso. No lo puedo creer. ¡No lo puedo creer!

Javier sonríe frente a mi emoción. Yo tengo ganas de llorar de la felicidad. Había leído de este lugar. Había visto documentales, películas. Pero no podía imaginar tanta fuerza, tanta magnificencia.

Edwin ha pasado por este bosque. No de norte a sur, como estamos haciendo Javier y yo, sino de la prisión estatal de High Desert, cerca de Indian Springs, Nevada, hasta Crescent City, el pueblo donde se encuentra la prisión de Pelican Bay. Son más de 12 horas en automóvil.

Me había contado de su viaje a Pelican Bay. El perfume del bosque que olía desde la camioneta blindada que lo llevaba a través de casi todo el estado de California. Cuando salga de aquí voy a volver a visitar esta zona, como hombre libre, voy a acampar, voy a conocer el Redwood National Park. Esto Edwin lo había planeado muchas veces durante los años pasados encerrado en el hoyo.

Nunca pudo realizar su proyecto. Le tocaron fragmentos nocturnos de bosque, perfumes robados desde la misma camioneta blindada, el día en que lo sacaron de prisión para llevarlo a Tijuana, deportado.

Éste es el bosque de Edwin. Vivió durante muchos años a pocos metros de él. Estos gigantes verdes han exhalado el oxígeno que Edwin ha respirado durante todo ese tiempo, se ha alimentado de su aire, sin poder pisar su tierra húmeda y rica.

Serás mis ojos, carnal. Es lo que tengo que ser. Y me lleno los ojos de esta magnificencia para podérselo contar a mi regreso.

* * *

Pelican Bay State Prison (PBSP), California Department of Corrections and Rehabilitation (CDCR).

Lo primero que noto es una señal negra con un aviso en amarillo: *No weapons. No cameras. No blue jeans. No picture taking allowed.*

Estamos en medio del bosque. Rodeados de árboles, y el silencio reina. El edificio de la prisión es bajo, de un solo piso. No sé por qué me imaginaba un edificio enorme, con muros altos de decenas de metros, oscuro. Lo había soñado como la pirámide de *Blade Runner*, donde vive el doctor Eldon Tyrell, el creador de los replicantes, oscura, enorme, amenazante. Un verdadero castillo.

Desde el estacionamiento parece una oficina cualquiera de un pueblo cualquiera en medio del bosque en Estados Unidos.

Jessica Berg es nuestra guía. Es la *public information officer* de la prisión, la encargada de comunicación social, la que puede hablar conmigo. Nos acompaña un hombre más gordo, que no entendí bien quién es. Es otro oficial de la prisión, pero no se identifica. Pasamos por sus oficinas, donde nos entregan dos chalecos antibalas de color verde militar. Uno es para Javier, que en tantos años visitando la prisión nunca había tenido que ponerse uno. El que le entregan a Javier es definitivamente demasiado pequeño, y en un hombre de más de un metro y noventa, robusto, parece una especie de broma. Javier se molesta, pide otro chaleco, se rehúsa. Al final acepta ponérselo para no tener que perder demasiado tiempo, y este detalle le dará un toque cómico grotesco a todo, a lo largo de la mañana. En una rápida visita al baño, antes de empezar, nos miramos al espejo. Ambos tenemos la sospecha de que lo del chaleco diminuto sea una especie de venganza por haberme llevado a ver la prisión. No lo vamos a descubrir jamás.

El espacio entre las oficinas y el SHU es abierto, hoy es un día de sol y el aire es fresco. Son las diez de la mañana y estoy muy tenso. No sé por qué, pero después de años de periodismo, de ver y relatar sobre la muerte, depués de situaciones difíciles y peligrosas, éste es el lugar donde más incómodo y angustiado me he sentido. Y todavía no entramos.

Jessica se para en medio del pasillo externo que nos llevará al SHU, entre dos altas rejas con alambre de espino.

He visto una foto aérea de Pelican Bay en internet, deben haberla tomado desde un helicóptero. La prisión, desde arriba, tiene la forma de la cabeza de una abeja. O de una mosca. Los dos ojos son las partes especulares de la *general population*, y arriba, como el signo de muerte conformado por dos huesos cruzados, está el SHU, separado pero próximo, en forma de extraña equis no completamente simétrica. Recuerdo que este detalle me había molestado. Me gusta la simetría. Me da un sentido de paz, como a Edwin le gusta el orden.

Ahora me estoy aproximando a la equis, a los huesos, a ese panóptico desigual, bajito. Siento que quiero entrar ya, y ver cómo se ve este lugar desde adentro, pero Jessica nos detiene ahí, bajo el sol. Jessica tiene una mirada amable, seguramente es amable, pero al mismo tiempo inquietante, como me parecen inquietantes la mayoría de los gringos blancos protestantes, con su torpeza, su cerrazón moral y religiosa, o simplemente ideológica, que da miedo a la gente como yo. Me hace pensar que puede ser capaz de la peor violencia si es motivada por su convicción, por su religión, por su condición de esbirro, por sus ganas de salvar tu alma, por su ansia de justicia. Probablemente votará por Donald Trump. O por lo menos es lo que pienso instintivamente de ella.

Todo esto veo en su cara. Lo veo, estoy segurísimo de que está ahí, pero nadie, aparentemente, lo nota. Nadie nota que esta mujer tan amable esconde una naturaleza violenta, sin piedad. O a lo mejor todos lo notan y a nadie le importa.

No me gusta estar aquí. No me gusta nada. Y todavía no hemos entrado. Jessica habla.

Con un tono demasiado alto me explica que estamos rodeados por una valla electrificada de 10 000 volts. Habla rápido en un inglés masticado de provincia. Me cuesta trabajo entender. Su actitud pedante, ostentosamente alegre, hace parecer más grotescas las cosas que dice. Parece que está contando cómo organizó la fiesta de cumpleaños de su prima y me está diciendo que si toco la valla voy a morir electrocutado. Me lo dice con una sonrisa.

Yo intento reducir mi malestar haciéndome el simpático. Sonriendo y repitiendo como tonto que si toco la valla voy a morir, varias veces, tratando de sacar una postura irónica. Obviamente no lo logro. Pero Jessica parece no darse cuenta, porque es evidentemente una persona literal. En ella la ironía está simplemente ausente.

Con su actitud eficiente me dice que ha bajado el número de *inmates* en la prisión. Al día de hoy, 16 mayo de 2016, hay 2 137 presos, de los cuales 478 están en el SHU y el resto en *general population*.

139

Con precisión y profesionalismo, sin quitarse esa postura molesta y dichosa, me describe la estructura de la prisión. Hay cuatro *facilities*, o instalaciones, principales (A y B), que son las instalaciones de la *general population*, las que en la imagen que tengo en la mente serían los grandes ojos de insecto. Luego están las *facilities* C y D, que son el SHU, los huesos cruzados en la imagen desde el cielo. Nosotros estamos a punto de entrar en el SHU.

Todavía quiere explicar que la población de presos ha bajado mucho en el último año debido a las reformas del SHU en todo el estado de California. Si antes medianamente en cada *facility* vivían entre 550 y 600 presos, hoy son 205 en el D y 273 en el C. Nada más.

Yo la escucho y trato de observar lo que puedo. El sol está muy brillante, me lastima los ojos, y detrás de la valla que me mataría si sólo la rozara, se ve puro verde.

Jessica sigue dándome datos: cada *facility* está conformada por varias unidades *(units)*. La *facility* D tiene 10 unidades, mientras la C tiene 12. A lo mejor es por eso que son asimétricas. ¡No puedo con la asimetría! Cada unidad se conforma de seis *pods*, y cada *pod* contiene ocho celdas.

Jessica sigue dándome instrucciones sobre cómo tengo que comportarme al entrar, a quién tengo que enseñar mis documentos, a quién tengo que pedir permiso para tomar fotos. Al final puedo llevarme mi cámara, pero si la saco sin pedir permiso me disparan a matar. No lo menciona, pero estoy seguro de que es así. Me da instrucciones. Aquí son puras instrucciones, que tengo que seguir, como todos. Ya no logro prestarle atención. Pienso que simplemente haré lo que haga Javier, y ¡a la verga sus instrucciones!

Llamo a la mente lo que me decía Javier en el carro, llegando aquí: de Pelican Bay nadie se ha escapado nunca.

Será por las vallas electrificadas que cuestan un millón de dólares y que apenas las tocas mueres; será porque hay anuncios, ahora los empiezo a notar, que dicen *No warning shots*, que quiere decir: "disparamos a matar". Por esto llevamos puestos estos ridículos chalecos antibalas verde militar, porque si algo llegara a pasar mientras estamos visitando la prisión, los guardias disparan a matar. Sin avisar.

Jessica sigue hablando. Sigue explicando la estructura de la prisión. Estoy fascinado por la disposición a manera de matrioska, en la que lo más grande contiene lo más pequeño, hasta llegar a la unidad humana. Una (o dos) persona por cada celda.

Me encantaba jugar con las matrioskas de niño. Me daba un sentido de paz. Finalmente, un poco de simetría.

Me siento más tranquilo. Ahora podemos entrar.

* * *

—No es que porque estás en prisión no te puedes dar un saludo, decir un chiste. Nada más que estás encerrado. Y frente a la sociedad somos un desmadre. Tons te dices, *hey homie, whassup? ¡Buenas noches!* El SHU era también esa convivencia, calidez humana de sentir que estamos ahí, estamos bien, y podemos levantarnos contentos y riendo y lo demás. Y pues claro, si se armaba el pinche desmadre, pues ni modo, le tienes que entrar, ¿no? Pero no es que todo en prisión es violencia. Sí la hay, claro, pero en las calles igual hay violencia, hay todo, pero no todos están involucrados. La prisión es igual. Es como afuera. Casi.

—Pero estás de acuerdo en que no puedo escribir que es un lugar bonito. Te das cuenta de que cuando uno escucha hablar de Pelican Bay piensa, ah, esto debe ser el infierno.

—Sí, claro que lo es. En cierto sentido es el infierno, pero quiero que entiendas que también es muchas otras cosas. Mira, te voy a decir algo: Pelican Bay lo puedes ver como un monasterio donde puedes estar meditando como un monje; si no, la verdad te vas a volver un pinche loco por estar encerrado en una celda.

Le da mucha risa la imagen de sí mismo en una celda de monasterio, pero es la metáfora que más se acerca a la forma en la que Edwin lo vivió.

—Irónicamente encuentras paz ahí. Tal vez vas a decir, estás pendejo por decir todas estas cosas; pero fíjate que se cansa uno de estar aislado de todos, claro, estás en una pinche caja, pero sí llegas a encontrarte a ti mismo, a aprender cosas, a forzarte, a leer, a aprender, a desarrollarte. Y también encuentras que te vuelves loco, porque estás aislado, fuera de cualquier contacto, sin ver el sol, los árboles, y siempre estar esposado, enjaulado. Sí es de doble vista, pero ahí adentro siempre sientes el apoyo de los camaradas. *What you chose is gonna make you. It'll make you a better man, a stronger man.* Si dejas que te rompa, entonces nunca vas a resistir en la vida. Son situaciones que tal vez sean un poco exageradas, pero nos mirábamos como *warriors* ahí adentro, como guerreros. Y de cierta manera sí es. A ver: ¿estás encerrado? ¿Aislado? Sí, pero no te falta de comer, no te falta una cama. Hay gente que está afuera, está muriendo de hambre y dices, ¡ah cabrón! Y todavía sin tener nada ¿esa gente te puede dar una sonrisa? ¿Quién es el fuerte entonces? Ese tipo de cosas me impactaron cuando empecé a leer, estudiar, y dices, *fuck! I can't complain.* ¿De qué me voy a quejar?

* * *

Luz blanca, homogénea, artificial, ilumina los pasillos tortuosos en los cuales pierdo la orientación inmediatamente.

Fijo la mirada en un enorme llavero colgado al cinturón de Jessica, que abraza unas caderas abundantes, como las de muchos en este país de obesos, ondeando al ritmo del paso de la joven mujer. Las llaves pasan del cinturón a las manos blancas para ir abriendo rejas. Algunas se abren automáticamente. Bueno, alguien que yo no puedo ver las va abriendo conforme vamos avanzando.

Jessica saluda a sus colegas, intercambian chistes. Yo sigo sus pasos en silencio. Atrás de mí viene Javier con el otro guardia que nos acompaña y que no deja de platicar con él de cualquier cosa.

Estamos en la D Facility, Unit 4. Pasamos por la clínica médica, donde, en dos cuartitos distintos, que sería mejor llamar cubículos, están encerrados dos presos. Me asombra la sorpresa que me genera verlos, detrás de las puertas de cristal.

142

Dos hombres tatuados, sentados en una banquita de concreto, vestidos de blanco, cada uno en un cubículo. Ambos fijan su mirada intensa en mis ojos. Yo no logro sostenerla y después de un momento ya estoy viendo al doctor. Trae muchos pins colgados en la bata y se presenta. No entiendo su nombre o no lo recuerdo, o ambas cosas. Estoy aturdido.

Me aniquila estar aquí. Me horroriza. Creo que hasta ahora había considerado la prisión como algo teórico, que no existe en la realidad. Y ahora estoy en su vientre, moviéndome por sus tripas, viendo la humanidad que vive e interactúa en su interior, como parásitos en un cuerpo enorme, y siento que en cualquier momento se va a romper esta tensión y esta rutina con la enorme carcajada de uno de los presos. Puedo jurar que en cualquier momento va a pasar, van a decirme que se trataba de una puesta en escena. Van a tomarse un café y a fumarse un cigarro después de la representación. Van a relajar esas miradas tensas en una sonrisa alegre. En cualquier momento.

Ninguna de las tragedias que he tenido que documentar en los últimos años de profesión periodística me ha causado reacción parecida a la que estoy experimentando aquí ahora. Los cadáveres hinchados amontonados en decenas por las calles de Puerto Príncipe después del terremoto de 2010 eran reales; me horrorizaban, me llenaban de tristeza, de pena, de coraje, pero eran la realidad. Los fusiles M-16 de la Policía Federal mexicana apuntando en mi cara y en la de mi colega Fabio Cuttica en una noche de abril de 2010, encima de la Bestia, el tren de los migrantes, eran reales, y los acompañaban amenazas de muerte que brotaban de las bocas enmascaradas y cobardes de los agentes federales por estar testimoniando los abusos que las fuerzas de seguridad mexicanas cometen cada día en contra de los migrantes centroamericanos que transitan en su viaje hacia Estados Unidos. Yo estaba seguro de que me iban a matar, estaba aterrorizado, pero no pensaba que se tratara de una puesta en escena. Los cadáveres acribillados en las calles de Culiacán o de Badiraguato, en Sinaloa, los cadáveres acribillados en los campos de aguacate de Tancítaro y Peribán, en Michoacán, todavía calientes y con sus expresiones obscenas en las caras muertas, eran monstruosos, inquietantes, pero eran reales.

Aquí la angustia es real, física, ocupa todo mi cuerpo y congela mis pensamientos, pero al mismo tiempo parece una broma. Ahora estos dos tatuados se van a levantar, van a abrir la puerta y me van a regalar una sonrisa amistosa. Me van a decir, ¿en serio te lo creíste?

Está a punto de pasar.

Seguimos caminando.

Se escucha un ruido. Constante.

Tu-tum. Silencio. Tu-tum. Silencio. Tu-tum. Silencio.

Es casi imperceptible. No estoy seguro de que lo estoy efectivamente escuchando.

Tu-tum. Silencio. Tu-tum. Silencio. Tu-tum. Silencio.

Es un sonido muy débil, rítmico. Casi no es un sonido por lo débil que es. Pero se escucha, en el silencio de los pasillos, si se aísla el zumbido de las lámparas de neón colgadas al techo. El techo. ¿Cuál techo? Arriba de nosotros no hay techo. Hay una reja sobre la cual camina otra gente. Gente armada. Arriba de mi cabeza hay otro piso que no había visto. Un piso hecho de reja que duplica en altura el pasillo y todos los ambientes. Es un doble donde transitan sólo guardias armados de fusil.

No warning shots.

Desde arriba nos disparan sin avisar.

Vigilar y castigar.

Tu-tum. Silencio. Tu-tum. Silencio. Tu-tum. Silencio.

Llegamos al *D pod*. Esperamos a que se abra la puerta. A que alguien nos abra la puerta. Entramos.

* * *

September 9, 1997
Martínez, E. #J-77958
Fac. D-3 D.Pod #113 low
P. O. Box 7500
Crescent City, Ca. 95531

Javie,
Qué pasó cabrón =) Ya era tiempo Holmes que te acuerdas de mí, puro cabula Javie =)P Ni pedo yo sé que ondas, la vida de uno se pone pesada

144

y no da quebrada porque trai uno bien entrado en asuntos, temas viejos y nuevos a que atender *so don't even trip potato chip*;)P! Si supieras que firmes sentí en recibir la palabra de ti. De aquellotas! *Holmes* neta. Yo también andaba acá pensando qué tranzas andaba pasando contigo pero ya veo que todo está tocho morocho! (firmes de aquellas) Me da gusto saber que todo está hiendo bien contigo y Irma. Espero y sí llegue una familia en camino. Qué quieres un Javier Jr. o lil Irma? Yo te deseo un morrito porque una morrita, nombre! Muchas canas te van a salir! Con lo que Dios te bendiga *it's all good. Can't picky* verdad? Morrito o morrita *it's still your pride and joy.*

Que de aquellas que eres el *chaplain* de Central me da gusto eso y más que te mueve y hace sentir bien. Sabes cuando tengas un *baby* ese *baby* va a ser bien orgulloso/a de ti. *I know* que *you'll be a righteous* jefito…

A while back mi jefita *send me a newspaper clipping of you and some of the holmies* en Central. Sabes que Javie *I said to myself that you're a righteous* vato. *You don't give up* y sabes *I admire that.* Yo tengo un chingo de <u>respeto</u> y <u>amor</u> para ti y seguiré teniéndolo. Yo también he aprendido muchas cosas de ti que agradezco un chingatal, <u>gracias a ti!</u> Personas como usted hay pocas. *I'm greatful* que nos conocimos de aquellas y que somos amigos. Bueno ahora a topar otros temas. La familia está bien gracias a dios. La jefita y mis carnales están más unidos. *I write the jefita more often now* ella también, todo está de aquellas! Todavía no tiene telephono la jefa, aunque aquí te va la directa por si no la tienes: Martha Sánchez 10729 New Haven st. #11 Sun Valley, Ca 91352.

Hai le mando saludos por ti.

So te topaste a Huero. Le escribes? Si es que sí por favor mándale mis respetos y saludos y que se la lleve con calma y *to ride high but lay low. So he's looking at a 15 month S. H. U. term huh?* Pinche *knucklehead* bueno a ver si lo veo? *I myself* pues *life has been getting crazy for me as well.* Por qué siempre yo Javie? *Trouble must love me either that or I'm the bad luck bandit* =), *anyhow. Here's my* viaje pues cuando andaba en Susanville? <u>según dicen</u>? que ise algo pero tú sabes que yo soy un angelito (carita de diablo) y bueno caí al hoyo por <u>11</u> meses y nombre. *I went through some* desmadre *in there.* Bueno *to make a long story short* aquí estoy en el S. H. U. en Pelican Bay por 44 *months.* Y eso no es todo también me chingaron mi *release date. It used to be July 19 of 99 and <u>now</u> it's "<u>12-11-2002</u>" (yikes!) just one month away from my max but all has not gone bad.* Esto es lo de menos para mí, claro *I'm a little shock up* pero así pasan las cosas en estos congales. *I got to learn one way or the other and I'm learning! The <u>SHU</u> is not what everyone that here stories turns out to be.* Bueno *it's not like that anymore. In here <u>only</u> me and my cellie go to the yard. I know how to do* tiempo *and enjoy it regardless of the circumstances I'm in. I've learned to make the worst into good.* Pues como la vez Javie? *This is the happs on me but no need to trip porque I ain't tripping;)P!* Serio.

Bueno mi querido amigo aquí me desafano por lo mientras *so take care...*

W/B soon!
Siempre
Respecto, Amor
Tu
Camarada leal
"Snoopy"

P. S.

La Kimberly. Te acuerdas de ella? La huereja! Pues me escribió *after 2 1/2 years. I'll tell you about it on the next one so stay tooned, bye bye =)*

* * *

—Adentro te levantabas a las cinco de la mañana: buenos días, buenos días. Me levantaba a las 4:30 a hacer ejercicio, pum, pum, pum.

Simula con los brazos unas lagartijas, se levanta, unas sentadillas. Se vuelve a sentar.

—Terminaba *five thirty*, me bañaba en la celda...

Se levanta otra vez. Simula el gesto de lavarse las axilas, la cara, el cuello. Se vuelve a sentar.

—... porque en la celda está aquí el lavabo, y aquí el *toilet*.

Indica dos objetos invisibles en el aire donde quedan el lavabo y el escusado, uno pegado al otro, a un metro del piso.

—Está conectado. Metías un papelito aquí, salía el chorro, la toalla y te bañabas, shhh; ya recogías, limpiabas la celda, quitabas las gotas, y así. Se llamaba *birdbath*. Teníamos que lavarnos así porque las regaderas están aparte y no todos los días te bañabas. Cada tercer día. Luego ya comías tu desayuno en la celda. Si salías para ir a bañarte, uno a la vez, *they handcuff you*, ibas al baño y ya. Hacía mi rutina cada día, entonces ¿luego qué hago? Leo mis libros. Programas de tele. Luego me pongo a estudiar. Pam. Luego a dibujar. *Everyday.* Y a veces decía ah, *I'm gonna write a letter, it's friday.* También a veces te daban *medical slips*, un papel que llenas y vienen por ti y te llevan a la enfermería. También era para salirse de la celda; le decías ah, me siento mal del estómago, me duele la cabeza, para que me vea el doctor. Y te decía ¿qué tienes? Ah, me duele aquí, pero era nomás para salir y ver a quién chingados mirabas, ¿no? *Hey whassup, homie?* Tenías que salir de la pinche celda porque se enfadaba uno. Y también era darle tiempo a tu compañero de celda… *so you're gonna jerk off* (ríe) *buddy. Or you're gonna finger yourself! Hey fuck you, man!*

* * *

Estamos parados en medio del *pod*. Es una pequeña sala de control desde la cual salen diferentes brazos. En el centro, arriba de nuestras cabezas, está el otro piso, el piso-espejo. Ahí arriba un hombre armado de fusil está listo para disparar, sin aviso. Otro es el que abre y cierra las puertas, una a la vez, para dejar salir o entrar a los presos. Se acerca un hombre tatuado, rapado, con pura ropa blanca. Camina despacio y fija su mirada en mis ojos. Desde la yarda, viene caminando hacia mí. Con calma pero con decisión. Llega a la reja y se para. Ahora empieza un único movimiento con el cual se quita la playera blanca los zapatos las calcetas los *shorts* los calzones tose enseña la lengua la garganta las orejas las manos el pene voltea se agacha abre las nalgas enseña el culo vuelve a voltearse a ponerse calcetas calzones *shorts* playera y zapatos. Todo dura menos de un minuto. Es un único movimiento, fluido, una rutina repetida decenas, cientos, miles de veces. Ofrece las muñecas y las mete en una apertura rectangular al centro de la reja, para que desde donde estoy yo le esposen las manos y las aseguren con un candado a una cadena que se conecta a otras esposas más grandes para los tobillos. Ahora está listo para salir.

Frente a él, los dos guardias que presenciaron su revisión dan la señal al guardia de arriba. Se abre la reja. El detenido sale escoltado por los dos hombres. Un hombre vestido de blanco entre dos hombres vestidos de verde. Pasa a pocos pasos de mí. Me ve a los ojos por última vez. Los ojos. Desaparece con sus acompañantes en un pasillo detrás de mí. Ahora puedo pasar.

Máxima seguridad y aislamiento quiere decir la experiencia constante, habitual, de encuerarse frente a los guardias, toser, dejarse ver con una lámpara el ano. Es la eterna cercanía perversa entre guardias y presos; los guardias, molestando, provocando, abusando, violentando; los presos, contestando, provocando, madreando, padeciendo.

Un día madreas a un guardia. Él responde, te golpea duro junto con sus colegas. Entre varios, dos, tres, te agarran, te quitan la ropa, te esposan, te ponen la cinta canela alrededor de las muñecas, de los tobillos, te meten en una celda. Es una celda muy pequeña, no hay espacio para sentarte, ni hablar de acostarse. Tienes que estar todo el tiempo parado.

Dicen que te encontraron con algo en el culo con el *magic wand*, el detector de metales. Ahora te van a mantener así, parado, encuerado, durante días, esperando a que cagues, para ver si traes algo escondido en el recto.

Tú sabes que no traes nada escondido, que no fue hoy que te metiste algo ahí, como muchas veces ha pasado. Hoy no. Hoy es una represalia para humillarte, tú lo sabes, ellos lo saben, pero te dicen que necesitan averiguar, porque el detector de metales detectó algo y no pueden dejarte ir así. Ya estás en aislamiento, no te pueden castigar más por haberle pegado a un policía, así se inventan la historia de algo en tu culo. Ya te castigaron con más años de shu, pero no es suficiente.

Te meten un colchón a la celda para que te acuestes parado. Te dan de comer en un cartón, sin cuchara ni nada, así tú haces una especie de cuchara con el cartón y comes. Parado. Pasan las horas, pasa un día, y cuando sientes que tienes que hacer del baño le dices a los guardias, que te pasan una bolsa de plástico transparente. Es que tienes algo adentro, así que ellos deben averiguar. Y tú cagas en la bolsa de plástico, desnudo, parado, y ellos así, viéndote cagar, haciendo luz con una lámpara grandota. Se ríen de ti, se burlan, te humillan. Tú cagas en la bolsa. Te dicen, *hey, turn around*, voltea para que vea que estás cagando. Se ríen. Hay otro policía que le dice a los demás que se den la vuelta, y ellos, no, hay que verlo. Te dan un papelito minúsculo para limpiarte, *hey, whipe your ass. Can I wash my hands? No.* Y te quedas así, sin lavarte las manos. Así. No hace falta que te hagan otra cosa.

Acabas, amarras la bolsa, se la pasas para que ellos revisen si tienes algo adentro. Les tienes que dar tres bolsas llenas de tu mierda para que ellos puedan estar seguros de que no tienes nada adentro, que no escondes nada. Así te quedas ahí, parado, desnudo, durante más de dos días. Con los guardias que te ven cagar y se burlan de ti.

Ésa fue la peor experiencia que Edwin tuvo en prisión. Más que los golpes. Otros fueron los lugares y las situaciones en los que la violencia física fue más dura, insoportable. Muchos se pasaban de verga, hacían cosas que no tenían que hacer, le quitaban las fotos, las pisaban, y por eso había broncas. Por eso Edwin y sus camaradas se levantaban y empezaban a pegarle a los guardias. Quitarles las fotos de su madre o de sus familiares era un gesto tremendo, una falta de respeto intolerable, no se podía permitir. No les puedes quitar *what they have*, lo más importante, los recuerdos de la familia. Están encerrados, durante años, no es aceptable que los guardias pisen las fotos de sus madres, de sus hijos. Por algo así Edwin casi quería matarlos, a los guardias.

Pero esa humillación fue lo peor. Casi logró quebrarlo. Pero una vez más lo soportó y se dijo a sí mismo: *You're not gonna break me.*

* * *

—¿Por qué madreaste a un guardia? ¿Qué había pasado?

—Pasó un incidente en la yarda, picaron a un cabrón. Así nos vinieron a esculcar. Entran, me encueran, *handcuffs* y te esculcan. Ya habían acabado, así que yo agarré mis cosas, y el guardia me dice *hey, what are you doing?* Yo me pongo mis boxers, ya me esculcaste. Y él, *no, fuck you!* Y yo, *Fuck YOU!* No me voy a quedar así, encuerado. Y me puse mis boxers. Me esposó, me agarró feo la mano, me la puso atrás. *Alright motherfucker*, una vez que llegamos a la puerta, ¡pum! Le doy una patada así en los huevos, un cabezazo y empiezo a patearlo. Y ahí se vinieron todos encima y me empezaron a madrear. Por eso me dieron cuatro años más. En el SHU. Por eso acabé con *fourteen years*. Me iban a dar ocho aquella vez, *but I came out before*. Me iban a dar tiempo porque hicimos un *cell extraction*, que es cuando nosotros tapamos y bloqueamos la celda y tienen que entrar a la fuerza. Te sacan de la celda a fuerza, pero todos bloqueábamos. Te ponen gas. Tú nomás aguantas. Tienen las pistolas que disparan en las calles, dentro de la celda. Con unos colchones, pam, pam, así de *close range*, dándonos en la madre. Abren la puerta a fuerza y nosotros, uno, dos, tres, ¡viva Zapata, México! *We were fucking crazy.* Nosotros también madreando, pero cuando nos sacaron, puta, macanazos, patadas. Me hicieron un hoyo en la mano. Éste, ¿ves? Sí nos alocábamos. *It was fun*, pero luego *Damn, shit!* Hay cosas que dices... *man!*

—Y ¿por qué se encerraban?

—¡Por nuestros derechos! Luego nos quitaban cosas, ya no nos permitían cosas. En Pelican Bay en invierno nevaba, y salíamos en *chinese shoes*; no nos daban chamarras, teníamos frío, no nos daban papel de baño a veces. ¿Tú qué haces? Te fuerzan a actuar así. No verte les da en la madre, porque si ellos no pueden contar cada día quién está vivo, quién está muerto, es un problema. No pueden entregar la cuenta sin estar seguros de que todos están vivos. Bueno, esto yo creo. Pero sí eran incidentes también, parte del *show*. Luego nos castigaban tres o cuatro meses. Así. Nos quitaban la pasta de dientes, el papel de baño, así. Pero otra vez es la forma en la que quieres vivir la prisión. Otros están tranquilos en la celda, hablan con su familia, no tienen broncas. Otros camaradas lo hacían para seguir la corriente y al rato no aguantaban esa vida. No es fácil decidir que te vas a quedar ahí más tiempo de lo que debes. Yo a lo largo de los años le decía a mi mamá, voy a salir pa'l otro año, mamá. Ok, y no sale. Pa'l otro año, y no sale, pa'l otro año, y no sale. ¡Y pasan catorce años! (ríe). Entonces… ¿qué piensa la familia? Yo nunca les he preguntado. Ahí luego les preguntas cuando vayas (ríe). También adentro mi mamá me ocultó mucho, que mi abuelo estaba enfermo. Yo me enojé mucho, porque, digo, yo también soy parte de la familia. Pero ¿para qué me evitaban ese dolor? Y yo no les contaba de las peleas adentro, porque dices, *fuck*, no sabes si vas a salir vivo o no. Nunca me persigné. Nunca. En ese tiempo Dios… Dios *didn't exist.*

—¿Murieron camaradas tuyos en peleas mientras tú estabas en Pelican Bay?

—Amigos míos muertos, no. Lastimados, sí. Me dijeron que uno se mató cuando se murió su mamá. Escuchas mucho de suicidios, pero yo siempre lo vi como una debilidad, *weakness*. Porque dices, ¿cómo llegas a tanto? Pero los seres humanos no somos iguales. Yo siempre me dije que no voy a caer así, no me voy a rendir. Esos cabrones no me van a quebrar, ni yo voy a dejar que me quiebren. Si alguien se muere de mi familia, *what can I do?* En esto me ayudó mucho leer cosas de budismo. *You can't escape from that. It's life.* ¡No me pueden engañar! Pues tuve enfrente la realidad toda la vida. Hey, la vida va a ser bonita. ¡No! Que hay cosas bonitas en la vida, sí. Que tú las tengas todo el tiempo, no. No. *Can't lie.* Luego hablando con un camarada me decía es que tú ves la vida muy así. Es que para mí no hay tonos de gris, es *black or white.* Así es, no te puedo engañar. *I'm gonna tell you straight up.* Si tú me pides un consejo, *I'm the wrong person, I'm sorry.* Yo te voy a decir, *what you don't wanna hear. Shit happens, deal with it.* Creo que todo duele, todo lastima, pero ¿qué vas a hacer? ¿Te quedas con ese dolor o te levantas? Ahí adentro era así, un familiar murió, *fucked up, homie*, le das su espacio, pero… *what do you do?* ¿Qué haces? ¡No puedes hacer nada! O te gana o sigues. O igual pasa algo, tú estás deprimido, triste, que a veces también entre nosotros nos hablábamos, *like, I feel fucked up.* A veces, *hey homie*, ¿qué hacemos, *homie? And it's true*, pero ¿qué haces? Más que aceptarlo y pa'delante. Que es lo contrario de aquí afuera. Aquí tienes dónde irte, te puedes empedar, te puedes dar en la madre, lo que tú quieras (ríe) pero no resuelves nada. Y ahí adentro es, *suck it up* y pa'delante. No hay de otra. Afuera hay más engaños para no ver lo que te está pasando. Allá no. Como aquel *homie* que luego le metían el divorcio. *What do you expect, homie?* ¿Qué quieres? *You can't fuck her, you can't be a man to her*, y aún así ¿te la quieres tener así? *You just can't!* Nosotros: ya déjala bailar, *it's friday, homie; she's gonna go party, man*. Ja, ja, ja, y el otro, chillón, *you guys are mean. Yes, but you gotta laugh!*

—Pero también es difícil aceptar este tipo de cosas.

—*Of course!* A ver... *put yourself like this. You go to prison, for ten years, or for five years. Your wife, your family, like, hey* mi hijo, *we're gonna write, we love you, send pictures all the time... It's not gonna happen!* Primer año tal vez sí, pum, pum, pum. Te dan ese apoyo. Pero tú sabes que la vida aquí te quita... ya no tengo tiempo de hacer esto... *we got our own shit going on down here. You're in there.* Ya no te escriben, ya cuando hablas no están en la casa, o no te pueden mandar algo porque, pues, tienen que pagar estos gastos y no te pueden mandar a ti el dinero. *And you get mad! Why? You fucked up! You're the one inside, not them.* Pues hasta que uno entienda esto adentro, uno se enoja, eh, ¡*fucking* jefa, no me mandó esto! *Man,* ¿pa' qué me dan su palabra si no la van a cumplir? (ríe). *Hey homie,* ¡no confundas palabras *in here with* palabras *out there!* No es su obligación. *You fucked up.* Y no los puedes obligar, ni te puedes encabronar porque no te mandaron algo. *Tough luck,* ése! *You know, you do the crime you do the time, homs.* ¡Yo no tuve una televisión hasta *two thousand* no sé qué! Porque no me podía comprar una, *my mom couldn't afford 300 dollars for a TV*, y todavía mandarla... *where she would have get the money?* Trabajaba ella, no mis hermanos. ¿Cómo me iban a comprar un TV? *But that was cool, I was drawing, reading*, no por eso me enojaba con mi mamá. Ah, tienes que mandarme una tele, *whattaffuck! There were crying babies* adentro, eran así. *Fucking haina* no me escribió, ¡no me mandó dinero! Les decía ¿cuánto llevas? *Two years? Give me five,* a ver si sigues con todo esto, *and it changes you.* Leí algo en un comentario en el Facebook: *prison life* sí te cicatriza. Ahí se va a quedar, pero si tú dejas que esa cicatriz siempre sea el enfoque de tu vida, nunca vas a sanar. Y le puse, *you gotta realize, once you're free, that you have that option to heal*, de ya no ver esa cicatriz en tu piel, sino ya verte normal. Yo cuando estaba adentro me decía *fuck this! I can do this different*. Pa'delante. Cuando veía a muchos cabrones chillando, *I don't understand*, y yo me decía *you're fucking gangbangers?* ¿Matones *on the streets?* ¿Muy chingones? ¿Y una cosita te jode? *Whattahell!* Pero ahí te das cuenta de que psicológicamente no estamos preparados para aguantar estar solos así. Para eso nunca estás preparado, por más matón que seas. Uno puede estar en prisión, pero si tu familia te da la espalda, si los demás te dan la espalda, te das en la madre, te quiebras. Y yo me dije *fuck that. I fucked up;* me dio la espalda mi mamá, con todo el derecho. ¿Qué le voy a decir? ¿Qué gacha? *Hell no! I fucked up, if you decide it stay with me*, chingón jefa.

✳   ✳   ✳

Tu-tum. Silencio. Tu-tum. Silencio. Tu-tum. Silencio.

Se escucha. Todo el tiempo. Tu-tum. Silencio. Tu-tum. Silencio. Ahora lo vuelvo a percibir. Ver al hombre desnudarse y volver a vestirse, el *pod*, los guardias me han causado mucha tensión. No había notado que hay un papel colgado en la pared frente a las rejas donde hace dos minutos se encueraba el hombre tatuado. En el papel colgado se ven las caras de seis personas. Son los que viven en las celdas de este brazo. Vienen sus nombres. Casi todos son nombres latinos. A un lado de cada nombre, la foto, el número de celda, el tipo de comida. Hay 14 tipos de comida. Si eres musulmán, puedes comer *halal*; si eres judío, *kosher*; si eres vegano, puedes comer la mierda vegana. Pienso: ¿ya estás en aislamiento y todavía te torturas sólo con comida vegana? *Whatever.* Hay varios menús. Y tú escoges. Qué lujo. Como en el avión.

Al fondo, después de las celdas hay otra puerta. Se entrevé, debajo de la escalera que lleva a las cuatro celdas de arriba. Es la yarda. Cada *pod* tiene su yarda, en la que puede pasar sólo un prisionero a la vez, una hora al día. Son ocho prisioneros. El hombre se acerca a la puerta cerrada, que tiene una ventanita. Fija su mirada en la mía. Otra vez. Todos con esa intensidad mirándome a los ojos. Es un lobo encerrado, tatuado, que observa el elemento novedoso que entra a la prisión. No es algo común que un extraño que no sea un guardia, un funcionario, un médico, un capellán, llegue al hoyo de mierda de esta prisión. Me mira fijamente a los ojos. Nos separan una reja, unos 30 metros, una puerta blindada. Mientras me observa, ya no escucho el ruido. Su cara desaparece de la ventanilla de la puerta con la misma rapidez con la que había aparecido.

Tu-tum. Silencio. Tu-tum. Silencio. Tu-tum. Silencio.

Pasan algunos minutos en los que Jessica sigue dando datos, informaciones, que mecánicamente transcribo en mi libreta. Arriba de nuestras cabezas, el guardia que está en la sala de control nos avisa que se va a abrir la puerta. El prisionero sale de la yarda, pasa enfrente de dos celdas, se acerca a nosotros. A la mitad de su camino se para, se cierra la puerta de la yarda a sus espaldas. Silencio. Se abre la puerta rojiza de su celda. Entra. La puerta se cierra.

Durante su breve recorrido, lo vi tocar ligeramente la puerta que precede a la suya. Javier me explica que estaba saludando a su vecino de celda. Es el *handshake*.

Las puertas están conformadas por unas rejas en forma de colmena, con hoyitos no más grandes de un centímetro de diámetro. Pasando frente a una celda, un prisionero mete la punta del meñique en uno de los hoyos. Lo mismo hace el preso que está adentro. Es el único contacto humano posible. El *handshake*.

Después de unos largos segundos de silencio, la reja que tengo enfrente se abre. Siempre una reja, una puerta a la vez. Hay todo el tiempo del mundo. Una puerta a la vez.

Cruzo este espacio extraño que conecta y divide las ocho celdas a mi izquierda, cuatro abajo y cuatro arriba. Veo las rejas rojizas con los hoyitos. Quisiera acercar mi dedo para probar el *handshake*, pero mis acompañantes, Jessica y su colega, no me dejan de mirar. Decido que no es el caso romper este silencio con un gesto brusco. Además, estos culeros están con su fusil apuntado porque *no warning shoot.* Caminamos hasta el fondo y subimos la escalera. Quieren enseñarme una celda de arriba, que en este momento está vacía, la 212.

Después de escuchar cerrarse la reja de donde entramos, espero que se abra la que está frente a mí. Entrecierro los ojos imaginando un Edwin rasurado y vestido de blanco que me espera del otro lado y me observa con los ojos intensos como los otros presos. Lo imagino luego sacando una de sus fragorosas risas alegres, demostrando que sí, efectivamente, se trata de una broma.

Obviamente no pasa nada de eso. Lo que pasa es que la reja se abre, dejándome ver un espacio monstruoso. Vacío.

No puedo ordenarle a mis piernas que hagan un paso y me lleven adentro. Estoy paralizado. Soy una estatua de sal. Es una caja de concreto y me quedo parado en el umbral. Dos líneas horizontales definen el esqueleto de dos camas, una encima de otra, frente a mí. No hay colchones porque nadie vive aquí en este momento. Dos losas paralelas de piedra blanca. Observando con más atención me doy cuenta de que no es piedra, más bien parece metal barnizado de blanco. Nos separan menos de tres metros. A mi izquierda, un lavabo de acero, que se inserta en un escusado, siempre del mismo metal. Es un único bloque de acero. Aquí se hace el *birdbath.* Un paralelepípedo de metal cubierto de barniz blanco de la misma altura del lavabo conforma una especie de mesa de medio metro de lado. Pegado a ello, otro paralelepípedo de metal, un cubo de la mitad de alto, acaba el mobiliario. Es todo.

Al centro de la celda, un espacio que ha sido caminado infinitas veces. Se nota, en el pavimento de concreto, un vago camino circular, resultado de miles de pasos marcados durante años de soledad.

Finalmente entro y lo único que se me da hacer es empezar a caminar en círculo, contando mis pasos. Para acabar la circunferencia del espacio central, necesito uno dos tres cuatro cinco seis siete ocho pasos normales. Ocho pasos. Doy otra vuelta. Ocho pasos. Otra vuelta. Ocho pasos. Es todo.

Ésta fue la casa de Edwin, durante años. Está sentado en el cubo, dibujando con paciencia sus héroes prehispánicos. Está tirado en la cama de arriba, tratando de leer un libro de Nietzsche. Está sudando en el suelo a las cinco de la mañana, haciendo lagartijas. Está esperando que se abra la puerta para salir a la yarda.

En el suelo, una estera que dice: "Bienvenido, Federico. *Welcome to my home*".

Tu nombre aquí: Martínez #J-77958.

* * *

Pelican Bay está construido para ser una tortura psicológica, para que estés aislado, lejos de todos, para quebrarte, quebrar tu espíritu, romper esos vínculos criminales. Está construido para que dejes de pensar negativamente, para que dejes de pensar. En Pelican Bay, hace años quitaron las películas violentas para adultos y también la pornografía. El *warden* de aquel entonces era cristiano. Desde su perspectiva, prohibiendo ciertas películas se iba a disminuir la mentalidad violenta de los presos, según el principio por el que si no ves mujeres encueradas, no te la quieres jalar, o si ya no ves violencia, ya no vas a pensar en ella.

—En muchos casos funcionaba, te metían en una celda veintitrés horas al día y ahí te quedabas, entre cuatro paredes de concreto, y nunca salías, y cuando salías a la yarda te pegaba la luz y decías ah, ¡hijos de su pinche madre! Todos pálidos. Nos mirábamos todos pinches amarillos. Pero ahí adentro el ser humano siempre va a tratar de... ¡ni madres, tú no me rompes! En muchos casos la gente sí quebraba, yo ya no aguanto, yo no aguanto estar así. Muchos empezaban a enloquecer, hacer cosas, hábitos como OCD, *obsessive-compulsive disorder*, se lavaban las manos continuamente, ordenaban la celda cincuenta veces al día. Ya todo irritaba. A veces caías en un silencio horrible. Estábamos así encerrados y la mente concentrada en cosas que... Y de repente tú estabas contento y tu *cellmate* en silencio; tú ni le podías hablar porque todo le irritaba. ¡Ni se te ocurra chiflar! Olvídate, ya irritaba. Eran cositas que uno iba acumulando y decías ¿qué tanto estoy perdiendo? Yo siempre lo analizaba así, y decía no, pues claro, se entiende porque éstos llevan aquí varios años encerrados y te atrapas en tu propia amargura, ya no ves nada alegre, ya no le ves chiste a ciertas cositas y sales muy rígido. Pero es el sistema mismo que está construido para que te sientas así. De hecho, en prisiones antes tenías las ventanitas y podías ver afuera. Las taparon. Ya no podías ver afuera. Entonces, en todo sentido era como para romper tu espíritu. Yo lo tomé así. Y siempre era esa lucha de ir contra eso, de no dejar que pasara. Luego leíamos ciertos libros... lo tomas filosóficamente, dices, voy a leer un libro de filosofía, a ver qué tanto me puede ayudar y aplicarlo aquí. Por esto era mucho de leer cosas de guerreros, guerras, soldados, Esparta, mexicas, los romanos, los chinos, el espíritu guerrero que te hablaba de la mente fuerte. Aquí, claro, no estábamos en batalla de salir y pelear, pero era una batalla mental, y no nada más aguantar la realidad de que aquí te estás pudriendo. Aquí se está yendo tu vida en años y la familia afuera se está distanciando. Entonces muchas veces tú al escribirle una carta a tu familia, ¿qué le vas a escribir? ¿Que te sientes mal? ¿Que estás agüitado? No, lo contrario. Les escribías y les decías ustedes pa'delante, ustedes échenle ganas, tienen todas estas oportunidades. Porque nosotros ya tenemos algo seguro. Nosotros la realidad ya la tenemos enfrente.

*   *   *

Martínez Edwin #J.77958
Fac. C-1 212
P. O. Box 7500
Crescent City, Ca. 95531

Nov. 16, 1997

Javi,
What's up buddie! =) How's it going?
I know you're holding it down, putting the smash down! And like always staying strong mentally, spiritually & phisically. You're a survivor. It's for me doing just that! I'm just dropping in on you. I got some

157

news for you it's kind of bad. Here goes I picked up a new charge. Well it's old but these puercos decided to pick up (7 months later). There was no way in beating it so I took a deal, for 4 years 80% second strike. By the way they didn't want to knock off the strike. They well I took the lowest, the max was 8 years 80%. The messed up thing about it is it's a consecutive term to my first and on my first I maxed out all 10 years=)!! Yeah Javi I'm taking it easy. I have been, serio! But it's hard ball in here and got to go along with the rules of the game. The good thing is I'll be in the S. H. U. for a few years so I'll be out of trouble for a while. I know! One more strike and I'm out! I'm prepared to spend the rest of my life in here, sad but true. One can only expect the worst in here. Advice for all the young homies in the halls with life sad but true they better give up their hopes in ever getting out. This system is built to keep all of our raza down even out there in society.

Accept every challenge that is thrown to you or put on your path and remain strong! Because if you break you're through! The white man and his political system they ain't nothing firme! (Fucken punks!) I'll continue to move on in my life and hold my head up high! Every time I think of how this system is it pisses me off porque la neta! We can't do a damn thing about it. They'll make us think we accomplished something but they back stubb us later.

The raza who's in the White House they're straight out sell us. The gabacho American ways blinded them. I'm getting deep into my studies, Javi and learning a lot. It's important that we our gente don't sell our traditions culture short for the so called American dream. I can get deeper than this but you get my point qué no? This country is built on European ways, they are European! Bueno I've said enough.

Bueno Javi I'd like to hear you know your opinions about all this so get back at me when you find time, órale pues. Llévatela suave y siempre rifa la raza!

Con Respeto
Cariño y Amor
Tu Camarada
Martínez, Edwin I.

P. S.

Dispenca so sloppy

Ever read Carlos Castañeda's books? Pick one up! They're deep!

* * *

Bajamos la escalera para salir al *courtyard*, la yarda. Es una caja de concreto rectangular con paredes altas de cinco metros. Mitad de la yarda está techada, la otra tiene una reja. Hay cámaras de vigilancia en

* Javi:

¿Qué hay de nuevo, amigo? ¿Cómo estás?

Sé que sigues aguantando, ¡dándole con ganas!, y como siempre manteniéndote fuerte mental, espiritual y físicamente. Eres un sobreviviente. Por mi parte, ¡yo estoy haciendo exactamente lo mismo!; te lo voy a dejar caer como va. Te tengo no muy buenas noticias. Aquí van. Me acaban de levantar un nuevo cargo. Bueno, es viejo, pero estos puercos decidieron levantármelo (siete meses después). No había manera de ganar, así que acepté un trato, cuatro años al 80% del segundo *strike*. Por cierto, no quieren quitar el *strike*. Bueno, me dieron la pena más baja, la máxima era de ocho años. Lo malo de todo el asunto es que es una condena consecutiva a la primera, ¡¡¡y mi primera condena es de un límite de 10 años!!! Sí, Javi, lo estoy tomando con calma, ¡me estoy portando serio! Pero aquí las cosas están muy duras y tengo que seguir las reglas del juego. Lo bueno es que estaré en el S. H. U. sólo unos pocos años más, así que no me meteré en problemas por un tiempo. Ya sé, ¡un *strike* más y estoy fuera! Estoy preparado para pasar el resto de mi vida aquí; es triste, pero es verdad. Aquí sólo se puede esperar lo peor. Un consejo para todos los *homies* en los pasillos con sentencias de por vida, es triste, pero es mejor que pierdan la esperanza de salir algún día. Este sistema está diseñado para mantener dominada a nuestra raza aun allá afuera en la sociedad.

Acepta cualquier desafío que se te dé o sigue tu camino, y ¡mantente fuerte!, porque si te quiebras ¡estás acabado! ¡Los blancos y su sistema político no son firmes! *(fucken punks!)* ¡Yo seguiré mi camino y mantendré mi cabeza muy en alto! Cada vez que pienso en cómo es este sistema me revienta porque la neta ¡no podemos hacer maldita cosa! Nos hacen creer que hemos logrado algo para luego arrancárnoslo.

La raza que está en la Casa Blanca nos vendió francamente. Las maneras gabachas americanas los cegaron. Me estoy metiendo en serio en mis estudios, Javi, y estoy aprendiendo mucho. Es importante que nosotros, nuestra gente, no vendamos nuestra cultura, tradiciones, por el mentado sueño americano. Puedo profundizar más, pero tú me entiendes, ¿qué no? Este país fue construido a la manera europea, ¡pero ellos son europeos! Bueno, ya dije suficiente.

Bueno, Javi, me gustaría ~~oír~~ saber qué opinas de todo esto, así que escribe cuando tengas tiempo. Órale, pues.

P. D.

Dispenca por mi torpeza.

¿Has leído los libros de Carlos Castaneda? Lee alguno. ¡Son muy profundos!

cada esquina, arriba de nosotros. Hay una puerta de metal en uno de los lados cortos; comunica con la otra yarda del *pod* adyacente. Hay dos pelotas de goma *(handballs)*, una amarilla y una azul, encajadas en cada una de las esquinas superiores de la puerta. Con esas pelotas, el prisionero que salga a tomar aire puede jugar frontón.

¡El frontón! Ése es el ruido continuo, rítmico, que se escucha en la panza de la bestia todo el tiempo. Siempre hay alguien jugando. Siempre hay alguien en su hora de tomar aire.

Tu-tum. Silencio. Tu-tum. Silencio. Tu-tum. Silencio.

Es el *soundtrack* de Pelican Bay. Tomo unas fotos en la yarda, después de haber pedido permiso al hombre gordo que nos acompaña, del que no recuerdo el nombre.

En la celda hice lo mismo, pero en lugar de tomar fotos, cambié a modalidad video mi Canon G16. Grabé un video de la celda de aislamiento de una de las prisiones de máxima seguridad más duras de Estados Unidos. No creo que me vaya a pasar nada, pero me siento bien por haberlo hecho. Siento que me burlé de la seguridad de este lugar, y lo hice en la cara de los guardias. Me siento un héroe. Bueno, un transgresor.

Son diez pasos de largo y tres pasos de ancho. Diez de largo y tres de ancho.

Es todo.

Javier y yo nos miramos en silencio. En sus ojos veo los 25 años pasados trabajando en prisiones, viendo esto todo el tiempo. Veo la esperanza que tiene de que yo haga un buen trabajo, de que mi trabajo sirva para denunciar lo asqueroso que es el sistema carcelario. Con su chaleco antibalas diminuto en su cuerpo de gigante, su mirada pierde un poco de la solemnidad que requiere el momento. Pero aquí todo es grotesco.

Saliendo del *courtyard* me fijo en la pared a mi izquierda, que queda justo frente a las ocho celdas. Hay un mural enorme que representa el océano. Desde 2013 pintaron las paredes de dos *pods* en toda la prisión, así la luz artificial que pega encima de la pared le da un tinte azul claro a todo el ambiente.

Espero a que se abra la reja; a que uno de los guardias invisibles arriba de nosotros abra la reja, para dejar el *pod* azul, las celdas de máxima seguridad, las yardas, las tripas asépticas del monstruo.

La reja se abre. Salimos.

* * *

—Los primeros cuatro años en el hoyo ya fue… ññeehh… ya cuando regresaba, ¡pum! Me acomodaba. O sea, ya llegabas tranquilo. Yo, por lo menos, ya llegaba tranquilo. Otros llegaban al *zapato** y mirabas esa angustia. *You came back*, ya estás aquí, *fool*, ¿qué te preocupa? Tranquilo, *homs*, no pasa nada, es la misma pinche celda en la que estabas allá en *general population*. No cambia. Pero en el SHU aprendes todo eso del *feng shui* y esas chingaderas, del manejo del espacio, de cómo un espacio te cambia la pinche mentalidad. Y aunque es una celda de concreto, tú creas ese espacio. O sea, no es la prisión que te crea a ti. Ese hueco, ese espacio… yo llegaba y ¿sabes qué?, pues acomódala, limpiamos, hacemos un ejercicio, leemos un libro, nos ponemos a dibujar… lo que tú quieras, *you know?* Tenías tú que crear ese espacio mental, imagínate que tienes una pinche… no sé. Era eso: volver a crear tu mundo en un espacio reducido. Y era estar bien. El ejercicio adentro fue mucho la manera de acomodar tu cuerpo, de adaptarlo al espacio para estar bien en tu mente.

Tienes que organizar tu entorno, el espacio físico que se ajusta al espacio mental y a la vez lo moldea. Adaptas tus sentidos, tus movimientos, tu percepción a un caparazón que será tu casa durante mucho tiempo.

A veces esa cáscara te contiene sólo a ti, otras veces la tienes que compartir con otro ser humano. Y cuando estás solo, unos cuantos días está bien, el caparazón te da cierta paz, te tranquiliza. Pero cuando entra alguien más, cambian las cosas. Al principio estás más alegre,

---

* SHU en inglés se pronuncia como *shoe*, que en español se traduce "zapato". Los prisioneros mexicanos o latinos, entonces, de broma llaman así el aislamiento.

se puede jugar ajedrez, o compartir lecturas, opiniones. Puedes dibujar con él, hacer ejercicios juntos. Pero no con todos tienes compatibilidad. Es como una pareja, vas a vivir con alguien tres o cinco años, tienes que llevarte bien, y si no haces clic, si no tienes química, entonces se puede convertir en un problema. Es como cuando conoces a una chica, te acuestas con ella, y la mañana siguiente piensas, ¿yo voy a vivir con esta pinche vieja? ¡Ni madres! Aquí es convivir de una forma más extrema que con una pareja, tienes que estar bien, hasta compartir las ideas, la visión política. Así que si tú no estás de acuerdo con el otro, tienes que aprender a respetar y a escuchar otras opiniones. No hay de otra.

—Yo fui entendiendo poco a poco, yo creo, porque cuando llegué a prisión sí fue, *fuck!*, ¡chingado! la celda, *man!* Yo veía a otros que tenían sus fotos, acomodados, cuadritos que hacían, manualidades, era como un hogar. Se miraba bonito tener una celda decorada; dije ah, yo también, y empecé a poner unas fotos, unos *posters*, para que se viera padre la celda. Pintábamos, decorábamos. Es *your home*, ahí vas a estar. Pero yo empecé a caer en el hoyo, y sabes que ahí vienen, te tumbaban todo de la pinche pared, lo pisotean. Yo ahí dije ni madres, yo no voy a dejar que me tumben todo esto, que me chinguen mis fotos o los dibujos y me lo arruinen. No les voy a dar eso, que me hagan encabronar por eso. Siempre mantengo mi celda limpia, bien ordenadita, pero no le pongo cosas. De vez en cuando sí, ponía algo, porque sí te ayudaba poner algo en la pared. Pero ya ponía cosas que luego, pues no hay bronca.

En el shu es más duro. Todo se reduce. *Feng shui.* Minimalismo. Crear espacio donde no hay espacio. En la mente. Aprender a hacer tiempo en la celda. Dormir es una opción. Dormir, dormir, dormir. Pero así no eres dueño de tu tiempo. *Do your time but do it right!* Ubícate, *start doing something*. No te quedes clavado con la pinche televisión como un imbécil. *Educate your mind.* Lo que te dijo ese policía cuando te arrestó, allá en Burbank, hace tantos años que parece otra vida, te voy a dar un consejo, lee mucho. Lee todo lo que puedas.

Ya aprendiste la importancia de aquel consejo. Le pides tus libros de historia, de psicología, a tu amigo Javier, el salvavidas de tu mente, que desde afuera, desde lejos, no suelta el hilo sutil que te mantiene flotando, que te impide hundirte. Alguna vez te mandó un libro que se llamaba *How to be happy*, Cómo estar contentos. ¿Cómo? ¿Aquí? ¿Cómo se hace? A ver, este lugar... tener tu cama bien tendida te da gusto, te da gusto ver tu celda limpia, tener tus cosas ordenadas. Ah, se ve chingona tu celda, tu caparazón, *your home*. Cool. Hay un orden, también aquí. Hay un sentido. El ejercicio, del cuerpo, de la mente, te da paz, te da tranquilidad, te da sentido. Dos veces al día, la rutina, *burpees*, lagartijas, colchón, quinientos, mil. Pero cuidado porque el ejercicio se puede volver una obsesión, puedes adelgazar demasiado. Basta una falla en tu equilibrio para pasarse, para perder el control de tu cuerpo, de tu mente, para romper el equilibrio en el caparazón. No tienes que volverte compulsivo, hay que diferenciar. Lectura, ejercicio, dibujo, escritura. ¿Qué escribes? Cartas. Cuando sientes que te falta el respiro, que falla la lucidez, mejor escribe una carta. ¿A quién? A Javier, a tu madre, a tus hermanos, a gente con la que ni siquiera tienes el contacto. Empiezas a escribir una carta y al final ni la mandas, la tiras. Pero en ese momento, en ese lapso de tiempo, te desestresaste, te soltaste, te calmaste. Hay gente aquí, en celdas cercanas, que escribe poemas, historias, cuentos, haikús. Textos que se quedarán aquí, que no son para nadie. Soltar la imaginación, la creatividad. ¡Estás escribiendo! Tú que pensabas que sólo eras capaz de robar, golpear, usar la navaja. Estás haciendo un dibujo. Estás creando.

—Sí, estaba uno aquí encerrado, pero *my mind is free*. Y me sentaba a dibujar *for hours. I miss that*, es algo que yo extraño.

* * *

La luz del sol regenera los sentidos, literalmente calienta el alma. Salir del intestino de Pelican Bay es una sensación extraordinaria. Un alivio inesperado. Recorrer el pasaje externo que nos conecta a la *general population* es un camino de recuperación.

Llegando a la explanada donde los presos juegan futbol, hacen pesas, toman el sol, entiendo de golpe la efectividad de la separación racial. Los negros están con los negros, los latinos con los latinos. Y son la mayoría. Los tonos de piel no se mezclan. Hay pocos asiáticos y todavía menos blancos.

Otro detalle me resulta inmediatamente claro. Es algo que voy anotando inconscientemente en mi mente desde que entré, pero que ahora se manifiesta en una epifanía casi obvia: todos los guardias son blancos. Todos. No hay un solo negro. No hay un solo asiático. No hay un solo latino. No hay nadie que sea un poquito más bronceado. Todos los que he visto hasta ahora son blancos.

Lo comento con Javier. Él sonríe, asintiendo tristemente con la cabeza, y me confirma que sí, son todos blancos.

La segregación y la discriminación racial que se encuentra en las ciudades de Estados Unidos, en prisión es más clara. Las prisiones son el lugar donde se encierra a los negros, los latinos, los asiáticos, aquí es donde acaban porque son los que cometen más delitos, dice la *vulgata*. Y cometen más delitos porque son marginados, guetizados, encerrados en enclaves sin oportunidades reales de salir.

En prisión es todo más claro. Todo más sencillo. Aquí se ve la estructura de una sociedad profundamente racista, la que dentro de pocos meses elegirá al racista Donald Trump como su presidente.

Pero esto, en este momento, todavía no lo sé.

Jessica nos lleva a una sección de Pelican Bay en la que los presos de *general population* pueden tomar clases. Entramos en un salón vacío, con computadoras, pizarrón, un escritorio en el que está sentada una mujer anciana. Es la profesora de matemáticas y física de la prisión. En una de las computadoras, un hombre con uniforme de preso, pelón, totalmente tatuado en la mayoría de su cuerpo, hasta en la cara y la cabeza, originalmente debió ser blanco, voltea a vernos con una mirada de éxtasis y alegría.

Se supone que yo hable con la profesora, que no tiene interés ni ganas de contarme lo que hace. Tiene la expresión aburrida de una mujer que ha pasado décadas dando clases a criminales, la cara de una persona que cree que nada la puede sorprender, que nada la va a poder asombrar. Es la expresión apagada de alguien que ya no cree en lo que hace, si es que creyó en ello en algún momento.

Al contrario, a mí me asombra este hombre que me observa con una expresión divertida, de alguna manera enfermiza. Quiere hablar. Y habla.

Tomando a todos desprevenidos, el hombre empieza a hablar. Lleva seis meses "afuera", después de pasar 18 años en el SHU. El hombre sonríe de pura felicidad. Dieciocho años encerrado, de los 45 que tiene. Estaba seguro de que nunca iba a volver a salir de ese pinche hoyo. Estaba seguro de que iba a morirse ahí adentro. Casi la mitad de su vida ahí. Y ahora que salió, lo que tiene, estar en la *general population*, este trabajo de asistente de la profesora de matemáticas, le parece un regalo de Dios. Le parece tener una segunda vida, una segunda oportunidad. Dice que pronto va a tener la posibilidad de salir con *parole*. Dice que no hay muchas esperanzas de que lo suelten, pero que la simple posibilidad es algo maravilloso, un milagro.

No podía hablar conmigo, pero nadie esperaba que lo hiciera, y nadie, ni Jessica, ni la profesora, ni el otro guardia del que no sé su nombre, nadie lo detiene. Sería un gesto legítimo en la prisión, donde los detenidos casi no tienen derechos y están sujetos al albedrío de los guardias, pero que no ayudaría a fortalecer la imagen de un lugar humano que estos señores quieren transmitir. O por lo menos es la explicación que me doy yo.

Es por eso que pude entrar aquí, porque quieren que yo cuente los cambios que se han dado; quieren que desde afuera se vea cómo han mejorado las condiciones de los presos. Hace algunos años este hombre que tengo enfrente no hubiera podido salir. Antes de la reforma del SHU, que permitió a muchos salir a *general population*. Muchos como él.

Y es verdad, han cambiado las cosas últimamente. Lo que no dicen es lo que ha tenido que pasar.

El 8 de julio de 2013 los presos del Security Housing Unit, el SHU de Pelican Bay, comenzaron una huelga de hambre que duró 60 días, la más larga huelga de hambre en la historia de California. Se fueron sumando más de 30 000 presos en diferentes prisiones, con el apoyo de organizaciones como Amnistía Internacional, que declaró: "Las condiciones de los prisioneros en *solitary confinement* en California son una afrenta a los derechos humanos y tiene que acabar".*

Las demandas eran asombrosamente sencillas, entre las cuales: acabar con los castigos de grupo y los abusos administrativos, abolir la práctica del *debriefing* (o sea, la infame práctica de denunciar a tus compañeros) para poder salir del aislamiento, modificar las definiciones de miembro activo o inactivo de una pandilla, proveer a los presos de alimentos nutritivos, acabar con la detención a tiempo indefinido en aislamiento, permitir colgar calendarios en las celdas, permitir colgar una foto al año, permitir realizar una llamada telefónica por semana, permitir gorros y suéteres para el invierno, instalar barras para *pull-up* y permitir pelotitas de plástico en la yarda.**

El 5 de septiembre de 2013 se suspendió la huelga de hambre después de que un juez de California aprobó la alimentación forzosa de los presos para evitar graves daños a su salud, vislumbrados por los médicos de las prisiones.

Pocos días antes, algunos legisladores del estado aceptaron empezar audiencias públicas para conocer las condiciones en las prisiones de máxima seguridad y el uso del aislamiento indefinido.

Los detenidos se organizaron durante meses por medio de cartas, a través de información que pasaba por sus seres queridos.

Una persona que está en el SHU puede mandar cartas, aunque su contenido es todo controlado. Es un juego en el que los guardias intentan averiguar, entender, y los prisioneros tratan de esconder.

Cuando Edwin estaba encerrado en el SHU, era usual que se comunicara en náhuatl entre sureños. La prisión lo hizo ilegal, porque no querían que se estuvieran comunicando sin que los guardias, todos blancos, anglófonos, pudieran entender y se les hiciera tan difí-

---

* Disponible en: <https://www.amnestyusa.org/press-releases/amnesty-international-urges-thorough-impartial-investigation-in-prisoners-death-in-california/>.
** Para más información, consúltese: <https://prisonerhungerstrikesolidarity.wordpress.com/education/the-prisoners-demands-2/> y <https://en.wikipedia.org/wiki/2013_California_prisoner_hunger_strike#cite_note-3>.

cil investigar qué estaban haciendo. En prisión se le quitan muchos derechos a los presos, así que el gran esfuerzo es lograr no perder la humanidad y la dignidad. Y es justamente lo que se plantea el sistema carcelario: quebrar a la gente.

Jessica aprovecha un momento de pausa en el discurso del hombre tatuado para sacarme del salón de matemáticas. No puedo despedirme dándole la mano. Lo tengo prohibido. Le digo que le deseo mucha suerte. Me sonríe como alguien que sabe. Como alguien que a la suerte ya encontró.

* * *

September 29, 1997
Martínez, E. #J. 77958
Fac. D-3 D. Pod #113 low
P. O. Box 7500
Crescent City, Ca. 95531

Sep. 28
1997

Javi,

Qvoles! =) *Good to hear from you again*, gracias. *So cómo te encuentras últimamente? Espero y todo esté chido, chido chido!!! =)P y que estés en muy gran salud a lado de tu familia. Todo acá en mi parte está hiendo bien, libre de preocupaciones y bien sano en todo aspecto. Gracias a Dios que mi querida familia está bien. Bueno pues, ahora a lo que biene. Reciví el brochure* que mandaste, gracias. *So* a cuales cárceles visitaron? Es tocho Javi sigue poniéndole ganas. Se te ve en la cara que te gusta lo que haces no como otra gente que les vale pero esto es otro viaje. Ay Javi por casualidad *is Jan in the brochure? It kind of looks like her, top square in the middle.* Hai me la saludas si la vez. Te aventaste Javi por la alivianada de feria un chingatal de gracias te lo agradezco mucho, gracias.

Ay Javi no lo niego estando aquí en este congal sí está cabrón pero uno aprende a acostumbrarse y además me entretengo dibujando o como últimamente he estado estudiando la historia de México y el idioma náhuatl. *Estoy bien fascinado en eso. Ya llevo un buen rato aprendiendo sobre la cultura mexicana, es pura* <u>clecha</u> *y* <u>disciplina</u>. Me mueve la literatura.

También de vez en cuando me pico en un libro de <u>psicología</u> como el que me regalaste. Te acuerdas? Hai lo tengo en el chante todavía.

Oye Javi por casualidad no tienes directas de compañías o conseguirme unas sobre historia de México y para el idioma náhuatl? *Hay dos lugares que tienen todo el clavo pero no tengo da directa, uno de ellos es* "San Diego State University", la otra es "Universidad Autónoma de México" en el D. F. si es que puedes ahí me consigues las directas por favor. Me estoy dedicando en aprender de mi cultura. Disculpa Javi pero otra cosa más hay un libro que se llama "The combined Bible dictionary and concordance with introduction on how to study the Bible" *by* Charles F. Pfeiffer. *It's a special prisoner edition so* ya sabes es gratis =) Chansa que *you run across it.* Hai te llevo por favor. La forma que te mando es para los libros así se hace para recibir y ordenar libros. Cuando tengas quebrada y sin cosas que aser acabo no hay prisa. Espero y no sea molestia, te lo agradecería un chingatal, gracias. Chales Javi! Truchas! *God forbid that you have a* morrilla! *=) Any vato who wants to get with your morrilla got to have good credentials* =) o si no *hit the road* Jack (carita con dientes). *I'll pray for a* morrilla *for you for every young vato's sake.* A huevo!

I ain't going to let this huera get the best of me. I'm on my toes on this one. Ay Javi, tienes tu propia oficina? Aah! *It doesn't matter I'm going to hook you up* con un dibujo *I'll take ideas,* ahí me dices que ondas, ok! Órale pues. *I'll be sending a drawing soon to you para tu office or collection. When is your B-day?* El mío es el Julio 20th. *I had a good time on my B-day* lo celebré en el hoyo en High Desert, una peda pero encabronada! (carita de borracho) Estuvo de aquellas! Esta fotita que te mando es vieja es cuando andaba en la línea, la tomé en febrero 96 estaba todo trampas =) acababa de salir de jale. *I didn't take a chansa to take many photos and it's going to be a while before I take some again. I'm in the process of trying to get some* copias *of the one I took with my* jefa & carnalita *whenever I get it* te mando esa. *The one I'm sending is the only one,* me rayé en agarrarla.

Bueno mi Javi aquí me bajo antes que se ponga muy largo el viaje. Y ya deja los burritos y tacos =P ahí te la dejo de tarea =)

Puro cariño Javi =) ya sabes.

Orale pues. Aquí te va unas palabras náhuatl te digo lo que significa en la next wiliaso. Take care Javi...

I'm gone! Bye bye...

Cemíca
Tlog

Techpa, Tlazohtiliztli
Snoopy =)
W. B. S.

P. S.
En realidad el idioma no se escribe
La escritura es nada más en *hirogliphics*...
Gracias por tu tiempo y la alivianada.

* * *

—Aquí tengo un poema de un camarada. Ya no sé dónde tengo los que escribí yo. Es algo que luego empiezas a hacer, escribir *poems*. Éste es *My náhuatl book*. Donde aprendí. Muchas de las cartas tenían reportes de los castigos. Yo rompí todo eso, quemé todo eso. Cartas viejas, las quemé todas. Porque era mi manera de hacer un *start over*. Pero salvé mis libros y fotos que tenía. Ahí pasaba mucho que te mandaban *twenty dollars, ten*. Pa que te compraras tu café, jabón, galletitas, cosas así. Te mandaban un dinerito y yo tenía la oportunidad de pedir un libro. No te pido dinero, pero *help me up, I need this book*. Y le mandaba la información. Lo único que no podíamos tener eran los libros de pasta, *hard cover books*, porque te rompían la pasta; entonces los forrábamos nosotros. Y éste fue uno de los primeros libros que tenía yo, para estudiar náhuatl. También el francés. Nos poníamos a estudiar lo más que podíamos. Es chistoso que los mejores libros en náhuatl o sobre náhuatl están en Estados Unidos, aquí no hay mucho escritor. Miguel León Portilla era lo que estudiábamos.

—¿Cuál es tu nivel de náhuatl? ¿Lo puedes hablar como hablas el español?

—Pues, en parte sí. Construyo oraciones. Igual como estudié adentro, nosotros nos enseñamos, siguiendo la gramática y las reglas construíamos oraciones y entre nosotros nos hablábamos. Si yo voy a un pueblo donde hablan náhuatl me entienden. Tuve dos amigos indígenas, adentro. Y con ellos hablaba y me decían no, no se dice así, nosotros decimos de esta manera. El náhuatl está en Morelos, Veracruz, hay náhuatl huasteco, en el Estado de México. Hay palabras que tienen diferencias, y ellos luego no siguen las reglas de gramática. Entonces luego yo les decía las reglas, y ellos decían ah, mira, sí es cierto. Yo tenía la gramática en la que estudié, y ellos lo hablaban por ser su lengua. Y no lo deletreaban igual. Por ejemplo, *cualli* ellos le ponen *k*. O *tzontli*, *tc*, y según el náhuatl es *tz*. *Tzontli* es "cabello", *tz*. En otros lugares es *chontli*. Y en muchos de los dialectos decir "muchas gracias" es *miec tin tlasojkamati*, y otros dicen *miac tasojkamati*. *Ninek iteki motzonti:* "yo me quiero cortar el pelo". Y ellos dicen, *ninek teki chonti*. Cambia también la pronunciación, pero nos entendemos. Fue para mí muy importante, después de años, poder hablar con ellos. Ya les escribía cosas en náhuatl, cabuleaba con ellos. *And the way we learn it... a lot of homies inside don't speak Spanish, so we learn it from English to Náhuatl, so what I had to do was English-Náhuatl-Spanish-Náhuatl, so I also practiced my Spanish. So that's how I learned also* cómo escribir español, leer en español y todo, porque todo lo que leíamos era *in English*. Entonces *English-Náhuatl, they're not gonna understand me* porque los conceptos son diferentes, *so I had to learn how top up things from Spanish to Náhuatl.* Empecé a estudiar así. Pero a un cierto punto nos quitaron el náhuatl adentro porque era usado por las pandillas, entre nosotros, para mandar mensajes, así que lo prohibieron: hablar náhuatl, estudiar náhuatl, tener la bandera de México, porque todo estaba asociado según a las mafias, las pandillas de ahí. Venían, esculcaban, y si tenías material, te lo quitaban. ¿Lo donas, lo tiras o qué? ¿Lo mandas a la casa? Pero muchos los guardábamos, entre cositas, vocabularios para no olvidarnos, *you know?* Con un compañero de ahí dijimos, ¿ahora qué? ¿Italiano? ¿Francés? ¿Qué aprendemos ahora? Pues francés, a ver, ¡chingue a su madre! Ahí tengo mi diccionario *and the grammar, you know*, de turistas. Esto. Tiene mi número. (Agarra el micro.) *Je m'appelle Edvín.* Así todo es en francés. Y aprendíamos así, pero luego le decía a mi cuate, ¡oye estamos hablando bien puto! Ya casi casi todos tatuados y bigotones y hablando todo tiu, tiu, tiu (imitando el francés). ¡¿Cómo podemos ser *gangster* aquí hablando francés?! Y decíamos eh, nos vamos a escuchar bien putos, *you know?* Pues mirábamos un video que siempre estaban poniendo en francés; nosotros estudiando el francés como podíamos, nadie nos entendía ahí. Agarrábamos un libro que tenía los diagramas, los gráficos, tenía dibujitos de cómo mover los labios. De hecho estábamos tan cabrones que luego copiábamos los libros que tomábamos prestados, y antes de entregarlos ya teníamos nuestros libros escritos. Y si tenían dibujos, luego hacíamos los *skatchy*. Muchos libros de dibujo, así, que tenían, de arte, los copiábamos. Lo dibujábamos y ya lo teníamos así; le hacíamos hoyitos y con hoyitos luego ya teníamos el libro. Te presto este libro, *you know?*

—¿Y tú aprendiste a dibujar ahí?

—Ya sabía. Ya de chamaco sabía, a través de mi papá que también cuando estaba en la cárcel mandaba dibujos, pues yo de chamaco me sentaba a copiarlos. Y era mucho el sobre: un sobre, un dibujo en frente del sobre y el domicilio. Eso me fascinaba a mí, pues, dibujar las cholas, las flores, *you know*, ¡las *hainas*! Y así aprendiendo francés con ese cabrón, tratando de imitar la pronunciación (imita la pronunciación con ruidos, "ou lala"), y los demás pensando que nos estábamos aquí besando.

—Pero has visto que hay pandillas francesas. ¡Pinches cabrones también!

—Pero nosotros la imagen que teníamos de los franceses era así del putito, así. Luego con el tiempo me di cuenta de que sí son rudos los franceses. Hay rudos dondequiera. Luego decíamos a ver, intentemos con el italiano, ¡pero nos íbamos a ver como los Sopranos! *Forget about it!* (con acento de italoamericano) ¡Capíchi! *Vaffanculo!* Pero era tanto el afán de todos los que estábamos ahí adentro de aprender. Lo que fuera. Era querer aprender. Leíamos filosofía, Platón, *El arte de la guerra* de Sun Tzu. *Man*, ¡aquí vine a estudiar como en la *university*! Y a veces yo leía y no entendía, tons llegaban y te lo explicaban los otros camaradas. Ah, órale. Pero el asunto era aplicar todo lo que leías a lo que vivías adentro. Si tú lees algo, lo puedes leer de entretenimiento, pero había que leerlo para poderlo aplicar en tu vida. Algo educativo que vas a poder usar y enseñar a otra persona. Y no nada más eso, era también para tu familia. Escríbele, edúcalos a través de las cartas. Y eso pa'mí fue muy importante. Le escribía a mi familia, mis hermanos, pa'delante, no te dejes vencer, les decía échale ganas, cosas así. Era este tipo de ánimo. Ellos estaban afuera, ellos eran los que se estaban chingando. Nosotros estamos aquí, que te dan la comidita y todo, y como nada, *you know?* Y ellos no sabes si trabajan, si van a comer o dónde chingados están.

—¿Venían a visitarte tus hermanos?

—No, a ellos les daba hueva, ese pinche hermano está encerrado, ¿pa'qué quiero ir a verlo? Yo me imagino (ríe) que decían ¿me voy a echar doce horas para verlo una hora? ¡Qué chingao! La que iba mucho era mi hermana, la chiquita, Ángela. Me llevaba sus dibujos. Esto es algo de mi vida en lo que me siento bien, porque a través de mí, ella desarrolló esta pasión para los dibujos. Me mandaba tips para dibujar, mis dibujos trataba de dibujarlos ella.

—¿Cuántos años le llevas?

—Diecisiete. Ella tiene 22 años ahora. Es la más chiquita. Cuando yo entré, ella estaba bebé. Ni la vi cuando nació. Ya no la volví a ver hasta que me fue a visitar año y medio después y me reconoció. Y esto me sorprendió, y no me quería soltar. A lo mejor mi mamá le platicaba de mí. En la visita había pasto y yo me revolcaba con ella en el pasto. Ya cuando se acabó la visita lloró un chingo y no me quiso soltar. Y mi mamá igual. Pero ya de ahí ya no volví a abrazarla. Eso fue en el 95, y ya no volví a abrazarla hasta que salí, en 2007. Ella luego jalaba con mi mamá y venía a verme y me enseñaba sus dibujos y luego me escribía. Mi hermano en algún punto se ha de haber sentido así como, tú me abandonaste. Pero yo no sé qué sintieron, qué ocultan —hasta hoy—, de que yo no pude hacer nada por ellos. Y fue mi ilusión, cuando yo saliera, con mis hermanos, vamos a hacer esto, levantarnos, junto con la jefita, meter a mi hermano a estudiar, a mi hermano menor. Alguien tiene que hacerse cargo de la familia. Fue lo que me hacía ilusión adentro, que voy a hacer esto y lo otro, y decir, alguien de la familia tiene que *graduating the highschool*, la prepa. Si tú haces esto, eres un chingón. Para nosotros era importante. En este sentido yo creo que mi mamá, viendo lo que me pasó a mí, agarró los otros y dijo, chin… y no los soltó. A los tres hermanos y a mi hermana. Yo creo para que no les pasara lo que me pasó a mí. Y yo de chamaco decía que no, que mi hermano va a ser del barrio y también de la pandilla y nos van a conocer. Yo lo tatuaba con una pluma, de niño. Es también crecer sin un padre, *you know?* Yo antes pensaba que esto de no tener un padre y estar chillando era pa'los gabachos, así, ir con un *councelor*, chillando. Porque para nosotros era, tú no te quejas por no tener papá, eso es como es. Pero te das cuenta de que sí te afecta, dices, ¡ay, güey! Pues yo pasé por todo eso. Y sí entiendes luego por qué pasan las cosas. Y claro, no te quejas, pero sí tiene un efecto, ¿no? Para mis hermanos fue eso, yo era el mayor y no estuve ahí. Son más inocentes yo creo. Pero es mejor, yo los iba a hacer a mi manera, en el pinche desmadre. ¡Qué bueno que salieron así!

—¿En ese tiempo tu papá estaba en la cárcel también?

—Cuando estaba yo chamaco, sí. Mi padrastro. Pero yo no sabía que era mi padrastro. Lo supe después. Eso fue otro desmadre, pues, ¡claro que salí pinche disfuncional en todo! (ríe). Estábamos bien madreados, ¿no? Pero hay que verle el lado bueno a todo. O sea, sí, uno se deprime, como cualquier ser humano. Pero luego tienes que levantarte. Todos pasamos por cosas que nos lastiman. Aquí lo mío es que criarte en ese ambiente te cicatriza. Ésa fue mi familia, en un círculo de violencia; ellos fueron mi papá, mis hermanos, todo. Y hay cosas buenas que rescatar, eso de la disciplina, entender la lealtad, verte a ti como persona, qué tanto estás dispuesto a hacer ciertas cosas y aguantar. Esto me ayudó mucho y sí te cicatriza, pero te hace un hombre mejor, siempre y cuando tú elijas ver que ya estás libre. Y al salirte de ahí tú te liberas. Claro, la familia me apoyó, me trajo ropa, poquito dinero pa'que me levantara. Pero lo difícil para mí fue el hecho de salir y que mi familia no sabía dónde chingados mandarme, *you know?* Pero fue mi error porque de tanto que les decía ah, voy a salir pa'l otro año, y no salía, y luego, ah, pa'l otro año, mamá, no se preocupe, y tampoco salía. Y ellos, pues ya, cabrón, ya no vas a salir, *you know?* Yo tuve la culpa ahí, y pues cuando salí yo les marqué y no me creyeron, ya deja de estar bromeando. No, sí, ¡no chingues! Aquí estoy en Tijuana, no tengo nada, vengan por mí. Porque directo me llevaron a Tijuana. Nos quedamos en San Diego porque no nos podían soltar en la noche; entonces tempranito fue que nos dejaron en Tijuana. Yo tenía mis fotos y mis cartas, con eso nada más. Órale. Yo ya sabía que iba a ser deportado. Una firma y *bye bye*.

* * *

Uno de los cambios más grandes desde cuando Edwin estaba en Pelican Bay es que ya prácticamente todas las prisiones tienen *yards*, más o menos el mismo modelo de yardas. Hay cuatro niveles para los prisioneros: 1, 2, 3, 4. El más pesado es el 4, el que tiene menos programas, el más duro. Sólo los que cometieron los crímenes más serios van al nivel 4. Ahora todas las prisiones tienen lo que llaman *yard* SNY *(Special Needs Yard)*, y eso es para gente que dice yo ya no quiero estar involucrado en las políticas de las pandillas y de la prisión, yo ya quiero irme por otro camino.

Cuando Edwin estaba en Pelican Bay, hacer algo así, denunciar a la pandilla, equivalía a una pena de muerte entre los pandilleros. Ahora se ha hecho más común, aunque para un pandillero que no está en el SNY sigue siendo un acto de traición. Pero la verdad es que tantos han decidido hacerlo, hasta líderes de pandillas, que han ido a ver qué hay del otro lado, así le dicen, *going to the other side*. En ciertas prisiones, la SNY tiene más problemas que la yarda común, porque en general es muy alto el uso de metanfetamina. Los prisioneros se hacen adictos, empiezan a deber dinero, y para escaparse del peligro de que los vayan a matar porque deben dinero o porque están haciendo cosas que no se permiten por estar bajo el influjo de la metanfetamina, deciden, ok, la única manera en la que voy a sobrevivir es irme a SNY.

¿Cómo entra la metanfetamina en una prisión de máxima seguridad? Guardias y familiares. Los dos. Hace pocas semanas salió un articulo* donde se narra la historia de Angela Carr, una encargada de

_____
* R. Stickney y Greg Bledsoe, "Calipatria Prison Rehab Counselor Smuggled

174

programas de drogadicción en la prisión de Calipatria, aquí en California, que fue arrestada porque estaba metiendo cualquier tipo de drogas en la prisión. ¡Pero cantidades enormes! Estaba conectada con la pandilla de la prisión; los familiares de los prisioneros la veían en un restaurante, le daban la droga y ella la metía. Y traía teléfonos celulares y un montón de drogas. Metió más de un millón de dólares en droga. La manera en que la pescaron fue porque un día, cuando llegó a trabajar, apestaba a marihuana. Entonces la revisaron con más atención y las bolsas de papitas y de comida estaban llenas de cocaína, heroína, metanfetamina. Así entran las drogas en prisión.

Es lo que me explica Javier mientras salimos a la yarda de la *general population*. El guardia que lo acompañaba se ha alejado un poco. Intentó hacerse el simpático declarando que tiene apellido italiano, Sacco, que sus ancestros venían de Liguria, que somos *paisanos*. Como si el hecho de tener origen italiano fuera suficiente para crear cualquier tipo de empatía. Es un guardia blanco en una prisión llena de latinos y negros. Es un violento como la casi totalidad de los guardias de esta prisión, como de cualquier otra. Me alejo platicando con Javier.

Ahora me resulta más evidente la división racial de la prisión: en el amplio espacio externo, donde los presos hacen ejercicio, juegan futbol o americano, los negros están todos juntos. En otra parte de la yarda están los latinos. Muchos latinos. Luego están los asiáticos, un grupito muy reducido.

A los que están en aislamiento les está permitida una hora de visita, pero separados por un vidrio reforzado de sus familiares, con los que se comunican por un teléfono. Una vez a la semana. Supuestamente. Pero se necesitan 18 horas de viaje para llegar aquí de Los Ángeles.

Oficialmente es una vez a la semana, pero es muy común que se suspendan las visitas por lo que los guardias llaman "problemas de contención racial", así que, *de facto*, una semana nomás reciben visitas los sureños, la siguiente semana nomás los negros, luego los asiáticos,

Drugs in Chips, Coffee: DOJ" (NBC 7 San Diego, 10 de mayo de 2016), disponible en: <http://www.nbcsandiego.com/news/local/DOJ-California-Prison-Inmates-Smuggled-Via-Drug-Counselor--378843151.html>.

luegos los blancos. Y todas las familias que vienen hasta acá a visitar a sus parientes viajan las 18 horas, gastan 500 dólares o más entre viaje y alojamiento, llegan y escuchan a un policía que les dice que se cancelaron las visitas. En cualquier momento. Esto pasa muy seguido.

—Entonces imagínate alguien que venga de México una vez al año a visitar a un ser querido, y que les lleguen a cancelar. Y esto es lo que hace que al prisionero, al que le pase, le cause mucho enojo, nomás contribuye al desorden, y entonces los guardias van a decir, ¿ya ves? Por eso cancelamos la visita, mira cómo se comportan. Pero el sistema es el que contribuye. Y los prisioneros te dicen, ellos mismos te lo van a decir, si nos tratan de juntar entre razas va a haber violencia. Pero eso fue creado por el sistema. Si tú quisieras construir un lugar donde se fomente gente racista, el mejor lugar sería ese sistema de prisión. Y es difícil vivir de esa manera 20, 30 años, y luego salir y esperar que no te afecte. Algo que también pasó con el *hunger strike* fue que todos los líderes de las pandillas de la prisión se pusieron de acuerdo y dijeron, ok, va a haber un *truce*, una tregua, y no vamos a pelearnos. Inclusive eso puso muy nerviosos a los guardias, porque al sistema le beneficia que las razas no se lleven, porque si se llegaran a juntar y organizar, entonces sí les daría miedo. Mientras se estén peleando entre ellos, no hay tanta atención a que puedan afectar el sistema. Para el sistema es más fácil mantener al prisionero separado por razas, mantenerlos sin educación y no darles ninguna oportunidad para que se organicen para cambiar algo positivo.

Nos acercamos a una sala donde Samuel, el capellán de la prisión, está acompañando a un grupo de presos. Es un amigo de Javier; hablamos con él en la mañana, cuando estábamos cruzando el Redwood National Park. Intenta como puede llevar un proceso de recuperación, tratando de limitar los daños de la prisión. Javier me sigue explicando:

—Antes de 2013, cuando todavía Edwin estaba en Pelican Bay, sólo había tres formas de salir del SHU: o te morías, o terminaba tu sentencia o tenías que hacer lo que llaman *debrief*, o sea, decir todo lo que sabes tú de la pandilla. Y esto es como ponerte una sentencia de muerte en tu cabeza. Entonces era prácticamente imposible salir del

SHU. Lo habían pensado así, para que realmente nadie pudiera salir. Por esta razón los presos pasaban ahí 30 años, personas muriéndose locas ahí. Edwin salió del SHU porque terminó su sentencia en el aislamiento. Yo la primera vez que vine a Pelican Bay fui a visitar a un hombre en el SHU, y los traen esposados por atrás con dos guardias. Como acabas de ver. Estaba yo sentado en una mesa y lo sentaron en la silla en frente de mí así, esposado. Yo le dije oye, ¿no le puedes quitar las esposas? Y me dice no, claro que no, es demasiado peligroso. Y a ese mismo chavo lo iban a soltar en dos semanas. Pero según esto era demasiado peligroso para tener una conversación conmigo, el capellán, sin estar esposado. Ahora vas a conocer a Sam, él también es de los nuestros; dice que ha mejorado su relación últimamente, pero los guardias no lo quieren nada a él.

*   *   *

—Yo creo que ahí adentro hay gente que sí es buena, sí puede cambiar. Y sí podemos hacer bien, y estamos conscientes de que cometimos un error, sí, pero el estar encerrado te cambia. Y puedes hacer también un cambio en la vida, creer en ti mismo y que la gente también crea en ti. Y sí tenemos algo que dar a la sociedad, porque perdimos muchas cosas. Yo al perder mi libertad, al perder parte de mi adolescencia y todo, alejarme de mi familia, dije yo sé eso. A los que no y a los que están a punto de cometer un error y regar su vida, tenemos… ¿quién más puede prevenir que quien lo ha vivido, que ha estudiado algo? ¿Sí me explico? Un cabrón que sí tenga conocimiento y todo, pero tú no has vivido esto. Es como el ejemplo que siempre hago, el que estuvo en la guerra como cocinero y el otro peleando.

Hay muchas formas de estar en una guerra, según Edwin. Puedes estar en la primera línea, peleando, arriesgando tu vida, experimentando la adrenalina, el terror, la excitación, escuchando las balas que rechinan pasando cerca de tu cabeza, viendo a tus compañeros explotar en una mina, viviendo el horror y el heroísmo de la batalla; o puedes estar en guerra de cocinero, preparando la comida para la tropa. Por supuesto que cada quien es libre de tomar la decisión que prefiera, pero no todo vale lo mismo.

La metáfora de la guerra en primera línea y en la cocina es sin duda la favorita de Edwin. La he escuchado decenas de veces. Seguramente es efectiva, y *ça va sans dire*, él se considera uno de los guerreros, uno de los que decidieron enfrentar su destino y la prisión de frente, entrándole al toro. Lo que lo lleva a considerar con cierto fatalismo y pragmatismo su experiencia en el aislamiento.

Esto no quiere decir que Edwin no sea consciente de los muchos niveles que existen para entender la prisión en la sociedad. Simplemente no sirven mucho a la hora de resolver cuestiones prácticas, como, por ejemplo, sobrevivir y posiblemente no enloquecer en el SHU.

—Yo sé que la prisión es un negocio, y es más fácil resolver las cosas encerrando a este cabrón que invertir en programas sociales o en prevención. Y además, así el político puede decir, mira, yo estoy luchando contra el crimen. Pero no puedes esconder tanta mierda debajo del tapete, en vez de tratar de prevenir. Y también hay gente que trata de hacer cosas positivas adentro. Ya sabes que ya no vas a salir, pero no por eso vas a estar enojado con el mundo. No es lo mismo cuando cometes algo a los dieciocho años o cuando ya tienes cuarenta. Cambia de cómo te sientes, cambia tu perspectiva. Me siento mal, pero ¿qué puedo hacer para sentirme bien? ¿Puedo hacer algo positivo?

"Mi experiencia en prisión fue muy educativa, muy humana. Porque a pesar de que estás ahí con gente que sí, pues, los ves como los pintan en la tele, que muy acá, pelones y tatuados, muy criminales y muy rufianes, te das cuenta de que es gente humilde, que es a toda madre, inteligente, que te puede dar consejos. Y a veces más que un pinche güey en la calle que ha estudiado y que ha hecho todas esas cosas. Sí, es verdad, cada quien tiene lo suyo, pero es gente que ha vivido lo mismo que tú, que también ha perdido lo mismo, y si alguien te puede aconsejar es gente así, y es gente que está involucrada y conoce este mundo, y se entera y se toma el tiempo de aprender de ti. Hay gente que sí les importamos. Y están interesados en cómo uno se siente, en cómo uno está. Aunque vale madre, qué bien que está ahí adentro. Los demás no llegan a conocer lo que pasa en nuestras vidas, en la vida de alguien preso, y no lo va a querer conocer, lo rechaza. Cambian las cosas cuando empiezan a conocer, porque yo vi voluntarios llegar y llegaban con una mirada de miedo, de nervios, de oh, voy a hablar con esta gente, criminales, y tienen esta imagen tal vez equivocada. No somos Hannibal Lecter de *The Silence of the Lambs*, pero luego te quieren ver así. Piensan que estamos con máscara y así, pero no. Cuando se dan cuenta de que somos personas normales ya te hablan, están hablando con un ser humano; es como hablar con un cabrón cualquiera en la calle. Yo no digo que no debe de haber prisiones porque tampoco todos estamos bien; si hay leyes se tienen que respetar, pero también hay que hacer prevención en los barrios y los que hemos estado adentro, pues después que cumpliste ya se acabó, porque si la intención es destruir mi vida, pues mejor dime, ¿sabes qué, cabrón? Ya te chingaste, ya no tienes ninguna oportunidad.

*　*　*

Samuel Smolinisky está rodeado de cabrones tatuados. Es un hombre pequeño, vestido con un completo beige y una camisa verde, en una de esas combinaciones de colores cutres, tan comunes en Estados Unidos, casi insoportables para un amante del buen gusto; su pelo canoso y bien peinado y la mirada seria, detrás de los lentes. Los cabrones tatuados son unos 15 detenidos, no todos son sureños. Hay negros también. Todos escuchan lo que dice Samuel con atención. Interrumpe su discurso en cuanto nos ve llegar, presenta a Javier y explica quién es, qué hacemos aquí. Este periodista italiano está escribiendo un libro sobre un exdetenido de Pelican Bay, que estuvo aquí desde finales de los noventa, le escucho decir.

De improviso, Javier abraza con calor a un hombre latino, pelón, con bigotes, tatuado. Sonríe con tristeza mientras lo abraza. Se susurran palabras sonrientes y tristes al oído, que no logro escuchar.

Está prohibido. De inmediato llega Sacco y la amiga Jessica a regañarlo. No puedes abrazar a los presos. No puedes tener ningún contacto con los presos.

A Javier le vale evidentemente madres. A ese hombre lo conoce desde la juvenil. No sabía que estaba aquí, hace muchos años que no lo ve. Ahora se entera de que nunca va a salir, tiene *life sentence*.

Javier con calma se aleja del hombre y se para a un lado de Sam. Verlos juntos es casi chistoso, uno tan grande e imponente, y el otro tan pequeño. Ambos comparten esa mirada triste, pero también la misma decisión.

Javier empieza a hablar de Edwin sin mencionar su nombre, con la confianza de quien ha pasado 25 años hablándole de esta forma a los detenidos. Les recuerda del don único que tienen siendo lo que son, que no tienen que perder la esperanza, que Edwin era exactamente como ellos, y que sí pudo salir bien, pudo hacerse una vida, pudo ser algo diferente.

Yo comento banalidades; me siento incómodo presentando un trabajo del que todavía no he escrito ni una página, pero intento ser lo más profesional que puedo. Los hombres escuchan en silencio. El encuentro dura pocos minutos. Pensé que iba a poder quedarme más, a ver lo que hacen en un grupo así, pero creo que llegamos tarde. En cuanto Javier termina de hablar, la quincena de hombres se levanta ordenadamente y se prepara para salir a la yarda. Nosotros volveremos a ver a Samuel un poco más tarde, fuera de aquí, antes de irnos.

Ya es hora de salir; hemos pasado las últimas tres horas dando vueltas por la prisión y se nota que nuestros acompañantes, tan profesionales y disponibles, están cansados de hacer de nuestras niñeras.

Antes de volver a las oficinas, Sacco se me acerca. Casi no hemos platicado a lo largo de nuestro recorrido; quiere hacer conversación, saber qué voy a escribir. Acabamos hablando del tiempo, frente a mi silencio sobre mi trabajo.

—¿Sabes? Les tocó un día extraordinario, un maravilloso día de sol. Aquí llueve más de seis meses al año, técnicamente estamos en una *rain forest*. Si no te gusta la lluvia, Pelican Bay no es un lugar para ti.

Me quedo callado, viéndolo de reojo. Estoy intentando captar una nota irónica en su afirmación, que la transformaría en un chiste de pésimo gusto. Aquí nadie escoge estar, le guste o no la lluvia. Aparte de los guardias, todos nativos de Crescent City, todos oriundos de este pueblito de blancos, ninguno de los huéspedes de Pelican Bay escogió estar aquí, y apuesto lo que sea a que preferiría estar en cualquier otro lugar en el mundo.

Sacco no manifiesta ningún sentimiento. Al parecer fue una afirmación neutra. O tal vez su cinismo es tan profundo que ni se trata de chistes ya, simplemente así es como se expresan ellos. Nunca lo descubriré. Lo que sí es un hecho es que este hombre me da asco, así que me alejo y me hago el concentrado, el escritor que busca un momento de silencio y soledad para organizar sus pensamientos. En realidad estoy sólo pensando en irme de aquí lo más pronto posible.

Pero todavía tenemos que ir a despedirnos del *warden*, el director de la prisión, que nos permitió dar el paseo.

Dejamos finalmente nuestros chalecos antibalas, recuperamos nuestras pertenencias, y el *warden*, Mr. Clark Ducat, nos detiene en la antesala de su oficina.

Javier le explica brevemente qué estoy haciendo y la importancia de lo que logró hacer en su vida Edwin, ex preso de la cárcel de supermáxima seguridad (así la definen) de Pelican Bay. El *warden* nos mira con una sonrisa complacida; me deja expresar un par de comentarios en la misma línea, para luego agregar:

—Siempre nos gusta ser parte de historias positivas.

O sea que es gracias a ustedes si Edwin hoy es lo que es. Ustedes tienen el mérito.

Volteo a ver a las demás personas presentes. Guardias, empleados, secretarias. Todos sonríen satisfechos.

Me había equivocado. No son todos blancos. Una mujer a la que al principio no había notado está sentada en un escritorio. Es una señora de cierta edad, es una de las secretarias y tiene rasgos latinos, la tez de la piel más oscura. Me despido del *warden* y antes de salir, sin que se me note demasiado, le pregunto si tiene ancestros mexicanos. Me contesta en español, en voz baja, lanzando miradas a su alrededor; me dice que es de origen mexicana, pero que aquí no la dejan hablar en su idioma, que es mal visto. El *warden* no quiere. Por eso le da tanto gusto poder intercambiar unas palabras conmigo. Pero ahora ya mejor parar, antes de que la escuchen.

Me despido de ella y junto con Javier nos dirigimos al carro.

*   *   *

Silencio. Y árboles enormes. Un océano de árboles gigantes.

Respiro.

Ahora que dejo atrás la prisión de supermáxima seguridad de Pelican Bay, el bosque de secuoyas me parece un alivio para el corazón, la mente, el espíritu, siempre que tengamos un espíritu.

Me lleno del aire oxigenado y perfumado del bosque y cierro los ojos.

Parece muy solo aquí. No debe ser fácil lidiar todos los días con esa clase de gente tan violenta, abusadora e inhumana, o sea, con los guardias de esa prisión.

Volver al bosque que Edwin nunca logró ver.

Pienso que a lo mejor, algún día, va a poder realizar su sueño.

Corte.

Nantli

Salvate le sue labbra, salvate il suo sorriso,
non ha vent'anni ancora
cadrà l'inverno anche sopra il suo viso
potrete impiccarlo allora.

FABRIZIO DE ANDRÈ, *Geordie*

La princesa en el castillo

Abre y cierra su bolsa, buscando algo, continuamente. Abre y cierra, abre y cierra, abre y cierra. ¿Qué busca?

Parece todo igual. Parece una señora de casi 80 años, con sus achaques, que camina despacio, cuidando cada paso incierto, porque sus movimientos la traicionan. Parece todo igual cuando está sentada armando collares de piedritas de colores. Cuando levanta la mirada, buscándote, y al encontrarte, te sonríe.

Parece todo igual cuando te levantas en la casa donde creciste, y al verte te grita contenta, ¡buenos días! Y tú la alcanzas y le das un abrazo y un beso. Y su olor es el olor de siempre, sólo que ahora tiene ese toque que tenía tu abuela, de persona anciana.

Su identidad se está desmoronando. Mejor dicho, su identidad se está hundiendo en un océano de olvido, oscuro, asombroso. Su conciencia de sí está a la deriva, tratando de agarrarse a una balsa que poco a poco se va deshaciendo.

183

Abre y cierra su bolsa, buscando algo, continuamente. Abre y cierra, abre y cierra, abre y cierra. ¿Qué busca?

Abre y cierra cajones buscando algo, abre y cierra, abre y cierra. ¿Qué busca?

Repite sin parar, ¿dónde está el niño? Buscando a su hijo, buscando a su nieto. Quiere saber dónde está. Dónde.

¿Dónde vamos? ¿Quién eres tú? Eres su hijo. El que abraza cuando te ve. Te sonríe. Eres su hijo que se parece a su padre muerto hace 45 años, cuando tú todavía ni nacías. Se parece a él tu cabeza rapada, pelona. Tu mirada. Tu nombre. Tienes su nombre.

Después de escuchar tu nombre quiere que se lo repitas, una, dos, tres, cuatro veces; luego sonríe, asiente. Sí. Por un momento vuelves a ser tú. Sí. Ahora te ve. Se tranquiliza y vuelve a escoger los colores de las piedras, para hacer collares.

Los collares son de las pocas cosas que logra hacer bien todavía, además de las bufandas de lana. Tiene buen gusto, nunca le ha faltado. Ha sido parte de su especialidad, el buen gusto.

Pero es atenta, tu madre. Se entera de cosas pequeñas, detalles. Quita unas tijeras del alcance de su nieto de cinco años, con decisión. Si no puede hacerlo, intenta comunicarlo, decirte que lo hagas tú, para que él no se lastime. Con una angustia y una urgencia que manifiestan la conciencia de lo que puede ser peligroso, en medio del océano de sus incertidumbres, de la indefinición misteriosa de sus pensamientos rotos. Se concentra en detalles que tienen que ver con el cuidado de los demás, de su hijo, de su nieto, de su marido. Una mancha en la camisa, un hilo en la manga de la chaqueta, un tic nervioso del hijo que cuando está preocupado o concentrado se muerde insistentemente un cachete.

Abre y cierra la bolsa, abre y cierra, abre y cierra. ¿Qué busca?

Esconde sus pequeños tesoros en cajones, como si se tratara de sus pensamientos, que quiere guardar en los cajones de su mente que se va desmoronando, que quiere proteger, no perder en ese océano oscuro.

Tiene un estuche, lo abre y lo cierra cada pocos minutos, busca en su interior, curiosa, para ver qué es lo que contiene. Lo mismo que contenía hace tres minutos, mamá. Busca, en los objetos, un sentido.

Un pequeño monedero de piel contiene fotos de sí misma, de joven, de ti, su hijo, adolescente, adulto, de su hija Francesca, de su nieto, de su madre ya anciana, de su padre todavía no envejecido.

—*El xe me pare* —repite en su idioma, el veneciano, cada vez que voltea a verte: es mi padre.

Pierde palabras, expresiones, las más sencillias. Busca ayuda y reparo en su idioma nativo, el que hablaba de niña, que siempre ha hablado, el dialecto de Venecia. Busca en ese cajón, para encontrar las palabras que no flotan ya en la superficie de su mente y se hunden en el océano oscuro junto con los pensamientos y los recuerdos. Sonríe si no la entiendes, entre sorprendida y frustrada. Se enoja si no la entiendes, es tan fácil lo que quiere decir.

Cuando habla parece una persona que habla mientras duerme, que habla en el sueño. Las cosas parece que tienen un sentido en su cabeza una fracción de segundo antes de salir en forma de voz, pero al contacto con el aire se vuelven insensatas, mezcladas, bizarras, deformadas. Luego, de repente, una frase sale coherente. Se sorprende, satisfecha. Y sonríe, con esa sonrisa cálida, acogedora, alegre, franca.

Los gestos, algunos gestos, al contrario, son dulces y cuidadosos. Precisos. Las caricias, por ejemplo. O algunos gestos de precisión, como enfilar el hilo en el ojo de una aguja, hacer nudos diminutos para sus collares.

Luego lo más desconcertante: intenta hacer bromas sobre su condición. Sentada en el asiento delantero del coche habla con su nieto que está detrás de ella y le pregunta constantemente, ¿quién está aquí atrás? ¿Una niña? Luego voltea, te mira con cara pícara y le dice a su nieto, ¿quién es ese señor?, refiriendose a ti. Voltea, te mira riendo y te guiña el ojo, cómplice. Es como si supiera que ya pierde lucidez, e intentara jugar con ello. O simplemente es exactamente lo que hace.

Y poco a poco se hace más grande ese océano.

* * *

Martha me recoge en el centro de Los Ángeles. Me espera en la calle, medio estacionada en un SUV negro Volvo. Me subo al auto y me saluda con una sonrisa.

—Mucho gusto. Soy la mamá de Edwin.

En el asiento de atrás está sentada Ángela, su hija menor.

Lo primero que noto es que Martha es muy joven. Según mis cálculos, debería tener alrededor de unos 60 años; es una mujer atractiva, que se nota que se preocupa por su aspecto y que fue muy guapa cuando era joven. Tiene una sonrisa muy agradable y unos hermosos ojos verdes.

Nos toma cierto tiempo salir de Los Ángeles y necesitamos usar el navegador del *smartphone* de Ángela para poder encontrar el camino correcto.

—¡Ay, es una pesadilla esta ciudad! Hacía tanto tiempo que no venía para acá, ni me acordaba yo de esa plaza.

Empieza a manejar con preocupación; se tiene que concentrar para poder agarrar bien la *freeway* US 101, que nos llevará, a través de la Simi Valley, a Camarillo, una hora al oeste de Los Ángeles, donde vive la familia de Edwin ahora.

Martha y Ángela vinieron desde allá a recoger al periodista italiano que va a escribir la historia de su Edwin.

Martha se persigna muchas veces, invoca a Dios y a Jesucristo en voz baja. Le pide que nos haga llegar salvos a casa, que nos proteja durante el viaje. Lo repite muchas veces. Luego se queda callada durante varios minutos. Maneja concentrada.

Una vez que logramos tomar la autopista correcta, Martha finalmente comienza a relajarse. Pone música y empieza a cantar la canción que pasa el radio, el éxito del momento de Twenty One Pilots, *Stressed Out*, canción que también me gusta mucho, pero que no me esperaba pudiera ser parte del imaginario de su generación. Acabando de cantar, empieza a contar anécdotas sobre su vida, la vida de sus hijos, sobre su pasado y su presente en California.

Luego, de improviso, interrumpe el relato, seria.

—Mira, Federico, aquí es Burbank. Aquí es donde mi hijo se la llevaba, un poquito más pa'llá, Olive Street.

Cae el silencio durante algunos minutos. Finalmente lo rompo yo, preguntando sobre ese barrio que fui a conocer.

—Justo vine por aquí a visitar Burbank el otro día. Pero ha cambiado mucho, me dicen, ¿eh?

—Claro, todo esto que ves ahora, no lo conocía yo. Estos edificios son nuevos. Ahorita Burbank ya se hizo armenio, hay mucho armenio. Y mucho libanés.

Me vuelve a aparecer la cara del chofer de Uber, Guevork, deformada por el espejo.

—Sí, ahora ya es la *little* Armenia aquí. También está lleno de armenios en Hollywood. Burbank es una ciudad separada de Los Ángeles, y más adelantito ya es el Valle. Donde nosotros vivimos ahorita hay campos de fresas. Está el mar a 14 millas, te voy a llevar. Todo tranquilo, otro tipo de vida. Mejor, bueno, para mí mejor. No estás rodeado de todas las tiendas. Ok, ahí donde vivimos están las tiendas premium, las *outlet*, donde tú si te quieres comprar un pantalón de la marca que quieras, ahí te lo puedes comprar. Pero también hay tiendas de descuento, también tienes descuentos.

Martha pasa de un tema a otro sin que haya alguna relación aparente entre ellos. Asimila los estímulos externos y sin lógica aparente cambia de tema, siguiendo la sugerencia que le ofrece el contexto. Y luego, como si nada, cierra el paréntesis y vuelve a la conversación anterior. O no.

Me recuerda mucho a mi madre. Ella también tenía un carácter así. Se le iba el avión. Y luego volvía. Como si nada.

—Yo nací en el D.F. Pero mis padres no. Mi padre era de Querétaro y mi abuela de Guanajuato. Mi mamá nació en Michoacán. O sea que nací yo en el D.F. nada más. Y luego nos venimos para acá. Yo tenía como unos diecisiete años.

—¿Se vinieron directo a Estados Unidos?

—No, primero llegué a Tijuana. Y ya de allí cuando mi hijo nació cruzamos la frontera, porque me puse malísima. Edwin tenía dos meses cuando ya me vine a vivir para acá. O sea que Edwin nació en Tijuana, pero toda su escuela, todo fue de este lado. Mira cuánto tráfico. Y esto aquí está más o menos, pero allá, yendo para donde está Javier, uff, ahí está horrible. Sí, yo era muy joven cuando tuve a Edwin, muy joven. Yo andaba soñando en los Rolling Stones, en Peter Frampton. El que más me gustaba era Peter Frampton. A Edwin me lo llevé a varios conciertos de rock cuando estaba chiquito. Y todas las muchachas lo veían, pero yo lo veía creo que como un muñeco.

Ríe de nervios mirando la carretera frente a ella, con ambas manos agarrando firmemente el volante.

—Era yo muy joven y muy tonta. Porque no sabía, me dejaba llevar. No como las chicas de ahora, no, ahora están bien listas. Te digo, ya mi muchacha se fue a Alemania y para mí, para que viajara sola y yo toda preocupada, toda nerviosa, porque yo decía ¡ay, mija en el avión, una turbulencia! ¡Nombre! Yo era la que me andaba muriendo cuando me fui a México a ver a Edwin. Y Ángela, ¿qué no sentiste turbulencia? ¿No te dio miedo por tantas horas de viaje?

—No, *mom*.

—Mira, yo voy a agarrar la *freeway* 180. Ésa es la que me va a llevar. Ya vamos a la casa. Bendito sea Dios.

* * *

Abre y cierra su bolsa. Te mira. ¿Qué busca?

Tú mismo con mucho trabajo logras encontrar en tu memoria los recuerdos. Recuerdos de tu madre que no sean su condición actual.

No encuentras las conversaciones que tenían, lo que te decía. ¿De qué han hablado en estos años? ¿Qué es lo que te decía? ¿Cuáles fueron sus consejos? ¿Sus regaños? ¿Dónde quedó su herencia? La ves en los movimientos seguros que haces cocinando, preparando platillos que sabes preparar desde siempre. Puedes vislumbrar su mirada concentrada y serena cocinando, cuando todos tenían que irse de su cocina menos tú, el único con el permiso de ser su asistente.

No recuerdas las conversaciones con los demás, pero es algo que ha caracterizado toda su vida. Te es imposible ya asociar esta persona con la que fue. Y la que fue es algo teórico. No tienes información directa, un recuerdo tuyo. Sabes que era así, porque lo has sabido siempre, porque es lo que todos saben de tu madre. Saben que era una comerciante, trabajó 35 años detrás de una barra vendiendo perfumes, cremas para la piel, bisutería, tijeritas, jabones, artículos para afeitar. Saben que lo que siempre supo hacer fue tratar con la gente, platicar, empatizar, cotorrear. Una persona sociable, social, sonriente, ligera, entretenida. Una mujer que amaba a los niños y a la que los niños amaban.

Pero no lo visualizas.

O sí. Algo sí. La mamá de todos. Durante tu infancia, después de vender su tienda para dedicarse a tu hermana y a ti, empezó a ocuparse dándole seguimiento a las actividades escolares, interesándose en el sistema de transporte para niños en la escuela, la mensa. Recuerdas que conocía a todos los niños de tu escuela; sabía sus nombres, quiénes eran sus padres, y ellos la buscaban, porque en una escuela pública de Roma, de una zona de intelectuales de izquierda, había muchos niños cuyos padres no se interesaban en ellos, demasiado ocupados con sus actividades profesionales.

Hoy todo esto se ha desvanecido.

*　*　*

Martha maneja ahora con seguridad en la autopista. Manos a las 10 y 10 en el volante, y mirada derecha; frente a ella, la carretera iluminada por el sol de mayo.

Aparece una media sonrisa en su cara. En un momento de silencio empieza a hablar de la vida sentimental de su hijo. No está casado, pero tiene una novia, y no le gusta mucho. Ella quisiera casarse, pero Edwin no está convencido. Esto es lo que ambos pensamos.

—Lo que pasa es que Edwin piensa... A mí me dijo mami, nosotros venimos de una familia disfuncional. Y yo le dije bueno, hijo, ¿qué

189

familia es funcional?, y dime, ¿qué madre es santa? Porque que yo sepa… En fin, que se case con una muchacha que lo quiera de verdad.

—¿Ella no lo quiere de verdad?

—Pues, ponle que sí lo quiere, pero lo que yo no entiendo es cómo piensan ellas, que puede ser como, dicen que son como reinas, que no pueden hacer nada, no sé.

—Usted la conoció el año pasado, ¿no?, cuando fue a México a ver a Edwin. ¿No le pareció?

—Más bien creo que no es el estilo de mi hijo, no es. Edwin necesita una mujer como es él. Él es muy inteligente, es ordenado; necesita una mujer que realmente le ayude, que lo quiera, que quiera estar con él, que le prepare la comida de vez en cuando, que le lave la ropa. No digo que sea una sirvienta, pero así entra el amor. Además, Edwin hace todo solo, hasta se plancha las camisas solo. Pero necesita una mujer que sea libre, que si él le dice vamos al cine, pues vamos. Vamos a cenar, vamos. Vamos a bailar, vamos. Para eso es la pareja. Y ésta se me hace como un poco mojigata. Como, ay, no. No, no. Tiene que ser franca, si no no tiene sentido. Mira, éste todavía viene siendo el Valle. *The Valley.*

Observo a mi derecha el Valle, con su color ocre y verde, montañas que parecen rocas moldeadas en medio de un desierto que ha sido trabajado por el hombre, hasta producir plantas, hortalizas, casi a fuerza. Este lugar me da la sensación de una batalla que el ser humano ha ganado con la aspereza de la naturaleza. La capacidad de arrancar vida del desierto.

—Moorpark, ya estamos más cerca, aquí la policía es muy dura. Ahí trabajo yo, es una compañía electrónica, ensamblando ahí; es puro ensamble. Ahorita no estoy trabajando, pero ya la otra semana empiezo a buscar empleo. Que ésa es otra oportunidad de que aquí, si yo estoy vieja, puedo agarrar trabajo, y en México no. Aquí ves a los viejitos trabajar. Por eso es importante, te dan chance de trabajar. Aquí hay trabajo, nada más que tienes que tener tus papeles en regla. No papeles, no trabajo. Solamente en el campo se puede sin papeles. Pero ¿quién quiere trabajar en el campo? ¡Los que son de campo! Yo no, yo voy a buscar una electrónica. Es lo que sé, ensamblar, poner los componentes.

—¿Entonces usted le dijo a Edwin que no se case con ella?

Voltea rápidamente a su derecha para reír y verme a los ojos. Luego vuelve a mirar hacia la carretera.

—¡No, no! No le dije porque yo no estoy ahí con él, ¿me entiendes? Y como sea, ella es una compañía para él. No puedo yo hablar ni puedo decir, ni puedo decidir. No puedo nada. Simplemente es que lo quiero con todo mi corazón, que mi hijo tenga una buena esposa. Y no creo que se vaya a casar con ella, porque los pensamientos de él son viajar, conocer el mundo. Oye, pues, ¡si yo tengo un novio así, yo me voy! Qué bonito, viajar y compartir los dos por el mundo. ¿Verdad? Y ella no lo quiere hacer.

Tuvo oportunidad de conocer a la novia de su hijo, el año pasado, en su viaje a México. Su primer viaje a México desde que Edwin salió de prisión y fue deportado. Es un tema que no quiero tocar en este momento porque sé que ha sido un argumento delicado. Edwin en varias ocasiones ha mencionado que su familia no ha ido a visitarlo, que su mamá se ha tardado años en ir a verlo, y lo hizo sólo cuando él pudo comprarle un boleto de avión. Es un tema difícil, pero es Martha quien de repente decide sacarlo, como si hasta ahora se hubiera acercado, con la conversación tan casual, a lo que todos sabemos es un gran elefante sentado entre nosotros.

—Es que ya para vivir en México me cansé mucho. Me la pasaba camine y camine, y eso que luego pedía un taxi, pero de todos modos… por amor a un hijo tú haces todo.

Se calla, pensando en cómo decirlo. Luego lo suelta.

—Lo más vergonzoso fue que él me compró el pasaje. Imagínate. Mamá, te compro el pasaje. Y dije, *wow*! Ahí sí me dolió, eh, pero fui. No me dolió el hecho de que me comprara el pasaje, me dolió porque siendo yo la madre no pude ir a verlo. Eso es algo que… hijo, eso me duele todavía. Fue como que entré en una cosa espantosa. Fue algo… no te sabría decir, como que entré en una depresión porque dejé de verlo y eso no está bien. Y así es. Y también la situación económica, eso también tiene que ver mucho.

Yo también vivo lejos de mis padres, de mi familia, y soy padre a mi vez. Veo a esta mujer, contándome lo más humillante y doloroso que ha vivido en los últimos años, y que conozco desde hace poco menos de una hora. Llegando aquí tenía en la mente el dolor de su hijo, la frustración de una persona que no entiende. Edwin me ha contado muy poco de las vacaciones mexicanas de su mamá. Pero algo que sí me dijo fue que buscó entender el porqué de esta ausencia. Y no pudo entenderlo.

Ahora Martha está tratando de explicarme qué fue lo que pasó. Y lo que pasó es que pasan muchas cosas cuando las familias se alejan. No siempre es fácil explicar o explicarse por qué. Estamos acostumbrados a enfrentar el alejamiento con sentido de culpa, pero tal vez sería más sano verlo como algo que pasa y ver cómo podemos arreglarlo. No sé. No sé qué comentar, y comento esto. Martha no parece convencida de mi argumento. Y rebate seca.

—Sí, pero hay una diferencia aquí. Tú eres libre.

Sí. Yo soy libre. Es verdad. Me monta un sentimiento raro. Sí, es verdad, soy libre. Por eso voy a ver a mi familia en cuanto pueda, aun haciendo grandes sacrificios.

Tú también eres libre. Y aun así te tardaste nueve años antes de ir a visitar a tu hijo en México, y lo hiciste sólo cuando él te invitó, pagando tu pasaje.

Esto pienso. Es un pensamiento parcial. Es un pensamiento que interpreta la postura de Edwin. Inconscientemente estoy adoptando su defensa.

No es lo que vine a hacer. Vine a conocer a esta mujer, a escuchar sus razones, a ver su mundo, aunque sea por un momento.

Así me quedo callado. Sin esperar mi respuesta, Martha sigue en su razonamiento y me lleva otra vez a aquella noche. La noche en la que todo cambió y en la que Snoopy acuchilló a un hombre.

—Desgraciadamente, él cayó con malas compañías. En cuanto lo vi, mi corazón me avisó algo. Le dije hijo, no te vayas. Y me dijo no, mamá, nomás voy aquí y regreso rápido; dame dos dólares y te hablo por teléfono, y le dije sí, cómo no. Le di el dinero y ya no regresó. Y ahí ya fue.

Martha toma un pequeño descanso. Su hija Ángela está detrás de mí. No logro ver su cara. Ni sé si está escuchando la conversación, pero dado el silencio imagino que sí. Martha continúa.

—Luego la corte se ensaña con la gente. Y por si fuera poco, la persona que agredieron resulta que era negro, imagínate. Y yo ni siquiera sabía que una palabra podía ofender a otro. Estaba joven, ignorante, ni sabía que tú puedes ofender a otra raza. Por ejemplo, qué digan que eres italiano, ¿qué importa? Si a mí me dicen, miren, allá viene la mexicana, pues yo soy mexicana. Así decían cuando iba a visitar a Edwin a Crescent City, ¡uy, allá vienen las mexicanas! y éramos nosotras. Las gringas… eh, ¡se ponían nerviosas nomás de vernos!

Se ríe mientras recuerda el racismo de las otras mujeres, blancas, cuando Martha, junto con otras madres, iba a visitar a su hijo en la prisión de Pelican Bay. Detecta el racismo ajeno sin considerar sus comentarios como racistas.

—Se ponían nerviosas ellas nomás de vernos. Porque una es mexicana, y entonces tú vas bien arregladita para visitar a tu hijo y ellas son las meseras, es al revés de cómo ellas lo imaginan. Para una mujer gringa tú que eres mexicana deberías de estar sirviendo y ellas comprando. Pero nosotras llegábamos bien arregladas para ir a ver a nuestros hijos, y ellas eran meseras, entonces tú llegas y les dices, tráeme esto, esto y esto, y ellas dicen, ¡oooh! No les agrada mucho, pero así es. Llegamos a Simi Valley. Aquí estuvo el presidente Obama, es la librería de Simi Valley, Ronald Reagan. ¿Sabes qué? Creo que le falta aire a una llanta. Ángela, háblale a tu *brother*; dile a Alexander que vamos para allá, que si ya está la comida.

*   *   *

Sueño a mi madre, que me habla, me abraza, me pregunta por San Ignacio. Me pregunta si es una persona… ¿cómo dice? Se me va la palabra... ¿rígida? ¿Correcta? Parece preocupada. Le pregunto por qué. Me dice que no; no es para ir a una de estas casas, es para saber. ¿Cuáles casas? ¿Una casa para ancianos? ¿Para los que tienen su enfermedad? Cambia el sueño. Veo unos anuncios en televisión, en uno está mi madre en bata de casa, en un prado en Francia. Parece la zona de Cévennes. Hay otras personas ancianas, en bata, que juegan en el pasto y sonríen. Un hombre y una mujer. Una tiene el cabello largo. Luego, un hombre sentado en una silla de jardín, frente a varias personas que lo escuchan, que intenta explicale a un grupo de personas qué es lo que hay ahí, en aquella casa. Se ve que se siente incómodo, no logra fingir, que aquel es el último lugar donde las personas que escuchan verán a sus seres queridos.

Otra escena. Otro hombre con unos gatos en sus brazos. Él parece más convincente. Logra transmitir un poco de serenidad hacia aquel lugar.

Otra mujer, que habla de las fortalezas de aquella casa, pero sólo la escuchan tres personas.

Luego sueño la página de internet, los panoramas de casas vacías, con sillas de jardín vacías, desde arriba, en medio del verde.

Había soñado que estaba paseando en Monte Mario, donde siempre he vivido en Roma, con mi madre y mi padre. Nunca lo hemos hecho, y que llegábamos a una basílica de San Luca, que no existe y que en la realidad es un monasterio, en la cima del cerro.

Entrar, ver una iglesia sobria, extraña, caminar en ella, ver unas recámaras de viejos curas, estatuas que representan un santo gordito, humilde, sonriente.

Es como yo imagino a Luca, bonachón. Y afuera mi madre que me espera para decirme que me quiere, que no ama a los curas.

Con mi madre sólo hablo en los sueños. En los sueños ella me habla y me dice cosas que en la realidad ya no sería capaz de decir.

En aquellos precipicios, en aquellos desfiladeros, me había llevado mi hijo en un sueño anterior, y había llevado también a su madre. En la cima del altiplano nos habíamos encontrado; yo había llegado y él y su mamá ya estaban ahí. Jugando. Abajo, a cientos de metros, el río, la vegetación. Yo tenía miedo de que el niño cayera abajo, tenía miedo.

No era tan bello como en la realidad, como cuando él y yo habíamos ido allá realmente, en las Cévennes. Era sólo miedo.

Me despierta la intensidad del sueño. Tengo que ponerme a escribir, si no desvanece.

Poco a poco desvanece.

Me levanto, prendo la computadora, todavía no son las cinco. Con los ojos cerrados empiezo a escribir estas líneas.

* * *

—Yo he cometido muchos errores también, por mi juventud, por mi inexperiencia, por muchas cosas, y no tengo *excuse*. Pero pido perdón porque también fui joven y también cometí errores como toda la gente.

—¿Qué errores?

—Muchos errores en la vida. Muchos… Pero… están todos mis hijos aquí…

Ya llegamos a su casa, en Camarillo. Es un departamento modesto, en el que vive Martha junto con sus cuatro hijos. Estamos platicando sentados a una mesa entre la sala y la cocina, y sus hijos están presentes, aunque todos estén ocupados haciendo otra cosa y no parecen prestarnos la mínima atención.

—¿Quieres contarme mañana?

—Sí, mejor. Pero el error más grave que cometí fue no hacerme ciudadana americana cuando él estaba adentro. Eran como cien dólares y no lo hice. Imagínate qué tan desubicada estaba yo. Ahora ya lo hice, ya soy *American citizen*, y fue hace poquito. Fui a México y hablé con él y dijo ma', hágase ciudadana americana. Dije está bien, hijo. Ahora que ya soy, voy a tratar, está un poco difícil el caso, pero voy a ver si puedo hacer algo por él. Ya hablé con abogados, ya he estado moviéndome, pero el caso es difícil porque estuvo en una de las peores prisiones, Pelican Bay, que es de máxima seguridad. No fue por él, fue por los abogados en aquel entonces, muy racistas, muy malos. Hay mucha gente joven. ¿Viste cuánta gente joven hay ahí?

Puro chavito, y así estaba mi hijo, imagínate todos los jóvenes que hay. Este país te da, pero te quita a tus hijos, y eso es lo que todas las madres sentimos. Cualquier madre que yo conozco que tiene un hijo en prisión a mí me duele. Y cuando sé que va a salir o cualquier cosa, yo me pongo feliz porque yo sé lo que se siente. Ahora: mi hijo lo que tiene es nostalgia, es una nostalgia… tremenda. ¿Tú crees que yo no lo extraño? ¿Que a mí no me duele?

Lo dice con los ojos llenos de lágrimas, bajando la voz, para que sus hijos no la escuchen. Pero sus hijos no la van a escuchar. Uno está en su cuarto, con la puerta abierta, frente a la computadora. Otro está en la sala, pero con unos audífonos enormes, viendo viejos episodios de *Los Simpsons*. El tercero está sentado en el sillón, con su portátil abierto. Ninguno nos presta atención.

De hecho, prácticamente ninguno de los tres ha interactuado conmigo por más de un par de minutos desde que estoy aquí. Y esto, a las once y media de la noche, me sorprende bastante.

No es exactamente común que alguien escriba un libro sobre la vida de tu hermano que llevas años sin ver, que haga miles de kilómetros para ir a tu casa, para conocerte, para saber quién eres, para poder contar la historia de tu hermano mayor. O por lo menos a mí nunca me ha pasado.

Martha sigue en su flujo de conciencia, hablando de su hijo Edwin como si estuviera muerto. Y me inquieta mucho. Me inquieta también su capacidad de autojustificarse todo el tiempo, de quitarse de encima la responsabilidad sólo diciendo que pidió perdón a su dios o que era muy joven.

—Él para mí era como mi hijo mayor, pero como que yo me quise fortalecer en que es mi hijo mayor y él me va a ayudar, pero yo no entendía, no comprendía, no podía entender. Quizá también por lo joven que era yo. Y luego también por la responsabilidad tan grande que tenía con los hermanos chiquitos, o sea, que todo se juntó y me duele tanto, tanto. Aquí el único que falta es él. El único que falta. Tan organizado, tan limpio. Él le cortaba el pelo al Alberto, al Óscar. No es cierto, a Alberto no, nunca se dejó, pero a Óscar sí lo dejaba bien pelón. Siempre dibujando, riéndose, bailando.

Le recuerdo que su hijo está vivo, está bien y está logrando cosas muy buenas en su vida en México, que no está muerto. Ella sonríe y me dice que sí, es cierto. Yo le pregunto si se siente orgullosa de lo que ha logrado Edwin.

—Me gusta y me siento orgullosa de que ha logrado lo que tiene gracias a su esfuerzo, a su trabajo, pero antes que nada, gracias a Dios que lo ha cuidado. Cuando lloro por él, yo digo Dios Padre bendito del cielo, creador de los cielos y de la tierra, protege a mi hijo Edwin Israel. Si tuviese un enemigo alrededor de él, por favor quítaselo. Hazlo invisible a cualquier maldad que le pueda tocar a él. Que Dios lo proteja, lo cuide. Que hay tanta gente que mi corazón me duele de pensar o de saber que le pueden hacer daño. Ése es un sufrir constante.

* * *

Decenas de fotos, guardadas en folders grandes y pequeños. Las fotos de la vida de una familia. Por cada foto, una explicación, un pequeño cuento. Están todos los hermanos, pequeños, jugando, partiendo pastel de cumpleaños, de vacaciones. Martha insiste en cómo ha envejecido. Su aspecto físico le preocupa mucho, en todos, en sí misma y en sus hijos. Cuando aparece una foto de ella joven, se pone coqueta; luego seria o contenta viendo a sus hijos en la escuela, o con un diploma.

Son suyos, una emanación de ella misma. No son personas autónomas. Tal vez es por eso que viven todos juntos en este departamento modesto y pequeño para cinco personas adultas. No es una cuestión económica, o por lo menos no totalmente. Seguramente hay una ventaja en reducir tanto los gastos, pero me pregunto por qué cuatro hijos adultos, que trabajan, deciden vivir como un clan en un departamento con su mamá, pasados los 30 años, en Estados Unidos.

Ninguno de ellos, aparte de Ángela, se acerca a ver las fotos, a comentarlas. Cada quien está metido con la cabeza incrustada en una pantalla.

Edwin es sonriente, alegre, en pose de karateka en varias fotos. Tiene la misma cara redonda, los ojos intensos, la sonrisa franca. No logro vislumbrar en el niño o en el preadolescente de estas fotos al pandillero que clavaría una navaja en el vientre de otro ser humano.

Y lo más curioso es que no logro verlo ni siquiera en el Edwin que conozco yo. He conocido el "después", ahora busco en el "antes", pero aparentemente no es visible esa violencia, esa rabia, esa inconformidad que tuvo durante tantos años.

Hay una foto de un Edwin de unos 12 años. Tiene un arete de oro estilo pirata en el lóbulo izquierdo. Fija los ojos a la cámara; es una foto en pose. Es muy serio. Desafiante. Tiene la misma mirada que en las pocas fotos que Martha tiene de sus visitas a la prisión, donde está vestido con el uniforme azul, cabello rapado, bigote. En esta foto lo veo. Aquí está el niño que empieza su camino en la pandilla, que lucha por ser parte de algo.

Es viendo esta foto que Martha lo ve. Aquí es donde lo perdió. Donde ella se perdió. Demasiado preocupada de llevar adelante una familia con otros cuatro hijos pequeños. Aquí es donde soltó el control y se perdió al hijo mayor.

O por lo menos, es así como Martha lo cuenta.

—No me di cuenta de que estaba cambiando, que ya no era un niño. Antes de que pudiera darme cuenta, ya era otra persona.

Me viene a la mente mi madre, por este ser un poco despistada, perdida en su mundo, tan ocupada en sus asuntos, siendo el centro del mundo, que no se enteraba de lo que sucedía a su alrededor, a sus hijos. Pero al mismo tiempo sus hijos son el centro absoluto de su universo. Se me ocurre la teoría del doble vínculo de Gregory Bateson.

Es lo que le pasa ahora a mi madre, pero de manera patológica. Está totalmente concentrada en su mundo, siempre más desconectada del mundo externo.

Me estoy proyectando. No se trata de mi madre, sino de Martha, pero los pensamientos se acumulan viéndola y escuchándola hablar.

Conforme avanzamos en la visión de las fotos, los relatos de vacaciones y de fiestas de cumpleaños dejan el lugar a las travesías para llegar a Pelican Bay acompañada por su hija menor, Ángela, y las otras madres, así como a la frustración de verse negado el acceso a la hora de visita, después de 18 horas de viaje.

—Sabes tú que cuando mi hijo estaba allá yo andaba con Ángela chiquita e hicimos un grupo de mujeres. Él me conectó con un grupo de mujeres y ella iba conmigo, y un día me dejaron en el mar y yo tuve que buscar un hotel con ella chiquita porque las mujeres están muy locas.

Interviene Ángela, que recuerda bien aquellos largos viajes al norte.

—Un día mi mamá y ellas se fueron al casino, y yo fui porque era niña, tenía que andar con mi mamá. Y por chiste jugué un juego de casino, porque nadie me estaba *watcheando*, nadie de los *employees* me estaba *watcheando*, y gané como unos cuarenta dólares en la *machine*. La mujer me vio y me dijo no le digas a tu mamá. No me movió, me *puchó* y perdió todo el dinero. Se llamaba Juanita.

—Pero ahora es mi amiga.

—Pero a mí todavía no me gusta, *mom*. *Oh my god*, le pegó a dos venados cuando estábamos en la montaña como *a thousand feet high*.

—Juanita es diferente hoy. No le pegó a un venado, fue un alce. Íbamos como a cincuenta, como a cien en la camioncta. Se atravesó el alce. Le dio un golpazo tan fuerte. La camioneta la abolló toda.

—El alce no lo mató, pero tenía sangre todo el frente.

—Y luego la primera vez que vi a mi hijo en persona fue cuando me dijeron, lo vas a ver cn persona. Sentí que mi corazón me hacía así, sentí que todo me daba vueltas porque no podía creer que lo iba a ver. Porque durante tantos años sólo lo podía ver a través del vidrio.

—¿Cuándo lo pudiste ver? ¿Cuando salió? —le pregunto.

—No, antes de que saliera. Entonces ya volteé, y dijeron, Edwin. Y ya salió, y que lo voy viendo y lo abrazo y le empiezo a llorar. Lloré tanto, tanto. Y las mujeres me fueron a sacar. Le dijeron al policía, dile que si no viene la dejamos, y me fui y tuve que dejarlo. Siempre íbamos juntas porque pagábamos hotel y carro entre todas para compartir gastos, menos la comida. Es que eran mujeres tan bravas que si a mí me decían Martha, tú paga más, yo pagaba más.

Es Ángela quien completa los recuerdos de esos viajes. Desde la perspectiva de una niña.

—Un día estábamos perdidos en San Francisco y estaban buscando el *freeway*, y yo como niña dije soy niña, nunca me escuchan, pero dije yo vi la entrada del *freeway* allá, y dijeron, no, ¡cállate!, y cosas así, y se fueron todas perdidas haciendo *pure circles*, y ¿sabes qué? Lo dije otra vez, ahí está el *freeway*, y la otra mujer me escuchó y dijo la misma cosa exacta que dije yo, y dijo ves, esta mujer sí sabe. Me le quedé mirándola. Robando ideas de una niña chiquita.

Ángela dibuja en la computadora mientras habla con nosotros. Es lo que hace de trabajo. Le encargan cómics, personajes, que vende por internet. Es dotada, pero tiene un estilo muy distinto al de su hermano. Es más el estilo de cómic, mientras Edwin tiene un estilo al mismo tiempo realista y visionario, de prisión.

Ahora está dibujándome a mí abrazando a su hermano Edwin. Los dos somos bastante más guapos, sonrientes y flacos que en la realidad, pero se vale, son caricaturas.

Se siente un poco intimidada por su hermano mayor, que siempre comenta sus dibujos, pero Edwin está muy orgulloso de su hermanita, que, como él, dibuja. Lo ve como un enlace, una conexión sutil pero profunda, que los conecta a miles de kilómetros de distancia, a pesar de no verse nunca.

Se escucha una balacera en la TV al fondo donde está sentado Óscar muy entretenido y concentrado en su película de acción.

* * *

—¿Qué es lo que se tendría que contar en la historia de su hijo?

—Yo pienso que lo que realmente fue, lo que vivió mi hijo en la prisión, lo que hizo antes de entrar a la prisión, la forma de vivir que no me di cuenta porque aquí vamos a aclarar un punto: soy la madre, pero como madre no todo lo sé. Como madre no me doy cuenta de lo que hace mi hijo, porque aquí todos son una persona diferente. Pero saliéndose de ahí ya no. Hasta yo cambio. Entonces hay cosas que yo no sé. Todavía no vienen a mi mente cosas que quizá yo descubra cuando tú lo escribas. Y también voy a descubrir lo que él piensa de mí como madre. Nomás una cosa sí te digo, lo quiero con todo mi corazón. Fue mi primer hijo y siempre para él, déjame te explico, desde que nació Edwin, de mí siempre di lo mejor y tuvo lo mejor de lo mejor, claro que después no se pudo, pero al principio sí. Ahora, ¿qué te puedo decir? Es un orgullo, es una vivencia. Al contar la vida de mi hijo se puede evitar que otros chicos caigan en lo que hizo. Que cuando hagan una cosa tienen que pensarlo dos veces para no caer en prisión, porque es muy fácil caer. Es muy fácil que la gente te engañe. Tienen que ser inteligentes y tienen que discernir para no caer.

—¿Pero usted no piensa que el hecho de que él hoy sea lo que es también se debe a lo duro que fue la vida de preso y todo lo que vivió en el bien y en el mal, sobre todo en el mal, pero también en el bien en prisión?

—El mal que tuvo fue la prisión y fue la clase de compañeros que tuvo. Pero al mismo tiempo fue bien. Porque de ellos aprendió a ser fuerte, a no dejarse caer, y al mismo tiempo él tuvo que hacer lo que no quería hacer, pero tenía que hacerlo por sobrevivencia. Claro que lo hizo más fuerte, lo hizo pensar las cosas, lo hizo ver un futuro.

Le enseño las fotos de Pelican Bay, del SHU, de las celdas.

—Yo nunca lo había visto, ya lo vi. Y ahorita yo me siento… cuando le daban un año… ahorita, ahorita en este instante puedo entender el dolor. Yo soy una mujer libre, yo me muevo, yo me salgo. Cuando yo estoy en un espacio reducido me enfermo.

Me levanto. Empiezo a caminar en pequeños círculos por la sala.

—La celda es así. Son ocho pasos: 1, 2, 3, 4, 5, 6, 7, 8. Así, esto es donde vivió Edwin durante cinco años cuando estaba en el SHU.

—Santo Dios. ¿Éste es el hoyo?

—Sí.

—¿O sea que no cabe acostado?

—Sí, aquí está la cama.

—¿De fierro?

—Sí. Y encima le meten un colchón, y está aquí el escusado con lavabo, aquí está como una especie de mesita y el resto es un espacio cuadrado donde tú puedes hacer máximo ocho pasos y le das toda la vuelta. Eso es.

—Es una tortura mental y física, porque mentalmente en una depresión te vuelves loco, pierdes la memoria. En una depresión te golpeas. Eso es una tortura, pero el americano, y más en la prisión, así es. Se burlan.

Y con naturalidad, otra vez, vuelve el discurso hacia sí misma. No hay manera de que no sea ella el centro del sufrimiento. Edwin es siempre un motivo para hablar de sí misma.

*   *   *

Una madre o un padre siempre son eso. No acepto la inversión de roles. No así.

La verdad es que me hacen falta todas las cosas que hacían nuestra relación sanamente impar, lo que me decías, los consejos que me dabas, las miradas cómplices, las sonrisas, las carcajadas, los regaños y la dureza del enojo, silencioso. No siento ya ese desnivel tan fundamental, porque no entiendo ya quién soy si no te siento a ti. Cuando llegó tu enfermedad, todavía no había logrado elaborar el pasaje de cuando los padres envejecen.

Cuando los padres envejecen, los hijos, autónomamente, abdican de su papel de hijos y los acompañan en la vejez. Y para hacer esto se necesita tiempo, para ir trabajando una ausencia y un abandono se necesita tiempo.

Y yo necesitaba el tiempo para ir adaptándome a la irreversibilidad, para aceptar, desde la distancia física y emotiva, que mi madre era más frágil. Que nunca iba a volver a ser la misma. Y que yo la iba a perder para siempre, no sólo en mi vida, sino en mis recuerdos. Fue poco tiempo para la experiencia de mí mismo. Es poco tiempo para un hijo.

Y ¡maldito sea Dios!, porque ¡yo no estoy listo! Porque no estoy entendiendo. ¡Porque es injusto! Porque me valen madres las teorías, la razón, el ser cool. Soy un pinche ser humano, limitado, con una historia. No soy un santo, o un ente abstracto, un hombre como debería de ser. Soy yo. Y yo, esta cosa, la sigo sintiendo como un abandono.

Y es por esto, Edwin, que a pesar de todo, de tu historia, de nuestras tantas diferencias, somos tan parecidos. Y estamos bloqueados en este pinche capítulo juntos. El capítulo sobre nuestras madres, en el que llevo meses clavado, sin poder salir de ello.

Porque no estaba diciendo la verdad, como me dice mi amiga Gioia, que en Italia pasa las noches sin dormir platicando conmigo por Skype tratando de ayudarme a sacar todo esto de mi corazón en lugar de preparar y escribir sus obras teatrales.

Llevo meses clavado en este capítulo contigo, Edwin, porque siento la misma injusticia. Y el mismo sentido de culpa por sentirme víctima de una injusticia.

No es culpa de nuestras madres habernos abandonado así. Una por su enfermedad, otra por su manera de ser. Porque ambas hicieron y hacen lo mejor que pueden. Y su amor es real, y es infinito.

Pero tampoco es ilegítimo sentirnos abandonados. No estábamos listos para esto y se vale. Aunque seamos hombres hechos, aunque yo haya visto y documentado el sufrimiento, la violencia y la injusticia, tenga un hijo a mi vez, aunque tú seas un hombre que ha pasado 15 años preso en uno de los peores lugares del mundo, sobreviviendo a la violencia, al sufrimiento, a la injusticia. Aunque mucha gente te haya tenido miedo o te haya torturado.

Se vale sentirnos así. Se vale llorar por ello.

Y luego, como tú siempre dices, ¡pa'delante!

* * *

—En una ocasión llegué yo a visitar la prisión y ellos se estaban burlando. Tenían el rifle así, mira, así les apuntaron a todos, y yo estaba que me moría de coraje. Y ¿qué puede hacer una madre con una actitud mala de esos hombres burlándose y apuntando así con la pistola? Con el rifle ellos se burlaban y se reían. Todas las mamás estábamos viendo y observando, y ¿qué podemos hacer? Nada. Yo le decía a mi hijo voy a reclamar, voy a hacer esto. Mamá, mamá, no haga nada. ¿Por qué no? Porque se van a desquitar conmigo. Entonces yo decía esto te limita. La primera vez que yo vi a mi hijo en persona en prisión, ¿sabes qué pasó? A mi hijo le andaba del baño y no podía levantarse porque tienen un tiempo hasta para ir al baño. Yo me levanté en una de esas y fui con el hombre y le dije ¿sabes qué?, a mi hijo le anda del baño. No puede. Dije ¿cómo no le vas a dejar ir al baño?, ésa es una injusticia, no está bien. Y cuando el oficial le dio permiso a mi hijo de ir al baño, todos los que estaban ahí fueron al baño. Ahí me di cuenta también, Dios mío, hasta para el baño están controlados; no pueden levantar la mano, salen encadenados de las manos, de los pies... no, es horrible, horrible. Muchas veces le dije a mi hijo, voy a reclamar, voy a decir esto, y me decía no, mamá, no diga nada porque al rato vas a estar tú en la cárcel y yo también. Y yo decía Madre de Dios, los dos en la cárcel, ¿qué vamos a hacer? Eran muchas injusticias, muchas, muchas. Dicen que los guardias provocan las peleas. Se quieren divertir. Provocan peleas y son peleas a muerte de verdad, que llegan y te pican con un cuchillo, con una navaja, con un cepillo de dientes.

"Mi hijo habla náhuatl, ¿sí sabes, verdad?, y la manera de comunicarse es el náhuatl. Me estaba enseñando, pero no soy muy buena pa' las lenguas así. Y ahorita está súper prohibido en Pelican Bay hablar náhuatl porque no entendían. Entonces los güeros mandan sus mensajes con las letras al revés, ¿ves? Yo todo eso lo sé, todo eso lo sé; entonces, la manera para que un mexicano se pudiera comunciar era por medio del náhuatl. Porque ellos no entienden. Pero yo vi en un reportaje cómo ellos agarran las cartas y van traduciendo, pero eso no lo podían traducir porque decían ¿qué es esto? Hasta que alguien le dio en el clavo y ya no se puede hablar náhuatl.

"Pero sí es una injusticia tremenda ahí, y más con los mexicanos. Porque al mexicano casi nunca lo puedes ver en persona. Siempre lo ves a través de una ventana, un vidrio o un teléfono, así es como yo veía a mi hijo. Y así era como mi hija jugaba con él, con un jueguito así, yo de este lado, mi hija de éste, el teléfono, ponme una monedita, así jugábamos. No había un contacto directo, no había la posibilidad de, hijo, ten un taco, come esto, un jugo. Todo lo que veía se le antojaba, todo, impotente de querer comer algo, tomar algo. Cuando lo iba a ver yo me ponía feliz, porque yo decía yo vengo a ver a mi hijo una hora, dos horas, tres horas, ¿qué importa? El viaje es muy largo, es muy pesado, pero ya nomás de verlo ya me sentía complacida. Él decía madre, no venga. Yo decía no, hijo, no puedes decir eso. Era una felicidad inmensa, nomás que me decía no llore. Pero sí lloraba. Ya lloraba afuera, y Ángela sufrió mucho, mucho con esas mujeres hasta que finalmente salió, bendito sea Dios, pero sí los guardianes son muy malos, se burlan de la gente. Y ¿qué te puedo decir? Sí me siento muy feliz por él. Me da gusto que la vida le cambió y le cambió de una manera tan extrema y, pues, a eso venimos, quizás eso era el futuro. Porque él se tiene que controlar, tiene que estar apto para cuidar a los niños. Tiene que estar cien por ciento en su juicio, tiene que estar todo bien para que pueda guiar y cuidar a los niños y enseñarles. Eso es muy bueno. Ahora que entró a la universidad, más me sorprende. Me sorprende porque quiere ser algo en la vida, porque la vida se te va. Y ahora que me dijo que a los sesenta y cuatro ya están viejos allá, dije yo, ay, Dios mío, pues entonces yo seré una ancianita. Ja, ja, ja. Dice no, mamá, aquí a los sesenta y cuatro no hay trabajo, y dije yo, ¡ay! Me asusta. Yo le he dicho muchas veces, ¡vente! Tiene que dejar todo allá. Ya venir aquí sería todo diferente. Nos cambiamos a un lugar más grande, empezar otra vez. Pero al mismo tiempo ya se tendría que adaptar en este lugar y no es lo que él piensa, lo que pensaba de sus hermanos. Él pensaba salir y guiar a Alexander, a Alberto, a Óscar, y enseñarles todo lo que él había pasado. Eso era lo que él había pensado. Y enseñar y seguir adelante. Pero desgraciadamente cada persona tiene su carácter, no puedes cambiar a tu hermano, porque cada quien tiene su propia vida, su propia forma de vivir. Alexander era rockero, Edwin era pachuco, cholo, muy diferente, ¿verdad? Alberto es normal. Pero si él regresara aquí y la policía lo agarra, lo van a encerrar. Entonces por eso te digo, la libertad le ha salido muy cara, porque él salió como un niño al mundo. La libertad le ha salido cara, pero al mismo tiempo se ha liberado de la cadena de la cárcel. Porque es una cadena eso, es algo espantoso vivir en el SHU, estar años en el SHU, y pasar a la convivencia popular y estarte cuidando de todos, de que no te vayan a matar. Eso es horrible. Pero, bendito sea Dios, lo está liberando. Lo único que le falta a Edwin es dejar y dejarse ya de llevar por la nostalgia y la amargura. Eso es algo de lo que se tiene que liberar, tiene que ser libre, liberado, y Edwin conoce la palabra de Dios, él sabe quién es Dios, eso solamente te lo da Dios. Nadie te lo da en el mundo ni en la vida ni en ningún hombre. Sólo Dios te da la paz individual y eso es lo que yo he aprendido, que la paz te la da Dios. Cuando él sienta esa paz en su corazón, va a estar libre totalmente.

"Hay algo muy importante, pasó un lapso de nueve años cuando salió de la cárcel. Yo no lo fui a ver a México. Cuando yo hablaba por teléfono con él, ¿cómo estás, hijo? Estoy bien. Cuando me decía estoy bien, para mí era bien, pero posiblemente decía estoy bien para no decir, oh, mamá, no estoy bien, estoy pasando esto, estoy viviendo así. Y yo te lo voy a decir sinceramente, no sé qué le pasó. Todavía yo estoy como que yo me perdí en un espacio de tiempo que digo Dios mío, ¿qué fue lo que pasó? En este lapso de tiempo, ¿qué fue lo que pasó? Mi hijo agarró más amargura. Al mismo tiempo era el dinero y que sus hermanos eran más pequeños. Al irme yo era dejarlos, ¿con quién?, no cualquiera te va a decir, yo te cuido a tus hijos, vete. No, tiene que ser alguien de confianza; tienes que pagar, tienes que dejar comida, todo. Porque nada es gratis, más aparte el pasaje. Era más difícil para mí. Y con el simple hecho de que él me dijera estoy bien, yo lo aceptaba. Aunque no debería haberlo aceptado porque yo podía ir y venir al país. No, no tenía nada que me limitara, que dijera, no tengo papeles, no voy. No sé qué me pasó, todavía no entiendo cuándo de repente volteé y vi a Alberto alto, vi a Alexander hombre, vi a Óscar grande. Yo hice así y volteé, y eran hombres. ¿Cómo? No me di cuenta. El tiempo pasó y no me di cuenta de cómo crecieron. Cuando ya capté, ya eran grandes, ya eran altos, ya. Y eso es algo que no entiendo yo de mí, de mi vida. Qué fue lo que pasó, si me metí en un hoyo o qué me pasó. Por qué estaba tan metida en ellos, cuidándolos, trabajando o haciendo cosas que no me di cuenta. Cuando volteé, ya, ya aquel muchacho medía casi uno noventa. Y eso es algo que sí me duele, y quiero que él sepa que nunca lo abandoné, todo el tiempo estuvo en mi pensamiento, todo el tiempo está, porque yo le hablo por teléfono, todos los días. Yo tengo una línea para hablar a la hora que yo quiera a México, Alexander la paga. Todos los días, todo el tiempo yo le puedo hablar. Pero a veces yo me confundo con el tiempo porque aquí es más temprano. Eso me agrada, allá en México era muy tarde. Y yo creo que ése es el lapso de tiempo que mi hijo no me perdona a mí y ése es el tiempo más duro para él porque fue cuando salió a la calle a rifársela. Peor que en la calle, ¿ves? E inocente, sin hablar español perfecto. Así que ahora te puedo decir que mi hijo habla mejor que yo. Bueno, yo pienso. Esto es lo que siento yo, por eso siento el resentimiento de mi hijo hacia mí en ese lapso de tiempo, pero no lo olvidé por nada, simplemente me hundí, no supe en qué."

* * *

—A partir de *being locked up, there was this unconfortness of being ignorant. Shit the world is gone, but what am I gonna do? I lost contact with the world but I can learn something, understand something. And you can understand things. You're a kid, and even if you're in a gang, or in juvenile halls, you're still a youngster.* Y todavía *you expect you go home, and your mom giving you a hot plate, and wash your clothes, and you go out and go fuck a* cholo *down with your* cohete, *and you're bad, you know? But somewhere, deep down, you still go home and you're like, hey mom. You're glad to be home, and you're like that kid again. So we're cut between trying to be like these gangsters in the street and like mama boys at home. Because you don't want to lose that touch. So when you get locked up, that's gone. And you still wanna hold on to it.* No, pues, mi mamá. *But you're like… Damn!* Ya no me va a ayudar *like before. I'm here on my own now. No more,* aquí está tu platito, tu huevito con jamón.

* * *

El día siguiente Martha me invita a desayunar. Cuando llego, está preparando "el platillo favorito de Edwin", o sea, lo único que sabe cocinar, unos huevos revueltos con jamón y queso. Está muy contenta de poder prepararlo para mí. Es muy bueno.

Después del desayuno, antes de volver a Los Ángeles, le pregunto cómo se imagina un final para este libro. Sonríe, junta las manos frente a la boca.

—Yo le pondría... pues... "y Edwin sigue adelante triunfando, positivo porque no se deja caer, porque la vida le ha dado la oportunidad. Dios le ha dado la oportunidad de un nuevo empezar y de seguir adelante positivo, seguir adelante, y no dejarse caer por nada, y tratar de salir de la adversidad y siempre con la mente positiva y no caer en la negatividad". Cuando caes en lo negativo perdiste todo. Una persona positiva es un persona triunfadora, una persona negativa es perdedora. Si algo he aprendido en la vida, quizás no me entiendas, pero es el bien y el mal. El mal es negativo y el bien es positivo. Pero cuando haces el bien es sacrificio; te tienes que sacrificar para hacer las cosas, si quieres todo fácil, fácil viene y fácil se va.

* * *

Mi madre, Marisa, se despide de mí en la parada del autobús, con un sombrero de paja, los lentes que se oscurecieron por el sol brillante a gran altura. Está rodeada de montañas. Las montañas que yo amo, que han sido y son mi lugar favorito.

Sonríe, mueve la mano, voltea a ver el panorama y me dice con entusiasmo, casi gritando, Federico, ¡mira! ¡El mundo es maravilloso! Sonríe.

* * *

Sii dolce con me. Sii gentile.
È breve il tempo che resta. Poi
saremo scie luminosissime.
E quanta nostalgia avremo
dell'umano. Come ora ne
abbiamo dell'infinità.
Ma non avremo le mani. Non potremo
fare carezze con le mani.
E nemmeno guance da sfiorare
leggere.
Una nostalgia d'imperfetto
ci gonfierà i fotoni lucenti.
Sii dolce con me.
Maneggiami con cura.
Abbi la cautela dei cristalli
con me e anche con te.
Quello che siamo
è prezioso piú dell'opera blindata nei sotterranei
e affettivo e fragile. La vita ha bisogno
di un corpo per essere e tu sii dolce
con ogni corpo. Tocca leggermente
leggermente poggia il tuo piede
e abbi cura
di ogni meccanismo di volo
di ogni guizzo e volteggio
e maturazione e radice
e scorrere d'acqua e scatto
e becchettio e schiudersi o
svanire di foglie
fino al fenomeno
della fioritura,
fino al pezzo di carne sulla tavola
che è corpo mangiabile
per il mio ardore d'essere qui.

Ringraziamo. Ogni tanto.
Sia placido questo nostro esserci –
questo essere corpi scelti
per l'incastro dei compagni
d'amore.
Mariangela Gualtieri
Sii dolce con me. Sii gentile.*

* Sé dulce conmigo, sé gentil. Es breve el tiempo que nos queda. Luego seremos estelas luminosísimas. Y cuánta nostalgia tendremos de lo humano. Como ahora tenemos de la infinidad. Mas no tendremos las manos. No podremos acariciar con las manos. Y ni siquiera las mejillas para rozarse ligeras. Una nostalgia de lo imperfecto nos hinchará los fotones relucientes. Sé dulce conmigo. Manéjame con cuidado. Ten cautela de los cristales conmigo y también contigo. Lo que somos es precioso, más que la obra blindada en los sótanos y afectiva y frágil. La vida necesita de un cuerpo para ser y tú sé dulce con cada cuerpo. Toca ligeramente ligeramente, apoya tu pie y ten cuidado de cada mecanismo de vuelo, de cada deslizamiento y revoloteo y maduración y raíz y escurrir de agua y resorte y picoteo y del entreabrirse o desvanecer de hojas hasta el momento de la floración, hasta el pedazo de carne en la mesa que es cuerpo comestible por mi ardor de estar aquí. Agradecemos. De vez en cuando. Sea plácido este nuestro ser —este ser cuerpos elegidos para el encaje de los compañeros de amor. Mariangela Gualtieri, sé dulce conmigo, sé gentil. [T. del A.]

PARTE III

Hello Stranger

Oh-uh-oh, I my, my, my, my
I'm so glad
You stopped by to say "hello" to me
Remember that's the way it used to be
Ooh, it seems like a mighty long time
(shoo-bop, shoo-bop, my baby, ooh).

BARBARA LEWIS, *Hello Stranger*

Unas sombras proyectadas desde atrás por las luces poderosas de la aduana de Estados Unidos se acercan compactas y lentas en medio de la neblina. Son las dos de la mañana. La línea entre la ciudad de Mexicali y Calexico es un hoyo de oscuridad, de humedad y de frío. El grupo camina sin prisa. Son cerca de 20 personas, todos hombres, vestidos con pantalón y playera, aunque haga frío. Se acercan a la oficina del Instituto Nacional de Migración. Allí, todas las luces están prendidas, como para evidenciar que nunca cierran, que los funcionarios siempre están en servicio. Pero el empleado en turno está profundamente dormido, roncando, hundido en una silla, y no tiene la menor intención de atender a este grupo de personas que acaba de entrar al territorio mexicano. No se levanta ni siquiera después de varios intentos de despertarlo desde afuera. Norteados y cansados, temblando por el frío, los hombres se alejan de la frontera para buscar un lugar donde pasar la noche. Todos ellos son ciudadanos mexicanos. Han llegado, como muchos otros lo hacen diariamente, procedentes de algún reclusorio de Estados Unidos. Habían sido detenidos por ser indocumentados. Algunos habrán cometido delitos diferentes, pero al final tienen la misma suerte de los demás por estar allá sin papeles. En general, estos deportados llegan con la ropa y las pocas pertenencias que tenían al momento del arresto. Es común que no estén preparados para el frío del invierno de Mexicali. La ropa es lo de menos. Hoy es viernes en la noche, y el grupo no ha tenido la suerte de que la oficina de migración mexicana esté abierta y les entregue un documento provisional. Tendrán que esperar hasta el lunes. Las instituciones mexicanas no destacan por su apoyo a estas personas. Consideran su llegada más bien como un problema. Y si se observa la forma en que los funcionarios tratan a sus paisanos recién llegados, da la impresión de que se hubieran formado en las mismas escuelas de sus colegas en Estados Unidos. Otra sombra sale de la oscuridad y alcanza al grupo: les da unas palabras de bienvenida y les proporciona información.

—A pocas cuadras de aquí se encuentra el Hotel Migrante —dice.

"Es un refugio seguro donde pueden quedarse. No es muy bonito, la verdad, pero hay agua caliente, hay comida y unas cobijas para dormir. No está muy lejos. Si quieren pueden pasar, es muy peligroso quedarse aquí en la noche."

—¿Pero dónde es aquí? O sea, ¿dónde estamos exactamente? —pregunta uno de los deportados, con cierta angustia en la voz.

—Estamos en Mexicali —le contesta el hombre—. Llegaron a Baja California. Bienvenidos a México.

Asistí a esta escena hace años, durante un trabajo sobre el Hotel Migrante, un exhotel de paso transformado en refugio para los deportados en la ciudad fronteriza de Mexicali. Era el 2010. Desde entonces no ha cambiado casi nada, aparte del número de mexicanos y centroamericanos deportados desde Estados Unidos.

Edwin vivió una experiencia parecida al salir de prisión. Una noche de mayo de 2007 un camión blindado lo llevó a través del bosque que nunca pudo ver.

El que salió de Pelican Bay se llamaba Edwin Martínez. A Tijuana llegó otra persona. No un pandillero o un exconvicto, sino un hombre con una nueva oportunidad, con nuevas cartas para jugársela otra vez, desde cero.

A Tijuana llegó Edwin Gámez. Y tenía mucho miedo.

Las últimas semanas de detención las había pasado angustiado, tratando de no pensar, de no imaginarse la libertad, tratando de calmar el terror de salir pensando en otras cosas. Porque tenía miedo de salir. Más que cualquier otra cosa, tenía miedo de salir, Edwin Martínez. Porque no conocía qué lo iba a esperar afuera.

Veía las calles, los carros nuevos, y le daba inquietud. Nunca lo había pensado hasta que llegó la fecha, hasta que le dijeron, estás a punto de salir.

Esto pasó unos tres meses antes de la fecha, cuando lo llevaron al hoyo de la prisión de San Quentin, en la bahía de San Francisco, porque no ponen a los prisioneros en aislamiento de máxima seguridad con los demás cuando están a punto de salir. De ahí lo llevaron a Bakersfield, entre San Francisco y Los Ángeles. Lo iban acercando. Y Edwin estaba nervioso. De hecho estaba asustado. Decía ¡chin! *what the hell?* ¿qué voy a hacer afuera? Mi vida es adentro. Yo no sé qué hacer afuera. No tengo nada que hacer.

Se la pasaba pensando, imaginándose afuera, ¿cómo vas a hacer si alguien te habla? ¿Qué le vas a contestar? *What? What's up?* O pensaba en sus tías, que le dan besos a todo mundo. ¿Sí le doy beso, o la saludo?, ¿o como era la cosa? Porque adentro no hay contacto, basta un *whassup, homie?* un gesto de la mano, y ya, es todo. Así de fácil. Y el que abrazabas era tu cuate al que no habías visto durante años porque había estado encerrado en el hoyo.

Edwin no valía nada, no tenía nada que dar a la sociedad, porque era un exconvicto, un *criminal*, un expandillero. Y si no tienes nada que dar, pues entonces ¿para qué sales?

No, él quería quedarse adentro, mejor lastimar a un oficial y quedarse unos cuantos años más en el SHU.

Fueron muchas cosas las que tuvo que aprender afuera. Cuando llegó a México, las primeras semanas, se despertaba angustiado, asustado, desubicado a la mitad de la noche, preguntándose dónde estaba, sin poder reconocer el lugar, los ruidos, durante varios minutos. Pensaba que estaba en su celda. Y pensaba que estaba enloqueciendo.

Algunos hábitos, o como las llama Edwin, algunas mañas, de cuando estaba adentro, no se le quitaron fácilmente. Aún las tiene. Todavía en Jalisco, durante los primeros meses, o en Naucalpan, durante
varios años, se duchaba y tenía su toalla, se echaba *shampoo* en la
cabeza y entraba al baño así y en chanclas.

Todavía después de 10 años lava su ropa en el baño, mientras se
ducha en la regadera, y la cuelga ahí mismo, como en la celda. Son
cosas que no suelta.

Su baño está siempre muy limpio, ordenado, como es ordenado
su cuarto y en general toda su casa. Igual de ordenado, acomodado,
como en su celda.

Ese día en Tijuana lo soltaron sin nada. Un 12 de mayo, el día en
que cumple años Ángela, su hermana, que estaba ahí. Llegó su mamá.
Llegaron sus hermanos. Llegó Javier. Llegaron a despedirse de Edwin
Martínez y a desearle buena suerte a Edwin Gámez.

* * *

La pantalla del Metrobús es normalmente una molestia para casi todos
los pasajeros. A lo mejor no para los demás pasajeros, que no parecen afectados, acostumbrados y dóciles a la hora de recibir los ata-
ques de la constante contaminación sonora de la Ciudad de México,
pero seguramente para mí lo es. Transmite música y programas estú-
pidos todo el tiempo, y sobre todo anuncios; de partidos políticos, de
préstamos, de actividades y políticas públicas del gobierno de la Ciudad de México. Todo bombardeando al usuario que paga seis pesos
por el boleto y no tiene la posibilidad de apagar esa basura constante
que lastima los oídos.

Un día estaba tratando de leer un libro de Emmanuel Carrère y
no lograba concentrarme por el ruido de TV-Urvan, la compañía responsable de toda esa aberración. Las palabras de los anuncios entra-
ban sin invitación a mis oídos, a mi cerebro. Y de repente los zapatos
se mezclan a la narración fluida de Carrère, los descuentos del súper
interfieren con la historia de su viaje en Rusia. Las ofertas de Teletech

se entrelazan con las propuestas indecentes que el escritor francés le hace a su novia a través de un cuento que leen millones de personas en un periódico.

Teletech. Levanté la mirada. Un hombre bigotudo, tatuado, con cara de pandillero me estaba hablando en inglés, rodeado de güeritos sonrientes. Un Edwin testimonial de ¿qué? ¿De una compañía telefónica? No, no es eso. De una compañía de *call center*.

¡Ven a visitarnos! Tú que eres bilingüe, tú que buscas trabajo. Tú que eres uno de esos mexicanos que vivió o creció en el *Gabacho*, que fueron deportados, a los que Estados Unidos rompió el sueño en pedazos y a los que les dio una patada en el culo, tú que no sabes qué hacer aquí en México, donde nadie te quiere, donde tu gobierno no sabe qué hacer contigo, porque antes mandabas remesas y enriquecías los bolsillos de tu familia y de los funcionarios corruptos, y ahora eres uno de los tantos desempleados que abundan en el país.

Tú. Tú que sabes hablar inglés y puedes contestar las llamadas de usuarios de tarjetas de crédito, de compañías telefónicas, del gas, de la luz, de cualquier empresa; tú, ¡ven a trabajar con nosotros! Ven a ser un servicio al cliente delocalizado. Fuera de nuestro país, donde no te queremos, donde no nos gusta el color de tu piel morena, pero donde te necesitamos. Ven a trabajar aquí con un sueldo de menos de la cuarta parte de lo que ganarías si estuvieras en suelo estadounidense. ¡Ven aquí porque aquí te queremos!

Cerré el libro y me quedé con la boca medio abierta. Esto es lo único que puede hacer uno como Edwin Gámez. Un paria, un proscrito, un marginado como él. El lugar perfecto para encontrar trabajo.

Unas cuantas semanas después camino bajo el sol cerca del Monumento a la Revolución, en el centro de la Ciudad de México. En una de las esquinas de la plaza hay un edificio con paredes de vidrio. Una joven bonita, desfigurada por la *mona*,* está tirada en la entrada del

---

* Estopa impregnada de solvente con Kool-Aid de algún sabor. La mona se inspira y la usan como droga barata jóvenes en la calle, que en el lenguaje jergal se conocen como *chemos*.

edificio, agarrando con toda su fuerza el botecito de pegamento con la mano derecha, con la mirada perdida en algún lugar frente a ella y la ropa sucia que se desliza de su cuerpo flaco mostrando senos y muslos en un cuadro grotesco.

A su lado, la entrada de Teletech, donde una media docena de guardias que controlan la gente que entra y que sale a través de torniquetes y detector de metales parece no darse cuenta de la joven mujer con su mirada perdida en el vacío, semidesnuda y tirada a pocos metros de ellos en un cúmulo de ropa sucia y apestosa.

Hay mucha gente que sale del edificio, son las cinco de la tarde, y con discreción intento acercarme a alguien sin parecer un maniaco exhibicionista. Después de un par de minutos, logro interactuar con un joven, Diego, que me comenta que en la empresa se está muy bien, que hay un excelente ambiente laboral. Diego tiene unos 26 años y no tiene estudios, pero vivió con su tío en Estados Unidos durante unos años.

Entrando en la puerta de al lado, me dice puedo pedir informaciones más precisas. Me deja su número de teléfono por si me animo a buscar trabajo ahí. No entiendo por qué tendría que mencionarlo al momento de la contratación. Tal vez hay una comisión si se logra convencer a alguien más a sumarse al dichoso equipo de Teletech.

Una secretaria bonita, con lentes, pelo negro, lacio, muchos tatuajes, con leve acento gringo, me atiende sin sonrisa ni entusiasmo, pero con amabilidad.

Le pregunto informaciones para un primo mío, recién deportado de California, después de haber pasado unos añitos en el bote. No quiso venir él porque le daba pena, está muy rayado.

—Ah, pero aquí no hay ningún problema —contesta seria.

—¿Tampoco por el tema de la prisión?

—De ninguna forma. No importa si tiene antecedentes penales. No se pide información sobre eso.

—Entonces ¿qué se necesita para trabajar aquí?

—IFE, comprobante de domicilio, secundaria y que sea *fluent* en *English*.

El acento gringo se hace más fuerte, pero en ella no me parece molesto.

—Son de entrada ocho o diez mil pesos al mes, más bonus de eficiencia.

En Teletech contratan todo el año; al servicio de gringos que no quieren ver tu cara morena en su barrio, pero que requieren de tus servicios porque cuestas muy poco.

Me alejo del edificio donde hubiera podido acabar trabajando Edwin desde su llegada a México. Si no hubiera sido Edwin.

Ser un mexicano deportado, tatuado, con antecedentes penales graves, es prácticamente una condena más en un país como México, que a pesar del grotesco discurso nacionalista de sus élites y de sus instituciones, discrimina profundamente a sus ciudadanos migrantes que ya no sirven para nada, dado que ya no mandan remesas.

* * *

Sale Edwin Martínez, después de 14 años en diferentes prisiones de máxima y supermáxima seguridad. Cruza toda California en diferentes momentos, siempre encerrado en camiones blindados, parando aquí y allá, en centros de detención que lo acercan cada vez más al sur. Ese México imaginado, deseado, soñado, que Edwin hubiera querido conocer, sí, pero de otra forma. No como un exconvicto deportado, sino como un turista chicano que va a visitar a su familia como hombre libre.

Parece estar condenado a pasar por lugares pensados y deseados, pero siempre de la forma equivocada, siempre como prisionero.

Ahora frente a sus ojos se abre México. Ahora finalmente puede conocer la tierra en que nació, la tierra de sus ancestros, los mexicas, de los cuales habla el idioma, de los cuales admira la cultura, las tradiciones, los valores. Se le abre un país ajeno que no tiene casi nada que ver con lo que él había imaginado.

Edwin Martínez se ha quedado en la frontera. Ese día de mayo de 2007 ha nacido otra persona. El hombre que, deportado, cruza la frontera entre San Ysidro y Tijuana es un hombre libre que tiene la posibilidad de una nueva vida. Tiene 30 años, es fuerte, habla tres idiomas, ha aprendido a sobrevivir a 15 años de prisión, de los cuales cinco en aislamiento en el hoyo; ha sobrevivido a riñas, golpes, torturas, físicas y psicológicas, humillaciones, violencias de todo tipo; ha logrado no enloquecer; ha estudiado historia, filosofía, literatura, poesía; ha dibujado y dibujado y dibujado más, ahí encerrado en una celda de dos metros por tres. Ese día de mayo de 2007 muere Edwin Martínez y nace otro hombre, con otro nombre. Ya no es un cholo de Los Ángeles. A partir de hoy, es un mexicano deportado y se llama Edwin Gámez.

Y no tiene la menor idea de lo que va a hacer con su vida.

* * *

—*What happens when you get out?* Es importante contarlo. Además se está viniendo un chingo de raza para acá. *A lot of them speak English, we're gonna have a lot of English teachers now,* gente trabajando en *call centers.* Va a ser un choque de culturas, porque esta gente viene para acá y nos va a quitar el trabajo porque habla inglés (ríe). *That's gonna fuck shit up.* O al *English teacher* que ya le van a pagar menos, porque ya están viniendo *native speakers,* pero tú estás igual de nopaludo como nosotros, *but you speak good English.* Ya no es un gringo güero, sino uno como nosotros. Es que yo también hago muchas entrevistas a la gente. *Where are you from? Chicago? Nevada? Texas? And what were you doing there? You're deported, right?* Y luego me ven, y se sienten… *confortable.* Porque saben que *we are the same way. Shit is hard.* ¿Y qué pasa? Que aquí en México la familia les dice ah, pues hablas inglés, ve a dar clases porque hablas bien. *No, is not true. I had to study to get where I'm at. It was not that easy.* Tal vez antes era así, como cuando bastaba saber leer y escribir para ser maestro. *And a lot of teachers* todavía son así. Pero no, *it's not like that no more.* No es tan fácil venir y enseñar. Y más si te ven tatuado, la cultura todavía no es tan aceptada. Eres un *ex convict. You don't get a job.* Y también la prisión, *you're coming out from Pelican Bay? Hell no!* Además, nosotros estamos todos rayados. Entonces aunque ya quieres hacer tu vida, tampoco te lo permiten. ¿Entonces qué haces? *You go back to the same shit.*

* * *

Tres meses antes de salir, los agentes del United States Immigration and Customs Enforcement, o más simplemente ICE, la agencia federal del Department of Homeland Security encargada de identificar, investigar y eventualmente deportar inmigrantes sin papeles, le llamaron a Edwin en prisión. Oye, aquí resulta que tienes dos apellidos paternos: Martínez y Gámez. ¿Por qué? ¿Hay algún error?

Edwin hizo como si nada. Luego, desde su celda, le escribió a su madre preguntando qué estaba pasando. Esperó la respuesta, que fue algo así como: ¿qué crees, hijo? Es cierto. Cuando naciste, tu padre y yo te registramos como Gámez. Pero es que tu verdadero padre no es el padre de tus hermanos.

Así descubres que tu madre te ha ocultado una verdad muy importante durante casi 30 años. Tu nombre no es tu verdadero nombre, tu padre no es tu verdadero padre, y tú estás jodido.

Vas a salir de la la prisión, que en los últimos 14 años ha sido tu casa y te vas a lanzar a un mundo que no conoces. Te van a deportar a México, un país que has imaginado y que nunca ha sido tu casa y, además, vas a ser otra persona. Edwin Martínez se queda aquí, donde nunca vas a poder volver, porque a causa de tus condenas, de los *felonies*, de los 15 años en máxima seguridad, te quitaron el derecho a volver para siempre, junto con tu residencia. Así, Edwin Martínez se queda como *memento* de una historia de violencia y de encierro que ya no te pertenece. El cascarón de un nuevo ser humano, que tiene una segunda oportunidad. Tu nuevo nombre, si lo lees en inglés, tu idioma materno, suena a *games*, juegos. Pero ahora tu idioma es el español. Lo hablas con acento de *pocho*, de gringo; tendrás que aprenderlo bien porque ésta va a ser tu casa de aquí en adelante.

El nuevo país te da la bienvenida como a un extraño. Como hace con todos. Extranjero en tu país. Suenan en tu cabeza las notas de la canción de Barbara Lewis, *Hello Stranger,* que todo pandillero conoce y ama: *hello stranger, it seems like a mighty long time.*

Cuando Edwin me cuenta la historia de su apellido han pasado ya dos años y medio desde que empezamos a trabajar juntos. Estoy en su nueva casa en Mixcoac, tomando un tequila y hablando de mi viaje a Los Ángeles.

Durante todo este tiempo, después de tantas entrevistas, nunca había explicado la razón de los dos apellidos diferentes.

Me quedo sorprendido y emocionado. Simbólicamente es una historia extraordinaria. Es un recurso literario casi milagroso, que si quisiera inventarlo no sería creíble por su perfección y simetría a nivel narrativo.

Yo amo la simetría.

Cruzando la frontera llega un hombre nuevo. La mariposa Gámez que sale del capullo Martínez. No le comento a Edwin esta imagen que se me ocurre con insistencia, porque estoy seguro de que su respuesta sería: ¡Ya deja de decir así, que me veo bien puto!

Todos los documentos, los títulos escolares a nombre de Edwin Martínez son basura. No tiene nada. Tiene que volver a empezar de cero.

It's a new born. Welcome to México, Edwin Gámez.

* * *

—Cuando llegué a Jalisco me quedé con un tío, el papá de una prima mía. Y hay un pueblo, Purificación, que es un pueblo de narcos. Yo llegué con un cuate ahí, y él era… era el chingón ahí.

Llegando a Jalisco le propusieron trabajar, *make money, easy, selling drugs and stuff.* Edwin lo pensó un poco, pero luego dijo que no, porque no le gustaba esa gente, no la conocía. Además, eran muy habladores, en la pandilla no eran así. *You don't talk about things.* Ésa era la diferencia entre estar en las calles y estar adentro. No se habla. Pero ya Edwin Martínez se había retirado. Ahora era Edwin Gámez. Y ahora la gran pregunta era: ¿qué hago? Es como alguien que se jubila, que no sabe qué va a hacer después de haber pasado tantos años trabajando.

—Ahí todos vendían coca y así. No me sentí espantado, ¿cómo te explico? *I feel good* con esa gente, nos entendemos. Al estar con gente que fue a la escuela, doctores, intelectuales es cuando me siento incómodo, que pienso, yo tengo nada que ver aquí (ríe), no sabes cómo comportarte. Con ésos, al contrario, *it's normal.* De hecho, me hice amigo de un tipo, y él, pues todo lo que necesites, aquí estoy *homs*, no hay bronca. Ya sabes. Pero era conocer a distancia, no entrar luego luego al desmadre. Dije *man!,* aquí sí está pesado, *you know?* Me pude haber quedado, Fede, *I could stay there*, y trabajar ahí, meterme a ese desmadre y estar ahí. Pero yo dije no. Yo sé cómo soy, cómo son las cosas. Y aunque vayas con pistolas aquí es otro nivel, autodefensas, Michoacán, entrar en ese rumbo es un rollo distinto. Claro, vienes de *gangbang* y también *bang bang* y todo eso, pero no es al nivel como el que está aquí. Pero tienes algo en común con esa gente. Te ven que *you're a down vato* y si le entras es de a de veras. Es cuestión de saber manejarte con gente así. Tú sabes hasta dónde llegas y hasta ahí. Pero también dices, mejor me alejo porque hasta un saludo o una actitud, y te dicen, cáele con nosotros, y les dices, no, estoy bien *homie*. Yo sentí esto allá y me dije aguas, son matones. Y yo, no, cool, y daba mis respetos, *you know.* De cierta forma halagas, y entre nosotros es como decir, va, este güey es huevudo. Pero sabía que si le entraba con esta gente, pues iba a salir mal.

* * *

Lo más normal hubiera sido aceptar las ofertas del "chingón" de Purificación, Jalisco. Hubiera sido lo más lógico, lo que todos esperarían de uno como Edwin, uno con su pasado, con su currículum. Es lo que las estadísticas cuentan, casi sin excepción.

Un día, en La Habana, platicaba con Eric Lemus, un colega de El Salvador, un periodista que trabaja hace años los temas de la violencia y que escribió una tesis de doctorado sobre las pandillas, tan comunes en su país. Le contaba de mi proyecto de libro, preguntándole cómo veía él esta historia. Comíamos un muslo de pollo frito acompañado de arroz congrí y tostones en un platito de cartón prensado fuera de la Feria del Libro de La Habana, tomando cerveza Bucanero, y Eric estaba muy sorprendido. A cada palabra que yo agregaba, se sorprendía más.

—El personaje de tu historia es un fenómeno, primero porque no es sólo un personaje paradigmático en tanto que se reconcilia con la sociedad, que él sistemáticamente ha tratado de destruir cuando era pandillero, porque eso es en el fondo un pandillero, o sea, uno que crea su propio *modus vivendi*, sus propios códigos, sus propias dinámicas, va en contra de lo que socialmente está establecido. Pero luego de pasar penas, de pasar la cárcel, no ha reivindicado por lo que él ha acabado en la cárcel, sino todo lo contrario, digamos que esto lo hace especial. Es un fenómeno porque está yendo contra su destino.

Según Eric, el pandillero tiene un destino que es un círculo de vida, nudo y desenlace, y el desenlace es la muerte, y es inevitable. Cuando un pandillero sobrepasa los 30 años, ya sólo por eso está yendo contra su destino.

Algún otro pandillero más joven sabe que esta persona está subvirtiendo las reglas de la vida pandillera, y por lo tanto hay que cargárselo. Esto pasa en El Salvador.

—¿Por qué no se han cargado a los pandilleros octogenarios? No son de ochenta años los octogenarios, son hombres que andan sobre los cuarenta. Porque están en prisión. Entonces la única manera de cargárselos es desacreditando su liderazgo, cuestionando su integridad y reivindicando su condición de viejos. Entonces un pandillero que esté entre los treinta, treinta y cinco años, va hacia esto.

Edwin es un fenómeno porque no sólo ha sobrevivido sin que nadie se lo "cargara", sino ha revertido su destino, que lo obligaba a aceptar la perspectiva de vida que le ofrecía el "chingón" en Jalisco.

* * *

—Yo creo que la diferencia entre los barrios de aquí y de allá —dice Edwin—, es que allá tenemos un control. Tenemos al veterano *that we respect*, que nos pone en *check*. A ver, *come here, motherfuckers*, aquí en esta tienda *you don't touch*. Si tú ves algo aquí como borrachos, pachecos en el parque *get the fuck out of here motherfuckers, we'll kick his ass* y te vas a la chingada. O gente que no conocemos, *who are you homs?* O gente que venía y decía ah, yo quiero mota. *Who are you? Who the fuck told you?* ¿Quién te dijo? *Fuck that, motherfucker*, ese güey no lo conocemos, *get the fuck out of here!* A puro madrazo. O gente que vendía drogas, a escondidas. Nos enterábamos y, *hey, what's up? Why are you selling weed? This is my* barrio, *no, no, no. Fuck that, you're in my* barrio, *you're sellin* mota, *you're gonna kick* in feria. *No, fuck you. No? Who do you think you are?* Entonces ya luego le paraban. Ya no vendían nada. Era ese control que teníamos nosotros. Y en los barrios era así. No permitíamos que pasara nada, éramos como *neighborhood watch* también. *Who did this?* ¿Quién robó a la señora? Aquí no vas a robar *in our* barrio. No vas en nuestras tiendas. *We do that shit* (ríe), pero sí tenemos un respeto de la comunidad. Y si un *homie* lo hacía, *whattaffuck are you doing, fool?* Hasta esto era prohibido. ¿Qué quieres?, ¿que venga todo el tiempo la pinche policía en el barrio? En cambio, aquí no hay ese control. La juventud aquí no tiene ese veterano, *to check*, que le dice tú no haces esto aquí. La mentalidad es diferente. Yo cuando estaba en Naucalpan y llegaban esos desmadrosos, venían vatos de, hey, ¿qué pedo? Y todos se asustaban. *Why you scared? Fuck these motherfuckers*, entre ustedes protejan su barrio, sus calles. ¿Qué? ¿Les tienen miedo *or what?* Yo también peleaba y todo, pero me daba cuenta de que la mentalidad no era igual. Éstos no sabían qué quiere decir madrear un güey, dispararle, picar a un cabrón. Para ellos era un tiro limpio y ya. Por eso me alejé. Porque yo sí soy así. Es una mentalidad distinta. En el día se peleaban y en la noche los veías ahí pistiando. *What the fuck?* Me alejé. Nada que ver con la manera en que nosotros somos allá. Tons dije no. Yo no te hago un paro ni nada. Tú arréglatelas. En muchas ocasiones sí fui hasta de... a ver a ver a ver... ¿Tanto pelo tienes? A ver, un tiro ahorita. No, no, no. No sean putos, *start fighting*. Me ponía a pelear. Y ya me daba risa... ya, ya, ya. ¿Ya se encontentaron? ¿Ya se quitaron eso del pecho? ¡Órale, váyanse por un cartón! Ya les daba unos cien pesos, pelean como pinche vieja, pegándoles así... así era. Me regañaban; ¿quién chingados te crees tú, cabrón? Pelearte, te pueden mandar a la cárcel por eso... era lo normal, en el barrio si tienes pleito... *fight, fool*. Así era. ¿Quieres pleito? *Come on, bum bum bum*, y luego a veces la cagabas y te echaban a tres y te partían la madre. Pero *it's normal!* Es lo normal, si andas de cabrón *that's what you do!* Y si tanto es el pinche pedo, pues *handle it*. Y viendo eso aquí dije noo... aquí la mentalidad es muy diferente. No tienen bien claro de cómo ser un cabrón, *you know what I mean?* Aquí los cholos se visten y se tatúan y en la noche andan todavía con gafas (ríe), hace calor y chamarrotas, quieren tener el *look*, pero no es así. Y jamás vamos a estar vendiendo chicles en el metro. *We're getting crime! Dealing drugs*, vamos a robar esta pinche tienda... *the* chicles *fucks, that's never gonna happend*. Y son muy rápidos pa'soltar la boca.

* * *

Me cagan los prepotentes.

En la secundaria había un tipo que golpeaba a todo mundo. Se llamaba Marco Mariano, pero todos le decían *Ciccio* Mariano. Ciccio es como se le dice a quien se llama Francesco en el sur de Italia, lo que en México sería Pancho o Paco. En Roma es una forma cariñosa de llamar a los niños, pero también de decirle gordo a alguien. Es una especie de diminutivo de *ciccione* (que se pronuncia "chichone"). En fin. A Mariano le decían *Ciccio*.

Era sólo un par de años más grande que nosotros, pero parecía que nos llevara cuatro o cinco años, ya tenía barba. Bueno, no tenía barba, pero ya se rasuraba y tenía el mentón ya gris. Cuando lo veías llegar te daba un escalofrío en la espalda. Grandote, con su cara siempre enojada, su mirada violenta.

Mi escuela secundaria, la Ludovico Ariosto, era un edificio gris, enorme, horrendo, la típica arquitectura escolar de la época del fascismo, en una zona de Roma, Prati, que se dividía a la mitad: una mitad era de tribunales, cuarteles militares, despachos de abogados, notarios, los estudios de la televisión del Estado, la RAI, y las residencias de los intelectuales de la izquierda radical chic. La otra mitad era la Prati popular, con el mercado, la sede del Partido Comunista, la parte más pegada al Vaticano. Mi escuela estaba en la mitad popular. Mis compañeros eran hijos de plomeros, peluqueros, panaderos, vendedores del mercado, empleados.

Ciccio Mariano vivía en el edificio donde murió, sitiado por la policía, el famoso escritor e intelectual anarquista Errico Malatesta.

Un día, después de la hora de educación física, estaba regresando a mi salón con mi compañero Mauro Bottiglia y cruzamos con *Ciccio* Mariano, que iba llegando con los de su salón. Pasó cerca, pero parecía no tener ningún interés en nosotros, ni nos miró. Nosotros volteamos la mirada, tratando de alejar su atención. Ya casi nos rebasaba. Luego, de repente, sin razón, agarró a Mauro, el de los dos que le quedaba más cerca, y le dio un rodillazo en los huevos. Mauro se agachó, se tiró al suelo gimiendo. Mariano se fue sin interesarse más ni en Mauro ni en mí. Tenía que orinar en su territorio, nada más. Yo estaba asustado, pero respirando con alivio. Hoy no me había tocado a mí.

Años después, en el liceo, soy víctima de una novatada. Lanzado por energúmenos (o así me parecían) del liceo en una de las dos fuentes de mi escuela y, otro día, en un bote de basura en la entrada de la escuela. Les ha pasado a varios novatos. No sé por qué pensaba que a mí no me iba a pasar. La humillación quema, me aniquila, no me deja respirar. No puedo reírme de ello. A mis 14 años me siento grande, me siento adulto porque voy a la escuela de los grandes, leo a Tácito, aprendo a leer a Heródoto en griego antiguo, ya no soy un niño, ya me salvé de la secundaria, de las prepotencias de *Ciccio* Mariano y de los cabrones como él. Pero mi ingreso al liceo es a través del bote de basura.

Humillación. Impotencia. Frustración. Sentido claro de las injusticias.

Luego llegan los fascistas. Cada sábado, frente a la escuela, el histórico Liceo Clásico Terenzio Mamiani. Histórico porque es una escuela famosa en Roma por su pasado de lucha, en la mejor zona del barrio Prati, cerca del río Tíber. Aquí en los años sesenta y setenta se articulaba parte importante del movimiento estudiantil romano. Hoy es el inicio de los noventa y de ese movimiento queda muy poco. Sólo unos enfrentamientos semanales con representantes de la ultraderecha neofascista romana, que tienen su sede a pocas cuadras de aquí. El Muro de Berlín cayó hace poco, y la rivalidad política es todavía muy fuerte en 1993.

Compañeros de la escuela más grandes se agarran a cadenazos, a bastonazos, con jóvenes rapados, con *bombers* negras, pantalones ajustados, botas. Está muy de moda también una especie de candado gigante que se usa para asegurar las motitos a los postes. Le dicen *kryptonite*. Nunca supe por qué hasta hace pocas semanas, cuando entrando en una tienda de bicicletas en la Ciudad de México volví a verlo. Kryptonite es la marca. Las motitos son la Vespa, el Ciao Piaggio y los primeros SH50 de Honda.

Entre los neofascistas está *Ciccio* Mariano, versión adulto. Siempre su cara malvada, enojada. El enojo es todo lo que hay. Bueno, hay también tristeza. La tristeza de una vida vivida en la violencia. Seguramente su padre lo masacraba a golpes. Ahora estoy seguro de esto. Antes no lo veía, estaba demasiado asustado. Ahora asisto de lejos a esta violencia semanal, nunca fui un buen peleador. Lo reconozco de inmediato con su *bomber* negra con el escudito de la bandera italiana en el brazo derecho, aquella bandera que sólo presumen los fascistas.

Para los italianos el nacionalismo es imposible no asociarlo con el fascismo. Por eso, ver a los niños mexicanos que dócilmente hacen honores a la bandera cada lunes en la mañana, con el brazo derecho tendido, levantado poco arriba del hombro, evoca la imagen de los Hijos de la Loba. El saludo romano, fascista, intolerable. En las instrucciones para hacer los honores a la bandera, en México se dice explícitamente que se tiene que hacer el saludo romano. Es un insulto. El culto a la Nación, con mayúscula, me es odioso, y no puedo hacer otra cosa que rechazarlo. En Italia como en México.

Mi madre me contó muchas veces de aquel grupo de jóvenes de no más de 18 años, mal matados y decapitados en su pueblo, durante los últimos meses de ocupación nazi, antes de que los alemanes escaparan en 1945. Sus cuerpos sin cabeza los habían tirado en las calles para aterrorizar a los jóvenes que querían seguir el ejemplo de sus compañeros partisanos, que se habían metido a la Resistencia.

Lloraba cada vez que me contaba de sus cabezas con las lenguas de fuera, los ojos abiertos. Tenía ocho años mi mamá.

Eso fueron y son los fascistas. En Italia como en México.

Me contaba de ella, mi mamá, vestida de negro, como *Figlia della Lupa*, Hija de la Loba, como cada niño de su edad. Le seguía dando pena, después de 60 años, y repetía que nunca, nunca, nunca, iba a perdonarlos, a los fascistas. Nunca iba a ser indulgente con esa gente.

Yo no soy indulgente. Con los fascistas que vienen a golpearnos, pero tampoco con los "nuestros", que son igual de prepotentes, pero que nomás tienen un *bomber* color *bordeaux*, como los *redskin*.

Son los mismos que me han tirado en el bote de basura. La misma prepotencia, la misma seguridad de tener razón y pequeño poder, la misma arrogancia degradante.

Ciccio Mariano pega fuerte. Él es uno que golpea, que siempre lo ha hecho. Se ha hecho más grandote. Lo recordaba gordito cuando él tenía unos 14 años y yo 12. Hoy tendrá unos 17. Es más flaco, siempre con aquella cara redonda, los ojos obtusos, malos, de persona que nunca ha hecho otra cosa en la vida más que abusar de los demás y ser abusado.

Lo veo que golpea. Es odioso. La gente lo odia, pero sé que alguna chica de mi escuela lo conoce, lo frecuenta. Me impresiona.

En una pelea de los sábados, frente al histórico Liceo Mamiani, llega *el Sinti,* un gitano, un sinti, precisamente. Yo no sabré qué es un sinti hasta muchos años después, en la universidad. En ese momento sólo sé que *el Sinti* es un tipo flaco, chaparrito, un fajo de músculos contenidos en un hombrecillo de un metro sesenta y algo. *El Sinti,* todos lo temen porque *el Sinti* está bien pinche loco. Y está con los fascistas. Él sí es verdaderamente malo.

Mariano está agarrándose a golpes con uno de los "nuestros", *el Murena*, creo. Por una vez está sucumbiendo. Llega *el Sinti;* Mariano lo ve, se le ilumina la cara ya hinchada, sus ojos sonríen; llega *el Sinti* a salvarlo. Pero *el Sinti* está loco. Separa los dos, y en lugar de pegarle al *Murena*, que lo ve con terror, como todos nos esperaríamos, empieza a golpear duro en la cara a su camarada *Ciccio* Mariano. Fuertísimo. La cara se le llena de sangre. Después de unos seis, siete, ocho golpes, finalmente lo suelta. La mirada de Mariano está perdida, no entiende. ¿Por qué? ¿Qué diablos pasó? Pasmado, sufriendo, le pregunta por qué con los ojos desgranados.

El Sinti gruñe en su cara: ¡Así aprendes a golpear! Y se va.

Supe de *Ciccio* Mariano unos cuantos años después. Al parecer intentó suicidarse lanzándose de la ventana de su casa. Del primer piso. Se rompió ambas piernas, pero sobrevivió. Cuando lo supe, me dio pena. Me regocijé, no por las piernas rotas, más bien por la idea de que su vida le daba tanto asco que prefirió tirarse de la ventana, pero que era tan pendejo que se lanzó del primer piso.

Me avergonzó haber pensado y sentido eso.

Hoy se llama *bullying*. Que siempre ha sido violencia del más fuerte, en la manada, contra el más débil. Siempre me ha disgustado, dado ganas de vomitar.

Hoy escucho a Edwin hablar, y una parte de mí piensa que a los 15 años me hubiera gustado ser como él. Tener su rabia, su coraje, su determinación. Pero entonces ¿quería ser como aquel fascista de *Ciccio* Mariano?

Lo pienso bien y me doy cuenta de que aquellos niños pandilleros, en Burbank a principios de los noventa, eran un poco los *Ciccio* Mariano de la situación: prepotentes, arrogantes, violentos, malos. Y cobardes. Fuertes con los débiles y débiles con los fuertes. Como *Ciccio* Mariano con *el Sinti.*

Aquellas fotos de niño sonriente, aquella dulzura de la que me ha hablado Martha durante horas, se ha quedado encerrada en un caparazón hecho de golpes, peleas, para defenderse, pero también para imponerse, para prevalecer. Este aspecto no lo había notado hasta ahora. La prepotencia de un niño que se hizo pandillero.

Estoy contando la historia de un *Ciccio* Mariano chicano. La vida le ha regalado una carga de sufrimiento bastante pesada. No es mi papel juzgar, pero sí cuestionarme, entender a quién tengo enfrente. Lo que me parece interesante, hasta romántico, porque se daba en un barrio bravo de Los Ángeles, probablemente sería la historia de un neofascista prepotente del barrio donde yo crecí. La historia de violencia y prevaricación de cualquier lugar. Y a lo mejor es por eso que me interesa tanto. Porque con décadas de por medio, vidas, dolor, sufrimiento, comprensión, estoy listo para entender a un *Ciccio* Mariano chicano.

Pero hay algo más. Edwin no es *Ciccio* Mariano bajo muchos aspectos, pero existe un factor que no se puede esconder. Aunque lleve años afirmando su responsabilidad, reivindicando la autonomía de sus decisiones, hay razones sociales, económicas, raciales, que definen nuestro destino. Tanto Mariano como Edwin vienen de un contexto marginado, culturalmente más pobre, con menos oportunidades, estímulos, opciones. Seguramente no es el único elemento, porque el albedrío individual siempre juega un papel determinante, pero el no querer ver las diferencias que nos separan sería maniqueo. Edwin puede no darle demasiada importancia, también para sentir que fue él, en cada momento, el artífice de su propio destino. A todos nos gusta pensarlo. Pero difícilmente hubiera tenido la vida que tuvo si hubiera nacido en mi casa, rodeado de libros, de estímulos, con la piel clara, en lugar de nacer en Tijuana, hijo de mexicanos emigrantes, prieto, viviendo en barrios de negros que lo agredían por ser latino, y de blancos que lo discriminaban por la misma razón.

Las razones políticas, socioeconómicas, de clase, de raza son el centro de la vida de Edwin como lo son de la vida de *Ciccio* Mariano. Esto no justifica en sí la violencia, pero redimensiona el peso de la responsabilidad individual. En su vida han sido pocas las opciones. Pocas respecto a las que tuve yo.

Quién sabe si contaría la historia del verdadero Mariano. Quién sabe si está vivo. Hoy tendría la misma edad de Edwin.

* * *

Hay siempre más juguetes. En sus cajas originales, sin abrir. Un Hulk de medio metro, un Red Hulk de las mismas dimensiones. Muchos tipos de Spiderman, Capitán América, Joker, Super Man, y luego Starship Troopers, Señor Cara de Papa en diferentes presentaciones de superhéroe, con ropa de Batman, de Thor, de Ironman, de Wolverine. Hay naves de Star Wars de Lego, muñecos de Halo, muchos cochecitos empacados.

Hay una pared llena de juguetes, bien ordenados. Cada vez que visito este departamento los juguetes aumentan. Son decenas.

Le comento que está creciendo su colección, que ya se ve muy variada. Me mira con incertidumbre, medio avergonzado. Me pregunta si me parece algo raro. Si creo que está loco.

Yo, sin pensar, contesto que no, que a mí también me gustan mucho los juguetes, que todavía conservo los que tenía de niño, que algunos amigos míos los coleccionan también. No, no me parece raro. Más bien me parece rara su pregunta.

Y luego me quedo a pensar, y se genera un silencio reflexivo entre nosotros. Yo buscando una explicación para sus palabras, él buscando una justificación para sus preguntas.

Edwin no sabe si su pasión por los juguetes es algo que está bien a su edad, o si está mal visto. Le gustan, le gusta coleccionarlos, dejarlos en sus cajas y verlos crecer en la pared. Le gusta comprar los diferentes tipos de muñecos del mismo personaje, en todas sus variantes y dimensiones. Tal vez porque durante su infancia no tenía muchos juguetes así. Tal vez porque siente que no tuvo una verdadera infancia. Y ahora los puede comprar. Y los compra.

Tengo que hacer un ejercicio constante para ponerme en su lugar. Yo a los 16 años jugaba a Dungeons & Dragons con mis amigos en el sótano de una vieja librería del centro de Roma, coleccionaba manga y me parecía lo más normal tener una pasión por los cómics. Edwin a sus 16 años estaba tratando de sobrevivir en una prisión. Le faltan los parámetros de lo que es socialmente aceptado sobre muchos temas, sobre todo los más banales; ¿se vale abrazar a un hombre cuando se saluda?, ¿se vale coleccionar juguetes a tus 38 años?, ¿es aceptable llorar frente a los demás?, ¿se pueden expresar públicamente tus sentimientos?

Hay una bolsita de papel a un lado de los juguetes, la había preparado antes de la entrevista. La agarra y me la pasa. Me dice que es para mi hijo, que se la lleve. La abro para ver qué contiene. Dos cochecitos y un muñeco del Capitán América. Obviamente, en sus cajitas originales.

* * *

Dibujar fue una de las salidas principales.

El que Edwin pensaba que era su padre tenía libros de historia. Él también estuvo preso; tenía tatuajes, pero no estaba en la pandilla. Nomás, como diría Edwin, estaba en el desmadre. Y desde la prisión le mandaba dibujos. Recibir dibujos de la prisión fue parte de su infancia. La idea de que se dibuje la prisión, el dolor, la violencia, se fue dando con normalidad. Así Edwin empezó a dibujar, y cuando a su vez empezó su camino de preso, dibujar se dio como una opción natural.

La idea de fondo era siempre la misma: enfrentar las dificultades, no dejarse doblegar por el sistema, "ser hombre", seguir pa'delante. Siempre. Sin dejar ganar el dolor.

Así se fueron sumando los años adentro. Y cuando llegaban *homies* nuevos, se hablaba, y si eran del mismo barrio se hacía viajar la imaginación, la nostalgia, las preguntas: ¿y el barrio sigue igual? ¿Y todavía está el Tommy's? Y poco a poco Edwin se daba cuenta de que todo desaparece, que se iba remodelando el barrio, que el lugar donde había pasado su infancia y aquel trozo de adolescencia trunca ya se transformaba en otra cosa.

El recuerdo que queda de aquel lugar en la memoria de Edwin ya no tiene ninguna adherencia con la realidad, como pude observar con mis ojos.

Los lugares cambian y cambian las personas. La imagen de "familia", que ha sido el baluarte gracias al cual Edwin pudo soportar tanto

dolor y tanta violencia, al salir de prisión y ser deportado se mostró como lo que era, un castillo de arena.

La familia sagrada y centro de sus pensamientos se ve ahora, desde el exilio, como algo totalmente distinto. Y es lo que a pesar de los años sigue siendo un elemento de frustración para Edwin.

—Yo nunca he hablado con mi mamá sobre qué piensa de mí, de cómo le afectó el hecho de estar tantos años en prisión. Nunca he tocado este tema con ella y menos con mis hermanos. Yo sé que sí le afectó, pero nunca he hablado así con ella, nunca le pregunté, ¿como te sentiste? *How did you feel?* Es algo que no quieres recordar. Hay cosas que no se hablan. Lo que importa es que estás fuera, estás libre y ya pasó. Pero hay cosas que también, ¿cómo te digo, Fede? Ella no me conoce. Me dice claro que sé quién eres, mijo. Pero no. *Ma, you don't know me.* Creo que también no queremos *realize* que *we grow apart, we changed.* Y mis hermanos igual, *they're my brothers,* pero hay una distancia. El hermano mayor es mi hermano Alex, porque él ha estado a cargo de mis hermanos mientras yo estuve preso. Yo no. Y un día así me lo dijo, nos dejaste, *you know?* Fue más importante para ti allá que nosotros. *Fuuuck.* Tú sales y te das cuenta de que *shit,* lo que dejaste fue mucho. Cuando salí y me deportaron, y fuimos a Rosarito, yo compré unas bolsitas bonitas para mi hermana, mis primas, ¡y ya no eran niñas chiquitas! Ella me dice *I'm not a little girl. And like, shit!,* es cierto, *Damn!* Y mi hermano también ya no es mi carnalito, *he's a grown man.* Ese choque que dices, ¡chin!, ¡qué te perdiste! *And it was a slap in the face, it was reality check.*

La desintegración de aquel ideal de familia hace perder sentido a lo que Edwin vive ahora. ¿Qué es lo que le da sentido a su vida ahora? ¿Qué vida quiere vivir?

—Es difícil. Trato *to get on with my life* y no olvidar *because it's part of me. The neighborhood, los homies,* la familia. Me da mucho gusto cuando veo camaradas que ya tienen sus cosas, salen adelante. Me da gusto ver que a los *homies* les va bien, por el Facebook, pero también me daría gusto verlos de nuevo, ¿no?, y dices, *fuck,* ya me quiero regresar. Y me agüito porque luego no te contestan y aquí el sistema de correos está de la chingada. Allá vas al *post office* y llega, no hay problema, pero aquí ¿dónde está el pinche buzón de correo? Tienes que ir hasta el correo, cambia todo.

Es así, un detalle a la vez, que logramos acercarnos al centro del problema, durante nuestras interminables conversaciones que se desarrollan en círculos concéntricos.

—*You see*, mi Fede, *I fucked up, and its' too late*. Ya la cagaste, ya te dejó tu vieja, ya se fue con los hijos, ya la familia te mandó a la chingada cuando te diste cuenta. Dicen, *it's never too late. I think sometimes it is too late. It's never too late* porque ya te diste cuenta de que *you fucked up*, que tienes otra oportunidad, pero es diferente. Y dices, *I don't want that opportunity*. Yo no quiero algo nuevo. *I want what I use to have, my old life back*. Somos gente que no dejamos el pasado, *you know? And that's what's happened to me*. Es lo que me pasa. Yo no suelto el pasado.

Sí lo entiendo, Edwin, porque es lo que me pasa a mí también. Somos gente que no suelta el pasado.

—Yo vivo ese pasado, me alimenta, me deprime, me da en la madre, pero yo digo *are you a fucking dumb ass? That's it*. Ya no puedes regresar a esos años. Y lo malo de mí es que yo no puedo ni recuperar ni hacer algo nuevo, porque *my family is not here*. Lo hago con amistades que luego llegan en mi vida y se siente chido que tengo a personas nuevas, conozco gente diferente, pero queda ese hueco y te duele. Estoy haciendo muchas cosas, estoy creciendo, y no está mi familia aquí. Hasta en las cosas pequeñas, como *drinking a beer with my brother and, what's up fool?* y hablar, no está eso. Creo que a muchos de nosotros que se vienen para acá les pasa esto. *This is not my home. This is not where I grew up*. Cuando llegué a México para mí no fue "volver a casa", porque nunca fue mi casa, aunque haya nacido acá. Es verdad cuando luego algún nuevo amigo te dice eh, si no te hubiera pasado eso, no me hubieras conocido a mí. Entonces yo al negar eso, niego a la gente que se me acerca ahora y me aprecia.

La eterna nostalgia del emigrante. Es aferrarse al pasado, a lo que hubieras hecho, lo que no pudiste vivir porque te fuiste. ¿Qué hubiera pasado si te hubieras quedado? ¿Qué sería de tu vida ahora? Me toca mucho este discurso. Escucho a Edwin y pienso en mi vida. Nunca me equivoco cuando pienso que tenemos la misma condición él y yo, aunque yo pude decidir cuándo irme, y puedo volver a mi país, tengo un pasaporte que me permite viajar, soy un privilegiado. Pero sería injusto pensar que no tenemos mucho en común, Edwin y yo. Y es la nostalgia, la ilusión, el aferrarse al pasado.

Poder compartir, hasta presumir con tu familia, con los amigos de siempre, lo que has logrado, lo que te frustra, lo que te duele, lo que te da orgullo. Poder mantener aquel enlace con tu comunidad, familiar, lingüística, cultural, para seguir conduciendo tu vida, creciendo, envejeciendo, en el lugar que sientes como casa.

Desplazados, sentimos que en ningún lugar nos vamos a sentir realmente a gusto, que ningún lugar ya es nuestra casa. No lo es el país donde vivimos, que en ningún momento reconocemos como realmente nuestro. No lo es ya el país que dejamos, sea que, como yo, podamos volver, sea, como en el caso de Edwin, que no pueda volver jamás. Ha pasado tanta vida sin ti, tantos acontecimientos, que nunca puedes volver a encajar. Te quedas así, en medio, sin pertenecer a nada, sin poder decir "de aquí soy". Y lo único que te queda son los recuerdos, y te agarras a ellos, a la deriva. Como cantaban los Isley Brothers en una canción tan presente en el imaginario de los pochos, chicanos, pandilleros, *driftin' on a memory*.

Este sentir común es uno de los ejes sobre los cuales Edwin y yo hemos construido una relación de respeto y entendimiento en estos años. No es necesario expresarlo, pero es algo que en el fondo de nuestro ser nos une. Así como nos une la distancia con nuestra madre. El no estar en casa en ningún lugar.

—*There are times*, Federico, *when I want to risk it*, gana más esa sensacion de regresar, *come back home, just to be there. It's different being here because if they come visit, they are gone in a week, or in two. It would mean so much for me to kick it with them two or three months. Being there with them, waking up, eating breakfast together. And I say to myself, I go back, I'll do it. And than I'll come back.*

I can probably get away with it. And one of my homes says, hey, I got three grand for you, pa'que te vengas. Entonces, *you're like, fuck! You know. People miss you,* también, *but I've got a life now,* o sea, *I'm starting to realize I've got a life here. At the beginning I was risking just to go back to prison, but now I'm risking also my whole life. At the beginning I was like, I go back but I wasn't ready yet. Like, let me kick it in Mexico, let me see what's up, let me party, than I go back to California. But then I started thinking, man, if I go back, what if they catch me? And in my had I could see: 20 years. I mean, If I'll give 'em two years of prison, fuck it. But what if they give me ten? Another ten years of prison? I'm gonna get out when I'm fifty? Sixty? Whattaffuck am I gonna do? You really start to think what you gonna do.* ¿Dónde vas a trabajar? *At your fifty five? What do you got?*

* * *

Después de mi visita a Camarillo, Martha y Ángela me llevan de vuelta a Los Ángeles. Son mis últimos días y la agenda está todavía llena de cosas que hacer. Quedé de verme con Javier en el centro de la ciudad porque quiere presentarme a una persona que para él es muy especial.

Llegamos a 130 Bruno Street, a un lado de Chinatown y del nuevo estadio de los Dodgers. El edificio anaranjado, chato, de dos pisos, está en la esquina entre Bruno Street y Alameda Street, y desde la calle se nota la estructura cilíndrica de la entrada. Arriba, encima del cilindro, hay un letrero que dice: "Homeboy Industries".

Javier nos espera adentro, platicando con el fundador y director de este extraño lugar, el jesuita que lo casó hace muchos años, Gregory Boyle, más conocido como *Father G.*

Hombre alto, de piel rosada, con poco cabello y mucha barba blanca, lentes, recuerda vagamente la imagen estereotipada de Santa Claus. Su oficina está justo enfrente de la entrada y desde su escritorio puede ver, a través de la puerta de vidrio, todo lo que se mueve en este lugar. Las paredes están literalmente tapizadas de fotos y dibujos. *Homeboys* sonrientes, abrazando al *Father G.*, como le dicen aquí, pero sobre todo hijos, nietos, familiares. Son el testimonio de aquel éxito que se busca aquí, que es poder tener una vida sin violencia, sin prisión, una familia, la integración en una sociedad rechazada y que los rechaza. Son pocas las imágenes religiosas, y esas pocas representan a la Virgen de Guadalupe. ¿Qué se hace aquí? Aquí los expandilleros vienen a buscar trabajo, reciben entrenamiento, profesionalización, recomendaciones, para volver a entrar en el mercado laboral. Hay un espacio donde sin pagar se pueden quitar tatuajes, y hay siempre alguien que quiere eliminar de su piel las marcas de una vida en la pandilla.

Father G. lleva 28 años aquí. Desde 1988, con su *spanglish* da la bienvenida a pandilleros de todas partes. Ésta es la cuarta locación, porque Homeboy Industries ha ido creciendo a lo largo de los años, y ahora tiene un restaurante, manejado por completo por mujeres, que se llama Homegirls Restaurant.

Todo empezó en la parroquia de Dolores Mission, una iglesia jesuita en el centro de Los Ángeles donde Greg era el pastor.

—Enterrábamos niños ahí, en esos tiempos. Era una situación muy pesada.

La gente entra y sale de la oficina. Continuamente. *Father G.* controla todo, atiende todos los problemas y resulta muy pesado llevar a cabo la entrevista.

—Como te digo, *we offer hope here. There is a hundred and twenty thousand gang members in LA county.* Ésta es la cifra del *sheriff.* Para mí *80 thousand* es todavía un número muy alto, *but this is what they say. Eleven hundred gangs. Gangmembers know this place, know where it is, wheter they come through the door is another thing.* Ellos saben lo que van a recibir: *hope, help, chance.*

La mayoría busca un programa de formación profesional que dura 18 meses, durante los cuales recibe un sueldo. Pero, en las palabras de *Father G.,* lo que realmente reciben es un proceso de sanación, ofrecido por una comunidad amorosa, que les da la bienvenida.

Por aquí pasan alrededor de 50 000 personas al año. No todos participan en los programas, no habría manera de contratar a tanta gente, pero vienen a buscar ayuda, consejos, a quitarse tatuajes.

—*They have to walk through the door. This program it ain't for those who need help, is for those who want it. So once they wlak in they get the vibe of the place. You can see rivals or enemies of* diferentes pandillas aquí, pero *they work here together.*

—¿Cómo es posible?

—Bueno, *I don't know. I think they have a common interest, they all want their moms to be proud. They want a reason to get up in the morning and feel good about themselves, like every human being.*

Martha lo escucha con atención. Sonríe, pero tal vez no está completamente a gusto. *Father G.* voltea hacia ella. Le pregunta si está orgullosa de su hijo, de lo que hace ahora. Si va a verlo a cada rato.

Martha baja la mirada. Su sonrisa se hace casi una mueca.

—No. Ése fue un problema que yo tuve. Cuando él salió de prisión tardé nueve años para ir a verlo. Fue como que entré en un estado de inconsciencia. No me podía mover. No supe cómo resolver. Tengo cinco hijos. Él y cuatro más. La condición económica y todo eso me hizo quedarme aquí. Hasta que Edwin me mandó el boleto y yo me sentí sacudida. Y dije ¡Dios mío!, mi propio hijo me está mandando para el boleto. Y como que volví a tomar ese cariño. Ahorita sigo en contacto con él. Estoy orgullosa, sí, y hablamos en español. Habla muy bien en español ahora, ¿sabe? Escribe, lee, está de maestro con los niños, va a la universidad.

Martha y Ángela al principio no quieren quedarse, pero ya que están aquí, nos acompañan en un recorrido del lugar. Nuestros guías son dos expandilleros, exconvictos, que llevan algunos años trabajando con *Father G.*

Si Edwin no hubiera sido deportado, a lo mejor hubiera acabado aquí. Es lo que todos estamos pensando.

Es la primera vez en años que Martha ve a Javier.

—¡Ay, cómo ha envejecido! Tiene el cabello blanco, y los bigotes. También ha engordado, pero no se lo digas —me dice riendo mientras visitamos la pequeña huerta detrás del restaurante.

Es interesante ver este lugar, el intento de recuperar, reinsertar en la sociedad a gente que todos consideran basura.

Pero más interesante es escuchar a escondidas a la mamá de Edwin, que después de muchos años enfrenta a pandilleros que han vivido la misma experiencia de su hijo, que tienen más o menos la misma edad, que hasta se parecen a él.

La observo acercarse a estos hombres, la escucho explicarle a su hija que se está dando cuenta de que Edwin era como ellos. Parece que lo está entendiendo sólo ahora, más de 20 años después. Su hijo no se rodeó de malas compañías. Su hijo era la mala compañía. Era como uno de estos exconvictos tatuados, que siguen caminando y moviéndose como pandilleros y que hoy hacen playeras, preparan comidas, cultivan la huerta y acompañan a los niños a conocer este lugar.

Antes de irnos pasamos a la pequeña tiendita, donde compro un par de playeras y unas copias de *Tattoos On the Heart*, un libro de *Father G.* que le llevaré a Edwin con una dedicatoria del jesuita. Es aquí cuando Martha finalmente se le acerca a uno de los dos guías, con el que ha platicado más durante la última media hora, y me pide que le tome una foto con él. Tiene muchos tatuajes, muchos más que Edwin, hasta en la cabeza rasurada. Tiene un bigote sutil, y la mirada irónica que he visto mucho en este lugar. No se abrazan, no sonríen, no se tocan, pero ambos miran intensamente hacia el objetivo. Parece aquella mirada desafiante y pícara de los pandilleros.

Tomo la foto pensando que tal vez hace un momento se ha roto una pequeña barrera.

* * *

—Te invité a mi casa para que vieras quién soy yo, Fede. Yo cuando llegué a la Condesa y vi que todos eran ricachones y fresas, dije no, yo ni me acerco a esta gente y mucho menos les hablo, porque se mira lo que… lo que soy. A veces yo siento que estoy mintiendo, que no soy yo, que tengo que fingir que soy otra persona. Y más cuando empiezan a hablar de su historia. Yo tengo mucho hueco en la mía. Sí, vas a fiesta, tomas, te diviertes, pero llega un momento en el que todo el mundo empieza a contar, recordar, y yo me desconecto, ya no tengo nada que decir. Cuando me preguntan, ¿y tú qué hiciste? ¿Dónde vivías? Ah, pues estaba en Los Ángeles. Ah, ¡qué interesante! Y ¿qué hacías?, y yo ¿qué les digo?, ah, ¡estuve preso desde los noventa en una prisión de máxima seguridad!

—No es un hueco, realmente… está muy lleno de cosas ese lapso de tiempo.

—Sí, pero cuando te preguntan que qué has hecho y que tu familia… ¿qué te cuento? Una cosa bonita que recuerdo es que cuando cumplí trece años mi mamá me trajo un pastel a la juvenil. Entonces ya repartí el pastel y todos comiendo pastel y lechita. En un reformatorio juvenil. Ja, ja, ja. ¡Donde tú estuviste! ¿Te imaginas? Me acuerdo de la primera vez que tenía que ir a corte y me detuvieron, *you know*? Le dije ¡chin! a mi papá; le di encendedores, zig zags, mota, me van a meter. Además se me quedó viendo así como ¡¿qué pedo?!, y yo, usted fúmesela que está buena (ríe).

Se pone serio.

—Hace mucho que no lo veo, ni sé de él. Desde que me enteré que es mi padrastro cambió todo. Pero yo le escribí una carta donde le dije yo no te guardo rencor, yo sé lo que pasó, pero mi carnal, que es tu hijo, sí guíalo, oriéntalo y ayúdalo a él. A mí ya, ¿qué me vas a decir? Ya soy un hombre, no hay nada que me puedes decir. Mi mamá y mi papá. ¿Qué te van a decir? ¿Qué consejo me van a dar? Yo siento a esta altura de mi vida que no hay consejo que me pueden dar que yo no sepa. Los consejos que tal vez querías tú escuchar jamás los recuperas. Y yo no puedo darles consejos ya a mis hermanos tampoco. Esto es lo más difícil para mí, de no poder ser parte de mi familia así. Y aún me duele y me causa mucho desmadre que a veces yo me digo ¡ya no seas puto, aguántate y haz tu vida aquí! Pero no lo suelto. Y eso me chinga mucho, *you know*? Me llena de soledad, pero estoy acostumbrado a estar solo. Aunque yo esté aquí solo, no hay bronca, pues he estado en una pinche celda años solo también. Pero es diferente porque estoy afuera. Cuando falleció mi abuelo yo estaba aquí, y no pude ir. ¿Y si se me muere mi jefa? ¿O un carnal? Yo estoy trabado aquí, no puedo ir.

Podría, pero se arriesgaría demasiado. Se siente cobarde al decir que no puede ir, al pensar que no vuelve a California porque no quiere regresar a prisión. Su sentido del honor pandillero le genera conflicto. No debería tenerle miedo a la prisión, porque es parte de las consecuencias, pero la verdad es que no quiere renunciar a la vida que se ha ganado, a los pasos que ha dado. Está constantemente en conflicto consigo mismo.

—Debería valerme madre que me metan al bote, es mi familia, yo tengo que estar ahí. Es mi familia y yo por egoísta no me voy porque yo no quiero regresar al bote. Me da en la madre, hasta hoy, que no puedo soltar, pero trato de enterrarlo, no dejar esos sentimientos salir. Y digo, ya no hay bronca, ya. Me olvido y ya. Pero sí pienso a veces, ¿el día que pase qué hago? ¿Me voy a quedar aquí? ¡Pinche aquí! Estoy dividido en esta mentalidad. Me siento cobarde y tengo miedo porque tengo algo que perder ahora. Pues ya murió mi abuelo, ya ¿qué chingados hago? Pero es el no haberme podido despedir de él, no poder tener ese contacto. Me da en la madre. Y es lo más difícil que tengo que vivir. Deja lo de trabajar y pagar renta y todo lo demás. ¿Qué hago? Llevo casi diez años sin convivir con mis hermanos. Se nos va toda una vida. Tengo una hermana que no he visto desde que yo salí, nomás la vi por Skype. Se me está yendo mi familia. Yo lo siento así. No es igual, mamá, ¿cómo estás? Me manda una foto, y así. Es como si estuviera quince minutos en prisión con un teléfono. Yo quiero decirle a mi mamá, ya venga por un café, sentarnos, y así no se me da, *you know?* Y trato de luchar con eso, de aceptarlo. Yo me metí en este pedo y las consecuencias son éstas. ¿Ya qué le hago? ¿Qué le muevo? ¿Me consuelo con que ella vea que estoy bien? Comparto ya lo que hago, y con saber que ellos están bien ya es algo. También saber que ellos están orgullosos de uno, ¿no? De que, ¡órale! Mi hijo salió adelante y está bien. Pero me agarro de cuando estoy en prisión. Cuando estabas adentro, ¿qué ibas a hacer, güey? Nada. Más que aguantarte y ya. Lo mismo acá. O sea, yo no he salido de la prisión. He sabido manejarlo un poco, porque la verdad es mi refugio a veces. Me digo a ver, allá hacía así y así, ok, aquí igual. Órale, pum. No me desconecto. Pero creo que esto es la parte que tengo que aprender a soltar. De ya no caer en ese refugio. De aprender a soltar, a contar. Ahorita lo hago contigo porque te cuento la historia, pero son cosas que me las aguanto, me las cierro, porque tal vez es el machismo lo que tengo, así de ah, que deje de chillar, que no se piense que soy puto o así, ¿no?

La distancia forzosa, la conciencia de haber perdido la relación con sus hermanos, con su madre, con todo lo que le daba fuerza en la prisión, y que no va a volver. Esta frustración ahora es otro motor. Ahora es lo que lo mueve a hacer algo para los demás, para que alguien más pueda aprender de su experiencia.

—Lo positivo es por donde me tengo que agarrar. ¿Estoy haciendo algo bien? Pues ni modo, no me tocó eso. Ahora hay que salir, pa'delante, como siempre, y sacar lo mejor. Y dices, cool, *I'm good*, pero sí pienso mucho en mi camarada Javier que trabaja con los chamacos de *juvenile hall*, y peleando, y pienso, *Damn, I've could have been part of that*. Me hubiera gustado hacer algo para ayudar. No me quito eso de la mente, que yo pude haber sido parte de esto. Iría yo a los campos a hablar con esos chamacos, que claro, muchos me dirían, *fuck you*, como lo hice yo, porque uno lo tiene que vivir y entender, pocos son los que tú puedes rescatar. Pero tarde o temprano la semilla va a crecer, y a veces es tarde. *That's true*. Y es lo que uno quiere prevenir de chin, tenía razón, *but it's too late*. Pero *fuck, we do that. And you don't have to go to prison but*, en familia, en relaciones. A lo mejor es por esto que me gusta la idea de tu libro, Fede. Porque es una manera de ayudar, con mi historia, como si fuera un mensaje a todos los camaradas que están viviendo lo mismo o están saliendo: el cambio sí es posible, aunque te vas a enfrentar con cosas que nunca hemos pensado vivir, pero que echándole ganas y creyendo en uno mismo se puede salir adelante. O así lo veo yo.

Monday blues

The teacher is meanie and creepy
The teacher is meanie and creepy
oh, momma, please don't take me to school
cuz I got the Monday, the Monday blues

EDWIN GÁMEZ, *Monday Blues*

Edwin me sigue mandando mensajes. Estoy un poco atrasado, unos 15 minutos. Camino rápido por las calles de la colonia Condesa, zona céntrica y *nice* de la Ciudad de México, llena de bares, tiendas de productos orgánicos y restaurantes fusión que recuperan los sabores de la cocina tradicional mexicana proponiendo recetas ambiciosas y a menudo de dudosa calidad, a un precio estúpidamente caro.

Me escribe Edwin porque quedamos en que iba a verlo a las nueve en punto. Quiere saber si cambié de idea o sigo con la intención de pasar la mañana con él. Las calles de la Condesa están vestidas de jacarandas en flor. Ha pasado casi un año desde que Los Ángeles me sorprendiera con este lila intenso esparcido por sus calles.

Le contesto a Edwin que estoy en camino, que en 10 minutos más estaré con él, que no he cambiado de idea.

Me recibe con una sonrisa tensa. Subo la escalera de colores que nos lleva al segundo piso. Llevo mi bolsita de trabajo Lowepro negra en forma de banana, que me ha acompañado en estos años de reportero en México y alrededores. Grabadora, cámara, baterías, libretas. Estoy listo para la última parte de la historia.

La puerta pintada de azul nos llega a la cintura. El salón está iluminado por una amplia ventana, detrás de la mesa rectangular rodeada por sillas de colores. Los siete niños están sentados y dibujan.

—*Say good morning to our friend Fede.*

Los niños contestan en coro:

—*Good morning, Fede!*

Edwin lleva unos pantalones de mezclilla, una polo gris con el logo de la escuela. Bien peinado, rodeado por los niños.

—*These are my kids.*

Tomo asiento porque va a ser una larga mañana. El *teacher* Edwin me va a enseñar lo que es su vida ahora, cómo son sus días en el kínder donde, desde hace cinco años, es maestro de inglés y de arte.

Edwin con calma rodea la silla en la que estoy sentado y prende una caja Bose detrás de mí, para que la música de *Play at Your Own Risk* de Planet Patrol empiece a difundirse en el salón y fluya en los huesos de los niños.

De sus niños.

*　*　*

—A veces me veo desde afuera, pienso en lo que estoy haciendo, enseñando en un *kindergarden*. Al principio acepté el trabajo básicamente por la necesidad de una chamba, no sabía bien qué iba a hacer. Yo enseñarle a los niños, imagínate. Pero también acepté por el reto. Me decía *well I got kids in my hands, I gotta teach them something.* Pero ¿qué les voy a decir yo? *What am I gonna do?* Me reflejé. *My childhood*, mis hermanos, que los dejé chicos para entrar a la pandilla. Claro, estos niños son otra época, otro contexto. No se pueden comparar. Ellos hablan de que fueron a Superama *and was a big day*, o me dicen, fuimos al Liverpool (ríe), y yo pienso, *whattaffuck, that's not a child!* Pero *it's a whole different thing.* Entonces yo les cuento otro tipo de cosas. *And It's also a therapy* para mí. Yo me digo *hey, that's the best thing you got in your life. This is a second opportunity.* Cuando estaba dentro pensaba, *when I get out I'm gonna help out Javier with kids like me, like I was.* Pero la vida no me lo permitió hacer. No pude ayudar a nadie en California. Pero ahora tengo esta oportunidad, darle algo a otros niños. Claro, *I can't talk them about gangs*, pero sí les puedo enseñar mucho. Y hay papás que han llegado a decirme, *hey, what's up with your tattoos? And I was like, shit!*

—Y tú ¿qué les dices?

—Pues hay unos que sí saben, y les digo *you know, when I was a youngster... in California, the* Trece. *I can't lie.* Tons les digo pues cuando estaba chamaco tomé decisiones equivocadas. Pero tengo miedo de que alguien diga, este güey fue pandillero *and he's teaching my kids,* no quiero, ¡córranlo! *You know what I mean?* Porque México es así. Te lo echan en tu contra. Pero siempre digo Dios me acompaña. *Yeah, I did this,* pero me salí, me puse a estudiar, cambié mi vida. *I'm here, you know?* A veces me dicen, *It's a good thing,* o de chamacos también andaban en el desmadre. Todos cambiamos. Y ahí me quedo más tranquilo, pero a la vez también aprensivo porque *everything is on You-Tube, and internet, the gang.* Me han dicho, tienes todavía ese estilo. Y yo, *what style?* No, es que se ve que tú tienes cara de maleando, la verdad (ríe). *And I look in the mirror and ask myself, do I look like that?* O no sé cómo me veo en los ojos de los demás. Quiero saber a veces, *how do you see me? I think I'm normal, but...* pero se ve luego luego que no eres de aquí, que tienes otro estilo, *you're different.* Alguna vez vino a la escuela uno de la Secretaría de Trabajo, checando nuestros *papers* y todo, y vio mi tatuaje. Ah, tú eres de las Maras, ¿verdad? O de la Eme. Y me hizo enojar, *you know?* No, yo creo que ves muchas películas, le dije. Pero para él era un chiste. *But for us... If you say I'm from* la Mara *you get me killed.* Pero esos comentarios a los demás... *oh my god,* ¡imagínate! ¿A poco el *teacher* es parte de esto? *You fuck me up!* Aunque sea un comentario. Eso no es broma para mí. Para ti es como nada, porque no conoces nada de esto. Aparte, la Mara y la Eme *it's all different thing,* son enemigos, *they would try to kill me. You don't kid with this.* La Mara son pandillas, la Eme *is organized crime.* Ahí ya son como cárteles, cosas así. Aquí la gente que dice esas cosas no entiende. Yo entiendo que *they don't know,* pero... *you don't say,* ése es de un cártel o de otro, así en voz alta. Nunca sabes quién está escuchando.

❊   ❊   ❊

El *teacher* saca una espada láser azul de Star Wars de una canasta llena de juguetes y empieza a escribir palabras en el pizarrón. Los niños se preparan para el primer ejercicio del día. *Who wants to be a Jedi speller?*

Los niños están emocionados. Todos quieren ser *Jedi spellers*. ¡Por supuesto! Edwin apunta a cada palabra en el pizarrón con la espada láser. Un pequeño alumno con lentes redondos, la mirada seria, que me recuerda vagamente a uno de los personajes de la película de *Los pequeños traviesos* de los años treinta, se gana la espada láser en pocos momentos, deletreando correctamente, una tras otra, todas las palabras en el pizarrón. Con sus cinco años y medio habla en inglés con el *teacher* con propiedad y seguridad.

Edwin saca de la canasta un par de gigantescas pantuflas en forma de pies de monstruo. Ahora si los niños deletrean bien se pueden transformar en *Jedi monsters*. Aumenta la diversión y todos quieren ganarse las pantuflas. Otro niño, más alto y juguetón que el primero, logra ganarse la espada y los pies de monstruo, y va a poder quedarse con ellos todo el tiempo que quiera.

Edwin sonríe mucho, corrige cada error, se hace el tonto para que los alumnitos le expliquen, lo corrijan; es capaz de jugar con sus niños sin perder de vista el aspecto educativo: hay que enseñarles inglés.

Pasa así la primera media hora abundante. Los niños bombardean a Edwin de preguntas, comentarios, chistes. Él está en su ambiente, ríe, hace bromas, se divierte y mantiene al mismo tiempo el orden en el salón, sin amenazas o regaños. Si un niño se agita demasiado, o se pelea con un compañero, Edwin habla. Le pregunta qué pasa.

—*Come here, dude. What happens? Let's have a sit. Let's calm down.*

Se concentra mucho en sacar lo que los niños sienten, en que piensen y expresen sus sentimientos, las razones de su agitación.

El siguiente ejercicio es con formas geométricas de madera que Edwin distribuye a sus pequeños alumnos sentados en sus minisillas alrededor de una minimesa. Hay que describirlas, identificar el color, dividirlas en conjuntos de figuras, nombrarlas. Todo en inglés. Luego se pasa a las fracciones, otra vez en el pizarrón. Otra vez la participación es activa y divertida, todos juegan y son parte de la actuación.

Poco después de las diez, los niños sacan sus loncheritas y empiezan a comer.

—Esta operación puede durar mucho —me avisa Edwin riendo—, algunos se tardan muchísimo en comer y hay que esperarlos.

Pienso que las maestras de mi hijo, que tiene la misma edad que estos niños, a veces no les permiten acabar su merienda, forzándolos a comer más rápido de lo que pueden.

Mientras los niños comen, Edwin se sienta del otro lado del escritorio en el que estoy yo.

—*I feel like I'm in a Twilight Zone, you know? It's hard to belive* que yo estoy haciendo esto, aunque llevo años aquí.

Miro sus tatuajes, que hace años hubieran sido amenazantes. Ahora son un adorno, el testimonio de un pasado que está grabado en su piel, que ha formado el hombre que tengo enfrente de mí. Es gracias a aquellos tatuajes, a todo lo que significan, que Edwin hoy es capaz de hacer lo que hace, que puede enseñarles algo a estos niños.

—*Clean the table, guys!*

Todos limpian la mesa en la que comieron. Sacan un trapo húmedo y quitan las moronas, aparece una miniescoba con un minirrecogedor y se limpia el piso. El niño que se quedó con las pantuflas de monstruo, el más activo, voltea a ver al *teacher* que está ayudando a recoger la mesa y con ímpetu de improviso se lanza a abrazarlo. Luego vuelve a jugar con sus compañeros.

Según la directora de la escuela, con la que hablo horas después, Edwin representa un poco una figura paterna con los niños, acostumbrados a maestras. Esto cambia también la percepción de los alumnos y su relación con él.

Es el momento de un poco de música. Hay que cantar, hay que bailar. La caja Bose ahora reproduce la guitarra aguda y la voz melancólica de Muddy Waters: *Sail on, sail on my little honey bee, sail on / Sail on, sail on my little honey bee, sail on / You gonna keep on sailing till you lose your happy home.*

Todos cantan, intentando seguir el ritmo de este viejo blues. Es complicado. Se vuelve a empezar una y otra vez. Con paciencia, con calma, hay que ensayar porque dentro de pocos días habrá un festival de blues en la escuela, promovido por el *teacher* Edwin y el maestro de música. Los niños están muy concentrados. Quieren hacerme ver lo que saben hacer.

Edwin se da cuenta de que no logran cantar la canción y los ayuda.

—*Where do we feel blues, kids? We feel it right here* —dice indicando repetidamente el corazón con el dedo índice de la mano derecha.

"*Oh, do you feel it?*"

—*Yes!*

—*Where?*

—*In our heart!* —contestan en coro los niños. Y vuelven a intentar, esta vez tratando de sentir el blues en sus pequeños corazones. Y logran sacar de sus cuerpos la voz para cantar *Honey Bee*.

* * *

—No aceptaba yo que estoy enseñando, *I'm a teacher*. Todavía no me lo puedo creer, me digo no, yo no soy esa persona. Pero me estoy dando cuenta de que llegan los chamacos y me quieren. Llegan maestros que han estudiado pedagogía y todo y no tienen ese click. ¿Por qué? O no lo aguantan. Pero luego lo pienso y digo claro, porque a mí me faltó esto. Me faltó tener a mis hermanitos allá a mi lado, me faltó mi misma niñez. Y por eso me sale tan natural, porque yo sé qué es lo que hace falta. Sé qué es lo que los niños necesitan, porque mucho de esto yo no lo tuve, pero tuve mucho tiempo, en el aislamiento, para pensar, para saber qué necesitaba. Y de una manera ha sido terapéutico para mí en ese sentido. Y si es mi trabajo y yo tengo que enseñar y me pagan y me voy a la chingada, para mí no fue tanto mi trabajo. Sí tengo que vivir de eso, pero es más personal y sentimental que simplemente un trabajo en el que tienes que hacer tus ocho horas y luego te vas. Y creo que ésas han sido las cosas que yo voy conociendo en mí, porque adentro todos esos sentimientos los entierras y a la chingada.

Y brotan, esos sentimientos, me siento así y de repente, ¡ay, güey!, no, ¿qué está pasando? ¿Por qué me siento de esta manera? Pero me siento bien. Yo pensé que siempre iba a ser el cholo, el pandillero; pensé que nunca me quitarían la etiqueta. Ahora me dicen *teacher*, soy el *teacher*. Y yo pensaba, *I'm not a teacher, I just work as a teacher.* Y luego una colega me dijo es que tú eres una figura importante para los niños, una autoridad en la escuela, ante los padres y la gente que viene a hablar contigo, ante nosotros. Y yo me quedé así como de *what?* Y ahí me cayó el veinte. Y es que no te das cuenta de lo que estás haciendo. Y ella me conoce, lleva un rato dando clases y es buena amiga, y un día hablando me empezó a preguntar, y yo pensaba, bueno, si vamos a empezar una amistad, no la voy a empezar bajo algo falso. Ya le dije, y nomás se quedó así, callada, como que al principio no me creía. Y me preguntaba. No le dije todo, nomás ciertas cosas, y ya empezó a verme desde un punto de vista diferente, pero como que lo aceptó. Y me dijo qué bien, ahora ya entiendo por qué eres de tal manera; empezó a decirme, entiendo por qué que eres callado, no hablas mucho de tu vida, no tocas tanto el tema. Se siente bien no tener que esconder quién soy, pero tampoco tener que decirle que fui alguien al que le vale madre. Aquí mi vida ha cambiado, he conocido gente diferente, y la verdad es padre. Me digo *oh, man, who ever thought? Me!* Pinche pandillero *dumb ass!* ¿Cómo llegaste aquí? Estar al mismo nivel con esta gente y poder conversar y hablar de cosas buenas y ver lo que yo he aprendido, y poder relatarlo, y poder tener conversaciones. Y que vean a uno bien y no piensen, ¡ah, pinche pandillero! Esto para mí ha sido un cambio que a veces no lo creo. Se me hace *like, what?* ¿Cuándo se va a acabar esto? *This is gonna finish, you know? Wake up.* Me da gusto, Fed, *you know?* Que por primera vez estoy relatando esto de esta manera contigo. Siento que puede hacer una diferencia. Es abrirle los ojos aquí, pero también allá. Que tú hayas entrado también en ese mundo, que hayas visto el sentimiento de la gente, los chavos allá en prisión. Y te das cuenta de que todos queremos una vida normal, esa oportunidad de ser alguien, de no ser esa persona, un matón, no, alguien que la verdad hace una diferencia, *you know?*

Se queda en silencio. Todavía le da pena ser tan abierto frente a mí, que se vea tanto su sensibilidad, a pesar del tiempo que hemos pasado juntos en estos años, a pesar de todo lo que me ha contado. Prende un cigarro y se queda fumando un par de minutos sin decir nada. Algunos de los dibujos hechos en prisión están colgados en las paredes de su nuevo departamento. Uno un poco macabro, de un guerrero jaguar con su escudo rodeado de calaveras, parece observarnos en silencio.

—Nunca fui malo, Fed, créeme. Tuve que hacer cosas malas, sí. Pero nunca lo disfruté. En unas ocasiones sí fue de... de que sentía la adrenalina. Yo creo que más te excita cuando agarras una pistola y disparas, tan, tan, tan. Pero cuando vas y picas a alguien estás haciendo algo malo. *Like, fuck! what am I doing? But, fuck!, is part of this life*, entonces no lo estás pensando demasiado. Yo lo que te he contado... digo, *what does he think?* ¿Qué es lo que realmente ves? ¿Cuál es tu opinión? ¿Qué es lo que piensas, lo que entiendes sobre mí? Y sobre todo, ¿cómo lo vas a escribir?

* * *

Oh momma, please don't take me to school
cuz I got the Monday, the Monday blues!
Oh momma, please don't take me to school
cuz I got the Monday, the Monday blues!
I'm sleepy, I'm tired, I'm sleepy, I'm tired
Oh momma, please don't take me to school
ooohhh, the Monday blues!
(armónica)
The teacher is a meanie, and creepy
The teacher is a meanie, and creepy
Oh momma please don't take me to school
cuz I got the Monday, the Monday blues!
Momma, ouhm, ouhm
please, please, please
don't take me to school
cuz I got the Monday
bluuuuuuues!

Los niños cantan, casi gritan, su canción favorita. La canción que Edwin escribió para ellos. *The teacher is a meanie, and creepy.* Es la autoironía, el lenguaje que Edwin utiliza para sí mismo. El profesor es malo y *creepy*. Pero sus niños lo aman.

Se baila *breakdance* después del blues, en un tapete redondo y peludo que está en medio del salón. Stephen Marley canta *Hey Baby*, y el niño más callado, más pequeño de todos, baila *breakdance* con una desenvoltura extraordinaria. Sobre las notas del hijo de Bob Marley, los niños "posan" como pandilleros, y se divierten como locos, con los brazos cruzados en el pecho, los hombros levantados, una pierna más adelante que la otra, la espalda y la cabeza ligeramente hacia atrás, la mirada seria que dura pocos segundos, para dar lugar a una risa explosiva.

Pienso que puedes salir del barrio, pero el barrio nunca saldrá de ti. Pero hay mucho que rescatar del barrio.

—*They pose! They dance, and they learn having fun.* La dueña de la escuela, que conoce mi historia, una vez me dijo ésta es tu terapia, Edwin, por fin vives tu niñez con ellos, y les enseñas cosas. Y yo creo que sí. Es lo que hago aquí.

La última media hora la música es más *chill out*, Stephen Marley canta *Someone to Love*, todos se sientan en círculo en el tapete redondo.

Edwin, piernas cruzadas y ojos cerrados, les dice a todos que respiren.

—*Breathe. Breathe deeply. Respect, inner peace in my mind, love in my heart. Immagine to be in a place where you feel really happy. Immagine to be with the persons you love to be. Breathe.*

* * *

Muchas veces en los últimos tres años he pensado en el porqué de este libro, me he preguntado si realmente valía la pena, si tenía sentido contar esta historia. Me he sentido fascinado por este personaje, lo he odiado; he pensado decenas de veces que sería mejor dedicarme a algo diferente, algo más contundente, no tan íntimo. Luego he regresado. He regresado siempre. Y escribir estas líneas significa que estoy a punto de terminar este relato. Pero sigo preguntándome por qué tanta determinación, o terquedad. ¿Qué hay tan importante en esta historia?

Cuando estaba a punto de dejarla a un lado, me pasaba que volvía a leer a Emmanuel Carrère, sus historias aparentemente insignificantes, y el entramado que se construía con la vida del autor, y repentinamente me acordaba que es esta relación lo que hace de una historia algo especial. Tal vez hay muchos Edwin en el mundo, aunque lo dudo. Seguramente muchos expresos, que vivieron la experiencia de la pandilla y luego de la prisión, del aislamiento, y una vez afuera lograron cambiar el rumbo de su destino aparentemente ya escrito. Hay muchas historias así, en la literatura, en el cine, autobiografías, relatos más crudos, más vívidos.

Pero ésta es otra historia. Es el encuentro lo que creo que vale la pena contar. Son nuestros pensamientos, pensamientos que se han desarrollado en años de conversaciones. Muchas veces Edwin me ha preguntado cómo iba a contar su historia. Nunca le di una respuesta satisfactoria, porque la historia iba a encontrar la forma de contarse. Lo que yo vi en él fue un hombre con una vida dura en su pasado y una vida luminosa en su presente. Y gente que le decía que se olvidara de su pasado, que ahora, a pesar de lo que había vivido, tenía una vida mejor. Y fueron aquellas tres palabras las que me llamaron la atención y que motivaron mi trabajo: "a pesar de". Porque esta vida dolorosa y violenta no es una cosa diferente de la vida que Edwin vive hoy. No hay solución de continuidad. Es gracias a todo lo que vivió, y no a su pesar, que es posible el hombre que veo con esos niños. Su sensibilidad se ha desarrollado en la frustración de una infancia y una adolescencia en un contexto violento. La parte amorosa, delicada de Edwin, ha crecido bajo las cenizas de un mundo duro, se ha alimentado en la ausencia, ha madurado en años de meditación, de soledad, de aislamiento, de silencio.

La sabiduría de sus palabras se ha ido formando, poco a la vez, durante años de silencio y reflexión, en los que el único interlocutor era él mismo, sus recuerdos, sus sueños, sus esperanzas de salir de ese pinche hoyo. El deseo de hacer algo para los demás, para mejorar el mundo en el que él mismo tuvo un rol negativo.

Pero también otra urgencia ha empujado este libro. La urgencia de contar nuestra nostalgia, el anhelo de lo que fue y ya no podrá ser en nuestras vidas. La nostalgia que nos une, la nostalgia de nuestra tierra, donde no hemos construido nuestras vidas. La nostalgia de nuestra juventud, en la que pensábamos que íbamos a ser y hacer algo y que se quedó de alguna manera traicionada. La nostalgia de nuestras madres, imágenes dolorosas y potentes, sombras que van desapareciendo. La nostalgia de la pertenencia, que se fue esfumando, que tuvo que transformarse a fuerza en un país que no es el nuestro, en el que no queríamos realmente estar, pero que nos dio más de lo que esperábamos, de lo que hubiéramos podido soñar. Pero aun así no podemos sentirnos en casa, no podemos sentirnos felices.

Esa nostalgia es como un miembro faltante, después de ser amputado. Kim Stanley Robinson lo hace explicar de una manera muy eficaz a Michel Duval, uno de sus personajes en la novela *Red Mars*. La nostalgia es como una mano amputada: "cuando una parte es cortada los nervios faltantes siguen pulsando dolorosamente".

Y la otra gran fuerza a la base de esta historia es la melancolía, el anhelo de lo que nunca fue y no podrá ser. El *what if* que no nos deja dormir. ¿Qué hubiera pasado?

¿Qué hubiera pasado si nuestra vida se hubiese desarrollado de otra forma?

* * *

Después de haber dejado Pelican Bay, el auto rentado se hace silencioso. Javier entiende que necesito tiempo para elaborar lo que acabo de ver, de vivir. Para él sigue siendo impactante, a pesar de frecuentar las prisiones de California durante años.

Buscamos un restaurante para comer algo, en Crescent City, un pueblo que vive de la pesca de cangrejos y de la prisión. Una comunidad que basa su economía en el negocio de la detención, tanto que

255

todos los que trabajan en Pelican Bay o son parientes o son amigos o son vecinos o son conocidos.

De repente entre Javier, yo y nuestro silencio se interpone el océano Pacífico. Después de una vuelta, el azul intenso del mar nos invade los ojos y llena nuestros sentidos con su olor, con el ruido de las olas, justo como contaba Edwin, que llegaba a percibirlo, atenuado por las paredes de concreto y de acero de la prisión, pero que no lograban (o ésta era justo la intención perversa y sádica) dejar afuera su potencia.

Nos paramos en un mirador que tiene una cadena oxidada como barandal de protección, al estilo de una nave. Las olas que rompen en las rocas, el azul del mar, tan brillante que lastima los ojos.

Nos dejamos acariciar por la brisa marina, finalmente sonriendo después de horas encerrados. Es una probadita de lo que puede sentir alguien que salga de Pelican Bay después de estar detenido ahí, nomás para que entienda. Si para mí es tan urgente respirar, y tan placentero ver este panorama, me conmueve la idea de qué debe de ser para un detenido que vea esto por primera vez después de años en el SHU.

Se acerca al mirador una pick-up del servicio de carreteras de Crescent City, de esos vehículos con luces anaranjadas intermitentes que se usan para obras en la vialidad pública. Bajan dos hombres bronceados, con lentes de sol, y caminan con decisión hacia nosotros. ¿Qué hacen aquí? ¿De dónde vienen? ¿Quiénes son ustedes? Son las preguntas que sin ningún motivo ni título nos dirigen.

Javier saca una gran sonrisa. Después de 25 años, no cambia la actitud prepotente del poder.

—Venimos de Pelican Bay. ¿Por qué?

—¿Y qué hacían en Pelican Bay?

¿Y a ti qué te importa, pendejo? Es lo que quisiera contestar a estos dos hombres que con actitud intimidatoria nos estuvieron persiguiendo desde la salida de la prisión, hace 10 minutos. Pero es Javier quien contesta.

—Trabajando, como siempre. ¿Y ustedes qué hacen? ¿Por qué les interesa tanto lo que hacemos?

No hay respuesta. Los dos hombres se quedan en silencio para mirarnos. Luego sonríen y vuelven a subirse en su pick-up, y lentamente se van.

Javier y yo nos quedamos otro rato a disfrutar de la belleza del lugar. Ahora podemos ir a buscar un lugar donde comer los famosos cangrejos de Crescent City.

* * *

—¿Hay algo que extrañas de Pelican Bay?

—*Yeah!* El hecho de estar con ciertos camaradas, cuando hacíamos *spreads*, esa cosa con mayonesa, papitas, chetos... Hasta cuando veíamos el futbol americano y hacíamos apuestas y todos estábamos viendo el partido y le decías, ya te gané, y ganabas estampillas, o sopas. Ja, ja, ja. Extraño esa convivencia, y también intercambiar dibujos. También el simple hecho de que siempre me gustaba en la noche poner así cafecito y ponerme a leer un libro, me quedaba picado *you know?* Me soltaba la imaginación. Y estudiar, dibujar, con esa tranquilidad, esa paz, y compartir el dibujo con los camaradas. Eso extraño.

—¿Podríamos decir que adentro tenías libertad de hacer cosas que afuera no tienes la misma libertad de hacer?

Ríe fuerte.

—¡Exactamente! Qué ironía, ¿no? Acá afuera ¡ya valió madre todo! ¡Ya no puedo hacer nada de eso! Y la verdad, te digo algo, eso me da en la madre aquí. Me da en la madre porque *I can't do that*. No me puedo sentar *drawing*, quedarme ahí y olvidarme de todo esto de afuera. O sentarme a leer un libro, un cafecito, una cama. Yo todavía cuando salí agarraba la jerga, y me ponía en el piso, pum, pum, pum, porque limpiábamos la celda así. Y me decían, ¿por qué no usas el trapeador? Y yo, ah, sí ¿verdad? Así lo limpiaba. Pero más que todo extraño esa rutina, eso de sentarme, de soltar mi creatividad, que ahora la verdad está noqueada. Sí me frustra porque eso fue lo que me permitía estar bien. También escribía. De vez en cuando todavía apunto cosas. *I like that*, me gusta mucho eso. Y el hecho de que puedas tú estudiar y compartir con alguien eso, que acá afuera, pues ya vale madre, la mentalidad es diferente. Acá quieren hablar más de mis problemas, de lo que me pasa… *fuck all that! Read books*, ponte a escribir algo, un *journal*. Y era hacer cositas, todavía. Hacer *addressbooks*, poníamos todas las direcciones, y hacer cuadritos. Sí es algo que extraño. ¡¡No digo que extraño la comida porque era una mierda!! (ríe muy fuerte). Ya sería muy cabrón, ya sería ¡¡no mames, güey!! No extrañas la comida, pero era eso.

Es lo que más me llama la atención de todo el relato de Edwin, lo que extraña. No me parece raro que extrañe cosas, la prisión ha sido su casa durante 15 años, siempre hay algo que puedes extrañar de una casa, aunque esté fea, en un barrio pobre y sin ventanas. No, lo que me parece tan interesante es poder romper mis prejuicios sobre lo que vive y se mueve en la prisión. La posibilidad de poder abandonar la visión que socialmente se construye de los presos, y verlos finalmente y realmente como personas iguales a mí. Y no porque yo vaya por la vida acuchillando a la gente, sino porque todos tenemos una carga de violencia encerrada, escondida a nuestros mismos ojos, y en prisión ya no se esconde. Ahí puedes sacar aquel asesino que tienes en la mente y que nunca vas a ser. Es como una playa nudista, donde se ve lo que normalmente, en otros lugares, mantienes escondido.

Edwin no lo ve así, para él simplemente es el lugar donde hay que adaptarse, del que se pueden aprender las reglas y sobrevivir.

—Es que se habla siempre negativamente de la prisión. *Ok, they deserve to be in there. Ok yeah, I get cought up in a fight, I get cought up in a riot, in a sticking. Yes you did stuff like that but it was part of survivor in there. It doesn't mean you're a bad person! You know? And then again you also hurting good people!* (ríe). *We're in there, we're cought up in there and that's just the way it is. If prison really was what it was, a rehabilitation program, you can go to prison and come out whith a college education and then, wow, the society would be a better place. But that's not the case. And I had the opportunity of coming out and going to the same shit or changing my life. And changing my life was scary, because I didn't know that. Going back to the same thing was easy for me, 'cause I knew that. You know how it works, you know how to deal with that, you're more prepared to face that than face changing your life. You don't know what's expected from you. For me was... who am I out here? Who am I gonna be? I thought... maybe it's silly, I don't know.*

Afuera ya no puedes ser el Edwin de la prisión, Edwin Martínez. Tienes que ser Edwin, pero con las cosas buenas que aprendiste adentro. Te tienes que llevar en la maleta todas tus experiencias, tus recuerdos, pero darles espacio a las enseñanzas positivas, a los razonamientos que desde aquel hoyo te hicieron crecer. Te tuviste que preguntar: ¿qué es lo que queda? ¿Qué es lo bueno que tienes que puedes ofrecer a la sociedad ahora? Y esto es doloroso. Te ha costado años entenderlo, y ahora aplicarlo en la enseñanza, como maestro de escuela, es tu salvación.

Además, tú no sabías de qué eras capaz. Sabías que podías pelear, sacar una navaja y picar a un güey, que podías robar, resistir los golpes, no enloquecer en una celda de aislamiento. Pero no sabías cómo se vive afuera. No sabías reconocer que tú también mereces lo que tienes.

Pero ahora no estás solo en tu celda para dibujar, con todo el tiempo del mundo, el silencio, tus pensamientos. Ahora tienes la sociedad encima, que te observa, que te juzga.

¿Por qué vamos a la escuela, estudiamos, vamos a la universidad? Porque queremos sentir que valemos la pena. No importa si no tienes una profesión, pero sabes que estás haciendo algo que vale la pena en tu vida. Es lo que piensas. Claro, aceptaste el reto porque era un gran reto, aparentemente inalcanzable. Y por necesidad. Pero ahora es distinto. Ahora sientes que quieres que se te reconozca que vales la pena. Que no eres un desechable. Ahora quieres demostrar que sí vales y mereces lo que tienes, sin temor de parecer arrogante. Por eso no te conformas con tu trabajo. Hace dos años empezaste a estudiar en las noches. Te inscribiste en la universidad, idiomas. Para aprender el francés, que en prisión te parecía una cosa de putos, pero ahora se vuelve un nuevo reto. Para tener una licenciatura, un logro impensable hace algunos años. Quieres más retos, quieres más. Viviste demasiada violencia, demasiado dolor para tener falsa modestia. Ahora sabes que vales más que muchos que tuvieron una vida plana, que estudiaron y lograron ser maestros. ¿Por qué? Porque perdiste demasiado, porque viviste demasiado. Puedes ser un gran maestro porque perdiste tu infancia.

* * *

—Si pudiéramos estar en un cuento de ciencia ficción y el Edwin Martínez de la pandilla o de la prisión pudiera conocer a Edwin Gámez, ¿qué crees que pensaría? ¿Le caerías bien o mal? ¿Diría ¡qué chingón! o ¡qué mamón!?

—Diría, *you did it homie!* Lo hiciste. Que ¡qué bien! Que la sigues pendejeando en algo, pero estás mejor. Yo creo que esto. *Look at you now.* ¿No que no? Todo esto nunca se me ocurrió.

—Si hubiera llegado un tipo del futuro con Edwin Martínez hace quince o veinte años y le hubiera dicho, mira, vas a estar así, vas a ser maestro de niños, vas a ir a la universidad, ¿qué le hubiera contestado Edwin Martínez?

—No… estás equivocado. Le hubiera mentado su madre, ¡chinga tu madre! (ríe). No, no le hubiera creído. A pesar de que creo que adentro siempre estuve tratando de ser positivo, en mis cartas, escribiendo… pero es más para los que están afuera que para yo que estoy aquí adentro. Porque esto es mi realidad, esto es aquí y esto es a lo que le tiras. No hay lugar para ver más allá. Entonces yo regreso al primer día que salí, que iba a salir… ¡ah caray! ¡No quiero! ¿Qué voy a hacer? Pues el miedo… yo no sé qué han sentido otros al salir. Siempre he tenido la curiosidad de hablar con un *homie* que sale después de muchos años, así de, *man, what did you feel?* Tal vez para ellos es diferente, o salen y tienen a gente que los recibe. A mí también, pero creo que la situación fue diferente… no fue como me la imaginé. Entonces esto cambió mucho mi percepción.

—Cuando estabas allá, esa persona ni podía imaginarse todo esto que eres. Pero tú, ahora, viéndolo en perspectiva, ¿te das cuenta de lo enorme, de lo inconcebible que has hecho, que fue tu vida?

—Es hasta este punto, que tú me has traído esto, las fotos y los videos, ahorita me acabas de dar una cachetada. Una cachetada en el sentido de que, ahora fíjate, cabrón, lo que has hecho. Porque yo sé que he logrado cosas. Y lo chistoso es que yo no siento que he hecho... es que todavía me falta algo. Y ver esto, ver estas fotos, ver mi infancia que nunca lo... creo que nunca lo vemos en verdad. Creo que nunca he tenido el tiempo de ver fotos de eso, nunca me mandaron fotos... y ahorita que estoy viendo todo eso y digo órale, todo lo que tengo ahorita, todo lo que he logrado... y escucharte de nuevo, o sea, tú me hiciste regresar, canijo, ahorita que he leído las cartas, como relataba mis cosas... y hay una parte de mí que... tú me conoces, tú conoces a esta persona, más que mi familia. Pero sí me doy cuenta de que he llegado lejos. Lo que he logrado. Tampoco es una vida tan de tragedia ni nada, pero es un contraste, muy evidente. Pero todavía queda ese hueco, ese vacío, de querer más.

Ahora sonrío yo. Es lo mismo que siento yo. Es el mismo sentimiento de insatisfacción, constante, aunque la vida te regale situaciones que no hubieras imaginado. Ahora soy profesor universitario, tengo libros publicados, premios, una posición que me parecía imposible de alcanzar cuando llegué a México. Pero todavía queda ese hueco, ese vacío, de querer más.

Sonrío y se lo confieso a Edwin, que me mira con curiosidad. Es una de esas ocasiones en las que me pregunta a mí si lo que siente es legítimo.

—¿Y crees que es un sentimiento, por decir, normal?

—Sí. Porque eres una persona que no se conforma, para la cual nunca es suficiente lo que hace. Te entiendo bien. Me pasa lo mismo.

Se relaja. Tiene la mirada concentrada y el tono de su voz es serio.

—Fíjate que cuando estaba adentro, y por estar adentro, no te das el lujo de sentir eso, porque dices, aquí no hay hueco. Ya quedó. No te permites querer más. Porque no lo puedes hacer. Porque si tú haces eso, te vuelves loco. Tú tienes que ver sólo tu presente. Yo estoy aquí, *this is what it is.* Y yo creo que al salir ya no puedes verlo así. Y ése es el pinche choque.

Su vida ahora tiene el tiempo futuro, no sólo el presente. Y tiene una perspectiva, y tiene proyectos, y ambiciones, y deseos de más y más. Su vida afuera ahora puede despegar.

—No sé si el choque lo tendrán también los camaradas que salen después de veinte años o algo ya les falta, o es que estoy libre y ya soy feliz. Hay que saber llegar. Es un momento muy breve, pero todo lo que transcurrió para llegar a esto es lo que cuenta. Y a veces tengo que hacer esa pausa de regresar. Y lo que a veces tengo es que trato de no regresar a ciertas cosas y a bloquear. Pero si Edwin Martínez estuviera frente a mí ahorita, creo que no se lo creería.

—¿Estaría orgulloso?

—Yo creo que sí. Sí, porque dentro de él siempre existió el deseo de ser algo, de hacer algo.

—Siempre existió dentro de él Edwin Gámez.

—Ja, ja, ja, ja, de alguna manera.

—Siempre estuvo ahí escondido.

—Pero sin darse cuenta. El disfraz fue ese apellido, esa persona... eso es lo que te tocó. Pero la misma vida te fue guiando y no te das cuenta. Tú vives en tu rollo, como cada ser humano. Y ahorita que estoy de este lado, yo creo que desde que estoy aquí empezó a vivir Edwin Gámez, el profesor, que va a la universidad, que se quiere superar. Son seis años que estoy en esto, y aún no puedo creerlo. ¿Yo? ¿Cómo? ¿Yo estoy haciendo esto? Y que un niño me miraba y me decía *hey teacher!* Y yo, *what?* No me cabía. Pero creo que hasta que me doy cuenta que en verdad me digo *this is you!* Ya no hay otro. Y a veces creo que no quiero soltar a ese Martínez, porque ése es el que... el que he conocido de toda la vida. Este nuevo yo no... no me lo creo a veces. Ja, ja, ja. *Is that you?*, o ¿a qué le estás tirando?

—Es cómodo no soltar el Martínez, de alguna forma.

—Se ve en mi dibujo. No salgo de ahí. No veo la libertad. Me di cuenta mucho de eso. ¿Ahora qué dibujo? ¿Qué es lo que dibujo?

No sé dibujar la libertad. No sé dibujar a Edwin Gámez libre, Edwin Gámez pensante, Edwin Gámez que está viviendo cosas en su vida. Me pones a dibujar, y dibujo a Edwin Martínez, encerrado, atrapado, rodeado de lo que era su vida antes. Y luego sí me choca. ¿Por qué? Era tan fácil dibujar, no sé, de color, o un paisaje, o encerrado, y ahora que estoy fuera, no sale. No puedo dibujar la libertad. No sé si esto contesta tu pregunta. Pero nunca lo he pensado, de qué diría Edwin Martínez.

* * *

No logramos comer los cangejos. Al parecer lo único disponible es pescado frito, que resulta también medio podrido. Así que mi deseo de probar algo rico se desvanece en el viento. En cambio, la cerveza es muy buena y refrescante. Después de la comida nos alcanza Samuel, el capellán de Pelican Bay, amigo de Javier.

Antes de despedirse, me comenta que uno de los presos que vimos hoy escuchó la razón por la que yo estaba visitando la prisión. Escuchó que estaba escribiendo la historia de una persona que había vivido ahí durante muchos años, un expandillero, y que ahora tenía una vida diferente en México. Y al escuchar esto se sacó de onda, refiere Samuel, porque para él la vida de Edwin representaría una traición a los valores de la pandilla. Como si ser feliz y hacer algo diferente no fueran una opción para alguien que en algún momento de su vida fue pandillero.

Lo que yo buscaba en la historia de Edwin en un principio era una forma de rebelarse al sistema. La buscaba en su ser pandillero, porque pensaba que esa estructura, en sí, representara una crítica. Pero estoy siempre más convencido de que la rebeldía se encuentra en las elecciones de Edwin. Él es un rebelde porque logra liberarse de su mismo conformismo. La rebeldía es interior; no se da en un nivel sistémico, de contexto, sino a nivel individual. Su anticonformismo es lograr tener una vida diferente de la que se le había asignado, por el sistema, como latino en el barrio, pero también por la misma pandilla. Edwin escoge siempre, y escoge maneras anticonformistas de elegir el camino. Ésta es su gran rebeldía, romper esquemas que lo quieren atar a un destino.

Así que el comentario del pandillero preso que va a quedarse ahí toda su vida por no "traicionar" a la pandilla me suena como algo extraño.

Edwin no es ningún traidor. Es un hombre que ha construido un camino alternativo donde no había nada, en un lugar donde uno como él podía acabar sólo en prisión o muerto en una calle.

Justo ahí está su rebeldía.

* * *

Días después de mi visita a Pelican Bay, antes de dejar Los Ángeles, Javier me acompaña a entrevistar a R, el expandillero que acababa de salir de la sede del SHU hace pocos días. Nos sentamos en una oficina vacía en la sede de ARC, con puertas de cristal a través de las cuales nos pueden ver desde afuera, sin escuchar lo que decimos. R está aparentemente tranquilo y relajado, pero después de haber pasado los últimos 11 años y medio en el SHU debe de haber aprendido a controlar sus sentimientos. Prefiere que no use su nombre en la entrevista y decide hablar en inglés, dado que siente que su español no es tan fluido. Estamos sentados uno frente al otro. Entrevistarlo a él es un poco raro. Siento que es como si estuviera traicionando a Edwin. Además no había contemplado la posibilidad de comentar mi experiencia del SHU con alguien que no fuera él.

Lo primero que le pregunto, con sincera curiosidad, es si se siente sano de mente o si se siente loco. R ríe con gusto a mi pregunta. Se siente sano, pero si fuera loco también pensaría que es cuerdo, así que... se rompe el hielo. La segunda pregunta es un poco más seria. ¿Cómo le hizo para no enloquecer? Once años es mucho tiempo. Once y medio, me corrige de inmediato. Sonríe y calla.

Se toma su tiempo para contestar. Me dice: la disciplina. Esforzándose cada día.

R llegó a Pelican Bay por haberle disparado en la cara a un policía, que milagrosamente no murió. Tenía 17 años cuando esto pasó. La policía le disparó y también fue milagrosa la operación que le sal-

vó la vida, tanto que el cirujano un día en el que estaba dando una plática a jóvenes detenidos en una prisión de California, llevó las fotos
de la operación a corazón abierto que le realizó a R como ejemplo de
lo que tienen que hacer los médicos para salvar a los pandilleros cuando llegan al hospital después de una balacera. Contó que había man-
tenido con vida a su paciente literalmente pulsando con sus manos su
corazón, dijo que era muy joven y que se había salvado de milagro. R
se levantó y le dijo, enfrente de todos, doctor, ese joven soy yo.

La madre de R había trabajado duro durante años y había ahorra-
do una discreta cantidad de dinero, que fue suficiente para pagarle a
su hijo un abogado capaz. El resultado fue que, contrariamente a cualquier previsión, la condena fue de "sólo" 19 años y medio.

De los 19 años y medio R, con una historia similar a la de Edwin,
vivió encerrado en el SHU los últimos once. Y medio.

Cada día se esforzaba de platicar, con todos. Esto fue su secreto,
lo que él llama su disciplina. Buscar un argumento de conversación,
cada día, con cada uno de los compañeros del SHU. Todos los detenidos en el pod del aislamiento, que se compone de ocho celdas, cuatro
arriba y cuatro abajo, como pude observar yo mismo, cada una ocupada por uno o dos prisioneros. De un mínimo de ocho a un máximo
de 16 personas. Cada día R se impuso la tarea de encontrar un tema
cualquiera de conversación, con cada persona presente en el pod. En
la mañana empezaba con uno, el de la celda de al lado. Le preguntaba algo sobre su familia, esperaba la respuesta, pasaba unos minutos
platicando. Lo había pensado con mucha atención. Con el siguiente
hablaba de baseball, con otro seguía jugando un partido de ajedrez, en
el tablero mental que todos tenían. Un esfuerzo enorme, considerando que conforme va avanzando el tiempo los presos en el SHU tienden
a aislarse, a enajenarse, a abandonar el contacto con los demás. Y es
esto lo que te jode el cerebro, lo que te aniquila completamente.

—No podía permitir que esto me pasara a mí. Y era complicado,
porque de repente uno te gritaba y se enojaba, no quería que lo moles-
taras. O simplemente ya no tenía yo nada que decirle. El gran esfuerzo era justo encontrar un tema, cada día, durante tantos años.

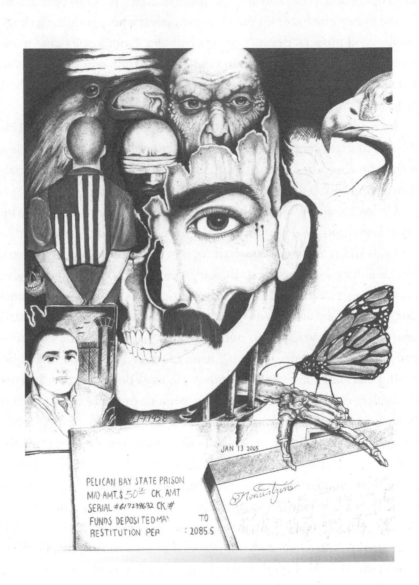

Once años. Y medio. 4200 días. Y 4200 noches. 100800 horas.

Es lo más duro que me cuenta R. El resto son sus reflexiones, su visión de la prisión, que se parece mucho a lo que he escuchado de Edwin en estos años. Sólo que todavía la visión pandillera es muy fuerte en las palabras de R, en sus razonamientos. Le ha faltado vivir afuera, en México, le ha faltado la idiosincrasia de la vida de Edwin. Ha compartido la experiencia de la prisión, de Pelican Bay, del SHU, y durante más tiempo, pero falta la otra mitad.

Me cuenta de la dificutad de adaptarse al contacto con la gente en Los Ángeles. Vivir encerrado y solo durante tantos años hace muy difícil volver al caos de una ciudad tan grande. Dice que se va a adaptar, que ya se siente mejor que el primer día.

Entreveo a Edwin en sus ojos, en sus expresiones, en sus afirmaciones tajantes. Sin embargo el que entreveo es Edwin Martínez recien salido. Como hubiera podido verse hace 10 años si se hubiera quedado en Los Ángeles.

What if? Pero no. Todo esto no pasó.

*   *   *

—Un camarada, *I can't remember his name,* pero... *he has been down for a long time... told me once, you don't even pay rent. We don't pay rent, we don't. You send money home? No. You ask your mommy to send you 20 bucks, 10 dollars, 30 dollars. You don't do shit. You stay here, growing old, you think you're badass because we can stab somebody or bit a shit somebody. True,* pero te das cuenta *that this is fucking true. I'm an old man in a motherfucking cell with some type of power. That's it. I mean, what have you done in your life? If you're smart, you can't even show that intelligence, because you're in prison. Among us it was like, Ed was smart, yeah, but what is he doing? He's doing his time, his mind is clear but, what else? You start to think like, fuck! All these people* que tienen todo este talento, *they're just dying in here. And now I know that me being like this, brought me here.* Estos niños *in the school. I'm teaching them hip-hop song, or teaching them breakdance*, o les enseño a dibujar, a meditar, quién era Picasso, Dalí, *teaching them how to speak English, and I'm... fuck! I'm doing something! You know? Coming from where I came from It's like... you can't get no higher than that. You know what I mean? But it took me time to realize that. Took me some time to really*, entender eso de que *I'm changing lives in there. They won't remember me but... I'm doing something for them.* Ellos se llevan una experiencia. *I don't know if they will remember, maybe sí, but yo... I'll never forget my kids and all the things we did.*

* * *

El 1º de enero de 2017 tengo una cita con Edwin. En su nuevo departamento, el espacio en la sala es un poquito más angosto, pero la atmósfera sigue siendo acogedora. La casa está limpia, ordenada, algunos de sus dibujos están colgados en la pared. Ahora el estudio es el espacio donde aumenta su colección de juguetes.

Tengo una cita porque voy a tener que cumplir con mi palabra. Hace años, en una de nuestras primeras conversaciones, hablamos de tatuajes. Todavía Edwin no confiaba mucho en mí, no estaba tan seguro de que yo iba a poder contar su historia. Viendo sus tatuajes se me ocurrió decirle que podíamos hacer un trato, que iba a dejarme rayar un brazo al final de mi trabajo, yo que no amo los tatuajes. Le pareció una cosa chistosa, y sellamos el trato con un apretón de manos.

A lo largo de los años, en varias ocasiones, Edwin me ha recordado nuestro acuerdo, y hoy vengo a honrarlo, porque siento que estoy a punto de acabar el libro, aunque todavía falta un poco. Y también porque quiero acelerar el proceso de escritura, sabiendo que ya cumplimos el trato del tatuaje.

No me siento muy cómodo, pero cada promesa es una deuda.

Yo escogí el tema, Edwin, el estilo. Obviamente estilo de pandillero de Los Ángeles. Va a ser un dibujo bastante grande, en mi brazo izquierdo. Una cosa muy visible, bastante poco sobria.

Empiezo a tomar el tequila que generosamente Edwin me sirve, para que no me duela demasiado.

—Tienes la piel bien delicada —me dice a los pocos minutos—. ¿Será que los güeritos no aguantan nada?

—Ay, cálmate. Vas a ver que no me voy a quejar. Hasta podrías hacermelo con esas agujas artesanales que usabas en prisión y no me quejaría.

El proceso dura algunas horas. Mi hijo juega con la Play Station de su amigo Edwin mientras yo, siempre más borracho, veo aparecer un dibujo extraño que hincha mi piel sensible de güerito.

Mientras trabaja Edwin, me cuenta que uno de sus tatuajes visibles, el "VALLE" que lleva en el cuello, lo hizo un *cellmate* cuando estaban en el SHU, en Pelican Bay. Pulverizaron una pelota de plástico que usaban para jugar *handball* en la hora de tomar aire. Con el polvo hicieron la tinta. Me siento afortunado de que en mi caso se haya usado tinta profesional.

El último detalle en mi tatuaje son los tres puntitos que los pandilleros tienen debajo del ojo izquierdo. Que él tiene ahí, aunque después de tantos años parecen más bien un extraño lunar.

—Ahora que te hice los tres puntitos eres de la pandilla, *homs*. ¡Ahora tienes que hacer algo para la clica! —dice riendo fuerte.

Lo miro de reojo. Tengo el brazo hinchado y rojo, y ya me siento medio borracho. El dibujo quedó muy bien. Me gusta.

—¿Tú y yo somos la clica? Llevo casi tres años escuchando y escribiendo tu historia. ¿Te parece suficiente o puedo hacer algo más?

—Ja, ja, ja. ¡Es más que suficiente, carnal! Ya acabamos. Ve a lavarte.

* * *

En saco y corbata, sentado en el asiento trasero de un Uber, camino a la universidad donde trabajo como académico, pocos días después, listo para volver a mis reuniones, una presentación, mis clases; siento pulsar mi tatuaje debajo de la camisa y me da comezón en todo el antebrazo. Edwin me dijo que no tengo que rascarme, pero es molesto. Para no sentir la comezón empiezo a pensar en otra cosa. Se me ocurre que estoy ocultando algo, que mi nuevo tatuaje es ajeno al ambiente académico, y es un secreto, detrás de la fachada de respetabilidad que quiero llevar puesta. Es un secreto como otros. No tiene mucha importancia, no es tan determinante. Pienso que este dibujo indeleble en mi piel representa el pacto con una persona, el trabajo de años, la empresa que juntos decidimos enfrentar. Cada tatuaje de Edwin, ocultado a sus alumnos, en su escuela, debajo de mangas largas, camisas, sacos, corbatas, una apariencia de respetabilidad, ha representado durante años la posible denuncia de un pasado que había que censurar, ocultar, esconder, a toda costa. Ahora esta historia se contará. Y sus marcas serán, tal vez, siempre menos peligrosas, sin perder el significado y la fuerza que conllevan. Se acaba de hacer una calaca gigante en la parte derecha del torso, con una bandana y una leyenda que dice "Only god can juudge me". Se ve horrible, pero a él le encanta.

Al final no resisto y me empiezo a rascar, siempre más fuerte, por arriba del saco y de la camisa. Y se siente muy bien.

*   *   *

—A veces siento el desmadre de la ciudad y digo quiero regresar a mi celda. Es eso.

Está dibujando los detalles de lo que podría ser la portada de este libro. Del lado izquierdo, un conjunto de personajes que se encajan uno en el otro, caras de dolor, demonios, águilas, cuervos, la celda, un Edwin joven, pelón, pandillero, una carta desde el SHU, una mano esquelética que sale entre las rejas y es tocada por una mariposa, que representa la libertad, la nueva vida. Y luego… luego la otra mitad de la hoja. Blanca. Lleva meses dibujando, como hacía en prisión, con pura pluma Bic, tardándose días, semanas, en los detalles, las sombras. La meticulosidad de alguien que tiene todo el tiempo del mundo. Pero ahora ya no sabe qué dibujar. Adentro dibujaba el estar preso, sus guerreros aztecas, la cultura prehispánica que constituía los mitos a los que se referían sus compañeros mexicas. Pero aquí afuera es otra historia. Las ramas negras en la pared, los cuervos, para decorar su casa o la casa de los amigos. Hace mucho tiene pensado dibujar a su amigo Javier, trabajando en la prisión con los chamacos. Quiere dibujar un niño que está coloreando algo bonito, pero atrás de él cambia la perspectiva y se ve la violencia y la prisión, y el niño que en realidad se queda ahí atorado. Pero no lo hace. Su mente viaja a las juveniles de California, donde, según sus recuerdos, se está perdiendo su raza, que acaba en prisión desde antes de que les crezcan los bigotes.

Pero mucho ha cambiado. Sus *homies*, por Facebook, le cuentan que las cosas son distintas ahora, que Edwin se quedó en el pasado. Le dicen que nomás se queda el recuerdo de gente como él, que ya no está. Sus *homies* en el barrio ya son *family men*, han cambiado. No es lo mismo cuando estás adentro que cuando vuelves a la calle, al barrio, y el barrio cambia contigo. Pero Edwin esto no lo pudo ver, no lo vivió. En su recuerdo todo es como lo ha dejado hace 24 años. Sus *homies* han cambiado de vida, no todos quieren regresar a prisión. Ya no son esos *youngsters* de 15 años, ya son hombres cansados; tienen 40, 50 años, de los cuales muchos pasados entre la pandilla y la prisión. Y ya no quieren regresar ahí, ya no quieren estar en "el desmadre". Están con los *homies* conviviendo en el barrio, pero ya con sus familias. Edwin se quedó en contacto con algunos de ellos, les pregunta si se acuerdan de cuando eran chamacos, eran *youngsters*. Y ellos, con cierta nostalgia y ternura, le dicen, sí, *homie*, nos acordamos, pero ya es diferente, y sí hay distancia entre mucha gente, porque también ya no sabes quiénes son. Tú también te vas alejando de cierta gente. Tú sales con otra mentalidad. Y ya no es igual, ya no somos esos cuates de niños.

Igual con sus hermanos. Sí, son hermanos, pero hay una distancia, también con su jefa hay una distancia. Y tratan de agarrarse a un recuerdo del pasado, a una imagen dolorosa pero reconfortante, y conservarla. Pero en el fondo todos se dan cuenta de que sólo se trata de una imagen.

—Yo ya no soy esa persona. ¿Quién eres? Pues es lo que estoy buscando. Pero me enfrento todo el tiempo con este tipo de pensamiento.

Cuando yo salí, dije ¿qué voy a ser? ¿Qué tipo de hombre voy a ser? Cuando todavía me daba esa pinche cosquilla de *whassup motherfucker*, wooo, tranquilo, no puedes ser así. Entonces ¿qué identidad me estoy dando? Pues bueno, tranquilo, trabajo, y me la voy llevando, ya alejándome. No tengo esos compañeros de antaño de donde me crié, que comparten la misma mentalidad. Y esto pasa mucho con los que me he topado aquí, que vienen de Estados Unidos y se quedan aquí. Es lo mismo. Los ves, y no es lo mismo.

Te entiendo. No les pasa sólo a los que vienen de Estados Unidos. Les pasa a todos los que se van y no vuelven. Y aunque vuelvas, cada vez es siempre más visible el desapego. Yo voy a Italia y me siento fuera de lugar, ya no reconozco mi barrio, mi ciudad, mi gente. Vuelvo a México y sé que ésta no es mi casa. Te entiendo muy bien. Tengo un recuerdo de cómo era mi vida allá. Y esta nostálgia tan fuerte, que no se va. Y el que ha cambiado eres tú.

—Y el que ha cambiado eres tú. Y veo las imágenes de mi barrio y es muy distinto, ya no es igual. Entonces yo me aferro a esa idea, pero me dice mi hermana, tú estás hablando de *when you were out here*, cuando estabas aquí afuera. Ya no es igual, ¿y cuántos años han pasado, carnal? Es que no puedo creer esto. *It's changed*, el barrio ha cambiado, la gente ha cambiado. Tú no.

Tú crees que no. Pero has cambiado también.

—Tú te aferras a esa pinche idea y te quedas, porque no sabes más. Llego aquí y la verdad no me hallo aquí. Tengo la mentalidad atorada en esa prisión. Quiero estar como estaba en mi celda, haciendo mis dibujos o leyendo, pero no. *I can't have it*, y no lo puedo soltar, y esto me da en la madre. Antes no me importaba el pinche tiempo, y ahora estoy *fuck*, ¿qué estoy haciendo? ¿Qué hice? Se me están yendo los años. Y aparte me siento que no he hecho nada, porque no estoy dibujando. Estoy haciendo otras cosas, ya le veo sentido a estar en la escuela con los niños enseñándoles y compartir con ellos.

Y lo comparto ahí con las *misses*, pero lo malo es que no lo comparto con mi gente. Lo comparto con la gente que está a mi alrededor, pero no es mi familia. La maravilla del Facebook es que lo ve mi gente de allá. ¿Quién lo hubiera dicho que estás haciendo esto? Y los de acá no saben nada de lo que hice antes, si no me mandan a la chingada, te juzgan, no es muy aceptado, hasta por la música que escuchas te juzgan. Entonces sí es un tipo de cambio donde digo ¿quién soy? ¿De dónde soy? Hasta cómo me visto, con la pareja, te dicen, pareces un cholo, *that's me*, ¿cómo quieres que me vista? No tengo otra manera. Son ese tipo de cosas. Pero ya poco a poco voy asimilando un ritmo de vida, establecerme, sentirme parte de algo. Y el hecho de no tener raíces, de no poder decir, *this is my home*, te da en la madre. Pero sé que es más psicológico porque *hey, your home is where you're at*. Antes miraba mi celda y me decía *man, this is a cell*; lo otro es lo mismo, *the same shit*. Yo creo este ambiente, yo creo este espacio hasta que dure, y luego me voy a otro y es lo mismo. Pasa eso, ese sentimiento de *when am I gonna find my home?* O ¿cómo defino yo *what's my home?*

—¿Tú te sientes en casa aquí?

—Yo me siento cómodo porque tengo mis cosas, un trabajo que me gusta, pero decir ésta es mi casa, esto es mi hogar, pues no. *This is where I live*, pero *isn't my home*. No tengo el concepto de que éste es mi hogar, donde voy a estar el resto de mi vida. Tons yo estoy en esta búsqueda de *where is my home? And finally I can't say this is my home*.

Para mí es igual. Por eso nos encontramos. Porque nunca nos vamos a sentir en casa. En ningún lugar.

* * *

Sería bonito que Javier se diera una vuelta por acá. Cuando me despedí de él, el último día en Los Ángeles, me dijo que vendría a la presentación de este libro, que tiene muchas ganas.

Ahora es el director de una organización que trabaja con víctimas de la violencia, sus familiares y las familias de los que causaron esa violencia. En Healing Dialogue and Action, Javier y su equipo ponen a dialogar a madres de pandilleros, presos por asesinato y madres de víctimas de aquellos pandilleros. Cuando me lo explica, me entusiasma su visión. Es imposible la sanación de una sociedad tan dividida, destrozada. Su trabajo es muy difícil, pero es un esfuerzo para construir un diálogo, y sanar, en lugar de simplemente castigar. "Diálogo de Sanación y Acción reúne a personas heridas por la violencia y también por los sistemas de justicia quebrantados", se lee en la página oficial. "Compartimos nuestras historias y escuchamos profundamente con el corazón abierto. Respondemos con compasión y nos acompañamos unos a otros en la sanación de las heridas causadas por violencia. Trabajamos juntos para cambiar el sistema de justicia, para que sea uno que respete y ofrezca la oportunidad de transformación para las víctimas, los agresores y las familias. Estamos creando un mundo libre de violencia."

Sería muy bonito que vinieras a México, Javier.

* * *

Es la una de la mañana. El teléfono suena. Es Edwin. Contesto. Está borracho. Está llorando.

Carnal, no puedo más. Me dice. No sé qué hacer. Su novia lo ha dejado. Hace años que estaba con ella. Y ahora ella se fue.

Hace días sabía que las cosas no iban bien. Platicábamos, me pedía consejo. Edwin puede soportar la violencia física, ha soportado torturas, vejaciones, encierro, aislamiento, humillaciones de todo tipo, pero no sabe lidiar con una mujer. Lo está aprendiendo. Le han faltado los años de la adolescencia, en los que construyes tus relaciones amorosas, aprendes a sufrir, a relacionarte, a sobrevivir a una pérdida, para luego construir otra relación.

Intento calmarlo. Le digo que tiene que descansar, que tiene que ir a dormir, que mañana hablamos.

No puedo más. Yo la voy a matar, a ella y a su nuevo güey. Lo voy a hacer, carnal.

Las palabras farfulladas, pastosas por el whisky comprado al mayoreo en Costco, y lágrimas de frustración e impotencia.

Yo no soy Edwin Gámez. Yo soy Edwin Martínez. ¡Soy ese cabrón! ¿Me entiendes? Y lo van a ver. Todos lo van a ver. Tú también lo verás. No soy ese güey. No soy Edwin Gámez. Nunca fui Edwin Gámez. Yo soy un pinche pandillero. Soy un hijo de puta. Soy un matón. Soy un cabrón. Y los voy a matar.

* * *

Es un vértigo, poderoso, no expresado, hacia la violencia. Es lo que siento yo, mientras Edwin me habla en su borrachera triste. Un vértigo profundo que sale de lo más secreto de mi conciencia y sube por mi espalda. Llega a la nuca en ráfagas de escalofríos. Un vértigo hacia el asesinato.

* * *

La mañana siguiente prendo la radio. Escucho las noticias. Busco en las páginas de internet. Encuentro la nota. Fue encontrada una mujer asesinada en una calle de la Condesa. Junto a ella, el cuerpo de un hombre. Ambos de alrededor de 40 años fueron acuchillados con violencia. No se conoce el autor del doble asesinato, pero se sospecha el delito pasional.

Curtain call. It's over.

Bye bye, Snoopy.

EPÍLOGO

El asesino que no seremos

Let them out
Their broken hearts weighing us down
Let them out they've seen the mess we made
They're crawling back home
Dry your wings in the wind
Fly away
Try your wings in the wind
Can't fly away
Sick of it
Sick of your shit

BRASSTRONAUT, *Insects*

Una parte de mí hubiera querido que eso pasara, que Edwin realmente hubiera matado a su ex. Una parte de mí lo quería decididamente, con fuerza. Quería que Edwin fuera esa persona, que fuera un asesino.

Pero no pasó.

Después de escucharlo llorar, lo ayudé a calmarse en unos cuantos minutos. Le pedí que metiera la cabeza debajo de un chorro frío de agua, en el baño. Yo seguía al teléfono, escuchando a lo lejos escurrir el agua. Edwin volvió a hablarme. Mucho más tranquilo, todavía borracho y muy triste. Platicamos un rato más. Le expliqué que tenía que ser la persona de la que había yo aprendido tanto en los últimos años. Le dije que él me enseñó a resistir, a enfrentar con coraje las situaciones más duras, las que parecen sin esperanza.

Le recordé que él era el que había sobrevivido al horror de Pelican Bay; era el que podía dibujar la libertad estando encerrado en una celda de aislamiento. Era él quien había soportado el encierro, las

277

violencias, las humillaciones, las torturas, la lejanía de su tierra, de su familia, de su madre, la pérdida de todo lo que creía importante en su vida. Le recordé que él era el que me enseñó a no pedir de los demás lo que ellos no pueden darte. Le exigí que fuera esa persona. Que volviera a verse al espejo, que volviera a darse cuenta de que Edwin Gámez existía y había integrado en sí a Edwin Martínez, y había hecho la paz con él. Hace mucho.

Me escuchó en silencio. Me dio las gracias. Pronunció algunas frases cursis de las que seguramente se burlaría estando sobrio. Se fue a dormir.

Una parte de mí hubiera querido que se levantara la sombra de Edwin Martínez y saliera a matar. Para que el Edwin de mi historia fuera redondo, que encajara con el personaje de novela que me hubiera gustado construir. Un personaje coherente, que al final, no pudiendo soportar otra vez la prisión, se suicidara, posiblemente de una manera espectacular.

Hubiera sido perfecto. La construcción de lo que pensamos debería de ser la vida de un asesino, de un criminal, de un villano.

Una parte de mí lo quería realmente.

Tan fuerte, como fuerte es el deseo de ser capaz de matar. Como el Raskólnikov en *Crimen y castigo* de Dostoyevski; o mejor, como Roberto de la Cruz en *Ensayo de un crimen* de Rodolfo Usigli. El personaje que crea Usigli en su novela quiere realizar el crimen perfecto, y está obsesionado con la gratuidad del asesinato. Intenta realizar su objetivo, el que considera el objetivo de su vida, asesinando a alguien sin razón. Excogita un plan articulado y preciso, y lo va repasando en su mente, durante mucho tiempo, punto por punto. Es lo que hemos pensado todos alguna vez. Bueno, no sé si todos, pero yo lo he imaginado. Saberse capaces de quitarle la vida a una persona, pensar en todos los detalles del asesinato, pensar en las diferentes opciones para que ese gesto se lleve a cabo. Ser heroico en el mal. Lo he deseado, cuando veía a los golpeadores que me daban miedo y rabia. Lo he deseado en más de una ocasión, viendo violentada mi vida, la vida de los que me rodean. He deseado ser capaz. Sentir ese vértigo de violencia en mí, vivirlo, expresarlo. Y luego descubrirse incapaz de hacerlo, hasta en los sueños. A menudo sueño que estoy enfrentando cara a cara a una persona odiosa, en una situación de gran violencia. Tengo un arma, una pistola, un cuchillo, un bastón, o simplemente mis puños; pero mis golpes, mis balas, no logran causar el daño que desaría, que deseo. Y es terriblemente frustrante.

Hay una escena interesante en un documental del filósofo esloveno Slavoj Žižek, *The Pervert's Guide to Ideology*, en la que Žižek reflexiona sobre la película *The Matrix*. Está sentado en un sillón de piel, en un cuarto oscuro, como Neo mientras habla con Morpheus en la famosa escena de la píldora roja o la píldora azul. Recordando el momento en el que Neo se despierta en un espacio lleno de millones de seres humanos conectados con tubos en una especie de líquido amniótico y se desconecta de la matriz, el filósofo se pregunta por qué la matriz necesita de nuestra energía, y contesta que a lo mejor la manera correcta de responder a esta pregunta es voltearla. "No preguntarse por qué la matriz necesita de nuestra energía, sino por qué la energía necesita necesita *the matrix*." Žižek piensa que esa energía de la que se habla es la libido, nuestro placer. Entonces, "¿por qué nuestra libido necesita el universo virtual de las fantasías? ¿Por qué no podemos simplemente disfrutarla directamente?" Para Žižek ésta es la cuestión fundamental. ¿Por qué necesitamos este suplemento virtual? Nuestra libido necesita una ilusión para sustentarse. Nuestra delusión fundamental no es creer en lo que es solamente una ficción, o sea tomar demasiado en serio la ficción. Al contrario, es no tomarla suficientemente en serio. Piensas que es sólo un juego, pero es mucho más real de lo que piensas. Por ejemplo, la gente que juega videojuegos adopta una identidad virtual (él la llama *screen persona*) de un sádico, un violador. La idea es que en la realidad soy una persona débil, entonces para suplementar la debilidad de mi vida real adopto una falsa imagen de una persona fuerte y sexualmente promiscua. Pero ésta sería una lectura *naive:* quiero aparecer más fuerte y más activo porque en la vida real soy una persona débil. Pero ¿qué pasa si lo leemos de la manera opuesta? ¿Qué pasa si este fuerte, brutal, violador, o cualquier identidad, fuera mi verdadero ser? En el sentido de que fuera la verdad psíquica de mi ser?, y que en la vida real, a causa de las restricciones sociales, etc., no puedo expresarlo. Entonces, precisamente porque pienso que se trata sólo de un juego, sólo de una *persona*, de una imagen de mí que yo adopto en un espacio virtual, yo puedo *ser* ahí mucho más verdaderamente. Puedo actuar ahí de una manera mucho más cercana a mi verdadero ser.

Me sigue fascinando esta lectura que Žižek da de *Matrix*, y en general de la realidad virtual. Y me gusta pensar que se puede aplicar a cualquier ámbito de nuestra vida. Y un escritor de novelas tiene la oportunidad de expresar su verdadero ser en la ficción, justificado por el hecho de que no es la realidad.

Me gusta esta lectura porque es la vía de escape para muchos. Para mí, escribiendo novelas y cuentos; probablemente para el mismo Edwin, con sus videojuegos donde mata a medio mundo. Es lo que nos hace sentir ese vértigo asombroso, atractivo, inquietante.

Pero el chato anticlímax que es nuestra vida mediocre, que aplasta hasta la violencia, siempre ha prevalecido.

La antiépica de nuestras vidas es más fuerte, es lo que siempre gana. Esa melancolía de la violencia, ese vértigo hacia el asesinato, se queda ahí, sin volverse acción.

Fue en Purificación, Jalisco, donde Edwin renunció a su destino de criminal y llegó a ser quien es, a convertirse en quien es. En Purificación (¡qué detalles de poesía involuntaria esconde la vida!) fue donde Edwin empezó a no ser el cabrón que quería ser y nunca será.

Así que aquella noche de tristeza y frustración no tenía otra opción que ser lo que es: un melancólico del asesinato, que como todos nosotros hubiera podido dejarse llevar por la violencia, pero no lo hace.

Al día siguiente Edwin llega a tomarse un café con Ana y conmigo. Platicamos. Nos explica sus problemas, sus dudas, el sufrimiento, que es tan común. El sufrimiento que tuvimos que aprender a soportar, a tragar, a lo largo de años de relaciones patéticas, grotescas, dolorosas, con personas que amamos y que odiamos al mismo tiempo. Con personas que en algún momento pensamos que quisiéramos matar.

Después de escuchar, de comentar, de dar consejos, lo miro a los ojos y le confieso lo que siento.

—¿Sabes qué? Para mí lo mejor hubiera sido que la mataras y te fueras a prisión otra vez. Y que ahí te hubieras matado. Hubieras sido el personaje perfecto, redondo. Perfecto para cerrar mi historia, como el protagonista de una novela barata y de éxito.

Me mira sorprendido, no sé bien si escandalizado o divertido. Yo sigo.

—Pero la vida es una sucesión de mediocridad, de melancolía, el no poder ser lo que nunca seremos. La vida nos demuestra que somos tan chafas y tan humanos, que no logramos ser ni siquiera malos, o tan malos como nos gustaría. Sólo somos humanos, que luchan, que intentan sobrevivir, ser felices, y no sufrir demasiado.

Me hubiera gustado que lo hiciera, que lo hiciera como personaje y que lo hiciera por mí, porque yo mismo vivo esa melancolía, de ser el cabrón que nunca fui, el asesino que no seremos.

Un duelo fracasado

Oswaldo Zavala

Comencemos señalando lo que este libro *no* es: *El asesino que no seremos* está lejos de circunscribirse a la historia épica de un pandillero en busca de una extraordinaria redención; tampoco es el infernal descenso a un mundo gobernado por el crimen y la maldad, ni es la historia trágica de un muchacho inocente victimado por la injusticia social y la corrupción del sistema carcelario. Esos temas se tocan en el libro, pero no determinan su estructura narrativa porque la obra es algo más y es algo menos que todo eso en conjunto.

Aquí no hay épica, ni infierno, ni tragedia. Aquí se muestra una vida.

Pero esa existencia se inscribe en la medianía que nos rodea a todos. La mediocridad de un destino que ha colindado con el abismo pero que no se ha despeñado; se ha cortado en el filo de la espada, pero no ha perecido por ella; se ha quemado con el fuego, pero no ha sido reducida a cenizas.

El periodista Federico Mastrogiovanni comienza a investigar con una intuición que ignora si conseguirá una historia que valga la pena pero, como todo buen reportero, tendrá que asumir ese riesgo. Su motivación se origina en un accidente: una amiga conoce a un pandillero que luego de más de una década en una prisión de máxima seguridad ahora es maestro de inglés para niños en una escuela de una de las colonias más privilegiadas de México. ¿Está el periodista ante algo digno de contarse? ¿Qué hace que algo sea digno de contarse?

Mucho del más celebrado "periodismo narrativo" escrito en México cree haber encontrado una respuesta. Desde que el gobierno del presidente Felipe Calderón ordenó su "guerra contra el narcotráfico" en 2006, este tipo de periodismo ha respondido de dos modos complementarios: por un lado, se ha enfocado en la estrafalaria épica de los traficantes que, según nuestras autoridades, protagonizan guerras entre sí por el control de supuestas rutas para el trasiego de droga hasta Estados Unidos; por otro lado, se ha narrado con escalofriante detalle la destrucción del tejido social que ha dejado la insólita violencia atribuida a la delincuencia organizada en decenas de miles de asesinatos. La violencia y el dolor que desbordan la realidad inmediata del país desde luego debe ser materia del mejor trabajo periodístico. Pero entre el periodismo obsesionado por los "narcos" y el periodismo dolido por las "víctimas" —me parece—, la función primordial del reportero ha entrado en un *impasse* ético y político.

En primera instancia, los periodistas han seguido con docilidad el discurso oficial repitiendo que los traficantes son tan poderosos y bárbaros como nos aseguran los voceros del Estado. En segunda instancia, han retratado el terrible saldo de víctimas sin reparar en que aún queda por determinar con certeza quiénes realmente han sido los victimarios. Así, sin mayores esfuerzos informativos, o se "narra" la vida de los supuestos traficantes, o se compadece a sus víctimas. Mucha narración y poco periodismo.

Entre esas dos corrientes que se han instalado en el centro de nuestra comprensión sobre la violencia que desgarra el territorio nacional, *El asesino que no seremos* aparece como una singularidad en el panorama del periodismo narrativo en México. Federico Mastrogiovanni ha concluido un libro valiente y perturbador. Pero, ante todo, estas páginas muestran la honestidad del reportero que escribe lo que observa sin decidir antes qué es lo que está por observar.

Aquí no hay jefes del crimen organizado que controlan ciudades enteras desde un búnker con paredes de oro, acompañados de un tigre de Bengala. Tampoco se encuentra el sentido drama de las víctimas de la violencia, mientras el periodista vacila entre su trabajo como reportero y la indignación del activista de derechos humanos. Aquí la vida se inscribe con triste medianía, injusticia y soledad cuando se entrecruza con la violencia sistémica entre México y Estados Unidos.

Una vida que se encuentra con otra para concluir en una especie de lengua bifurcada: dos tiempos, dos espacios, dos culturas. Y también, como se verá, dos subjetividades.

Le decían Snoopy, pero ahora sólo quiere ser llamado Edwin. Federico escribió un libro que aborda el pasado pandillero de Snoopy hasta el presente de Edwin como maestro de inglés para niños de la Condesa. En este duelo, uno de los principales retos es el lenguaje: Federico debe administrar el doble registro en el que se inscriben las palabras de Edwin desde la primera página: el inglés se inserta en un texto escrito en español para convertirse en algo pocho, impuro. El lector tendrá que aprender a escuchar esa poderosa lengua bicéfala, resuelta, tierna y a la vez apabullante. Todos los capítulos se titulan en inglés, pero el contenido es bilingüe, bicultural. Y sin embargo, nunca se nos presenta como una mezcla feliz: es la violencia de la calle trasladada al lenguaje, no la celebración ingenua de una falsa "cultura híbrida". La represión, el dolor, la muerte también están en las palabras del pandillero.

El inglés y el español se interpolan como los dos tiempos y los dos espacios desde los cuales se narra. El pasado de Snoopy en Estados Unidos y el presente de Edwin en México se funden como un único plano narrativo que dibuja y desdibuja el perfil de la misma persona. El joven pandillero y el maduro maestro intervienen para dar su versión de los hechos. Y si bien el presente está en fluctuación, el pasado no es inamovible. Federico viaja hasta el barrio donde Edwin acuchilló a un joven negro para encontrar que ese espacio de violencia entre hispanos y negros ahora está habitado por la expansiva comunidad armenia. La calma que hoy se respira en las calles de Burbank ha borrado los ecos de las pandillas que dos décadas antes protagonizaban sangrientas batallas urbanas. Federico no encuentra a los *homies* de Snoopy, sino a unos ancianos con futuro limitado que lo miran desde un asilo a unas cuadras donde en otro tiempo mataban por la misma forma de observar.

Los referentes culturales muestran también un extraño desencuentro. Los pandilleros mexicoestadunidenses escuchan *oldies*, pero también el rap de los negros. Comparten música, pero se odian entre sí. Los dos grupos son amantes de la comida rápida de peor calidad. Es en un Taco Bell donde Snoopy acuchilla —pero no mata— a Damon. Lo único que Edwin le pide a Federico como regalo por el viaje por los espacios de su vida es una bolsa de *corn nuts*, su comida chatarra preferida en prisión. La ironía lo acompaña por décadas. "Only God Can Judge Me", repite uno de los muchos tatuajes de Edwin, citando una canción del rapero negro 2Pac. Había momentos en que hispanos y negros podían interactuar en paz, pero siempre volvía el arrebato de odio enmarcado entre los límites de un barrio al otro. El racismo, explica Edwin, es un motor de supervivencia entre pandillas, no el rechazo espontáneo del otro.

Como ocurre entre los mejores practicantes de aquello que Tom Wolfe llamó "nuevo periodismo", Federico escribe la historia tanto como la historia lo reescribe a él. Federico no sólo aprende y experimenta las filias y fobias de Edwin, sino que ellos terminan entrelazando sus vidas. Federico y Edwin dialogan y ninguno sale indemne: se tensan, se admiran, se contradicen, se complementan. Lo llaman "terapia mutua". Comparten solmenes una complicidad que también se convierte en burla despiadada y lúdica. Uno de los capítulos más genuinos capta el dolor de Edwin por la ausencia de su madre, a quien no volvió a ver hasta años después de su liberación y sólo porque él pagó su boleto de avión a México. Federico sabe de ese dolor: su propia madre se ha alejado con los años, mientras su memoria y su conciencia ceden al avance del alzhéimer. Federico y Edwin se encuentran, huérfanos, en la compañía solitaria de una larga conversación que los hermana.

Pero entendamos bien: Mastrogiovanni no busca instigar la simpatía del lector ni la apropiación condescendiente de la voz de Edwin. Tampoco está mediando la voz de un subalterno: está hablando con Edwin, una persona con la que establece una delicada conversación horizontal que en cualquier momento podría romperse. Juan Villoro ha escrito que "la amistad es un duelo que fracasa" y el aforismo es cierto para este libro. El vínculo entre el periodista y el expandillero no tiene ninguna expectativa sobre su destino final. Si el libro culmina es porque el duelo entre ambos, por suerte, ha fracasado: Federico y Edwin logran escucharse hasta el final. Terminan siendo amigos y este libro es, también, la historia de esa amistad.

Es aquí que el trabajo de Mastrogiovanni difiere de libros como *Always Running. La vida loca: Gang Days in L.A.* (1993) de Luis J. Rodríguez. Este último es un testimonio didáctico, un *cautionary tale*, dirigido a quienes pudieran sentir la tentación de la vida pandillera entre los mexicoestadunidenses de California. También se distancia de la demanda de veracidad que el antropólogo estadunidense David Stoll interpuso al relato testimonial de Rigoberta Menchú en su investigación *Rigoberta Menchú and the Story of All Poor Guatemalans* (1998). La historia de Edwin no se ofrece como advertencia para otros jóvenes. Tampoco depende de los hechos según los recuerda Edwin, pues Mastrogiovanni es un reportero que corrobora los principales puntos del relato. Uno de los momentos más estremecedores del libro proviene de ese reporteo. Ocurre cuando visita Pelican Bay, la cárcel de máxima seguridad donde Edwin pasó más de una década encerrado. Federico combina magistralmente su experiencia personal, aterrado por el régimen impersonal y deshumanizante de la prisión, mientras que Edwin la recuerda como un "monasterio" donde era posible meditar en calma y leer, y donde "era también esa convivencia, calidez humana de sentir que estamos ahí, estamos bien, y podemos levantarnos contentos y riendo".

Los hechos en la vida de Edwin no son, finalmente, unívocos. Son el secreto de una vida irrepetible en condiciones inconmensurables para otros. Federico podrá haber visitado la cárcel, pero no sabrá nunca la vida que Edwin realmente vivió en ella.

La historia de Edwin, entonces, sólo puede pensarse en la particularidad de su accidente y en la puntualidad de la pregunta planteada por el primer capítulo: "¿Quién soy yo?". Con ironía y profunda humanidad, la pregunta se desdobla: "¿Quién *no* soy yo?". Edwin ha sido pandillero, pero no un asesino. La melancolía de su vida en parte proviene de pensar aquello que nunca tuvo ni tendrá: su juventud está perdida entre las paredes de su celda, su familia que crece y envejece sin él del otro lado de la frontera infranqueable, su vida como un *down vato* dispuesto al asesinato que nunca cometerá. En la medianía de su vida, Edwin no será un asesino. Será, apenas, un pandillero autosaboteado por sus decisiones de juventud y vejado por un sistema penitenciario racista e inmisericorde, que sin embargo le dejó preservar un mínimo de sueños, de futuro. En este punto Edwin recuerda al Saico, el cholo protagonista de la novela *El gran preténder* (1992) de Luis Humberto Crosthwaite. El cholo defiende su barrio de otras pandillas, de la policía, de los insultos de los jóvenes de clase alta. Pero al final esa defensa es fútil: el barrio se desintegra gradualmente con las transformaciones normales de la ciudad. Edwin no puede volver a Estados Unidos pero, aunque pudiera, su barrio ya sólo existe en su memoria melancólica.

En 1966 Truman Capote acaparó la opinión pública de Estados Unidos con la publicación de su novela "sin ficción" *In Cold Blood*. El evento es el sueño perfecto de cualquier periodista con las mismas ambiciones narrativas: cubrir un asesinato y llegar a la escena antes de que culmine la historia para (des)cubrir su final como ningún otro periodista podría hacerlo. Y un cierre climático: Capote encuentra a los protagonistas perfectos cuando son ejecutados por las autoridades del estado de Kansas.

Mastrogiovanni, como todo periodista honesto reconocería, habría tenido un libro sin cabos sueltos si al final del relato Edwin cumple su amenaza de reincidir. Que cumpliera su promesa de radicalidad y violencia. "Que fuera puro", anota Federico. Si Edwin hubiera asesinado a su novia y luego se hubiera suicidado habría dado un sentido concluyente a su investigación. Pero eso únicamente pasa en los pocos libros con finales demasiado perfectos. En el trabajo de la mayoría de los reporteros, la información se obtiene en cantidades lentas y grises, carentes de significado trascendental. Las historias no siempre son redondas: son discontinuas, accidentadas, se resisten a los deseos y prejuicios del reportero. ¿Cómo decidir si la historia era digna de ser contada? Mastrogiovanni responde: todas las historias son dignas de ser contadas. El desafío es ser el reportero digno de contarlas. Jorge Luis Borges lamentó toda su vida no haber podido ser un hombre de acción, como aquellos militares que en su genealogía familiar fueron héroes de guerra. Ese lamento nos sorprende porque lo escribe una de las mayores mentes literarias en lengua española. Como si aún su éxito intelectual fuera insuficiente, Borges piensa melancólicamente todo aquello que nunca pudo ser. En uno de sus más celebrados cuentos, "El sur", Borges narra la historia de Juan Dahlmann, empleado en una biblioteca municipal de Buenos Aires, quien es también, como el autor, hijo de una genealogía de hombres de acción. Luego de un accidente que le produce una fiebre alucinatoria, Dahlmann deja el hospital donde convalecía y se dirige en tren hacia su estancia en el sur. Varado en el camino, de pronto se encuentra en medio de un duelo a cuchillo con un gaucho enardecido. El hombre de letras acepta la buena fortuna del reto: "Sintió que si él, entonces, hubiera podido elegir o soñar su muerte, ésta es la muerte que hubiera elegido o soñado". La palabra clave aquí es "soñar", pues Borges abre la posibilidad de que todo esto en realidad ocurre en la mente de Dahlmann, que todavía agoniza en el hospital. El duelo es la proyección de su vida melancólica por una vida de acción que nunca conocerá.

La vida de Edwin, según la descubre Federico, pero también el propio Edwin, no conocerá tampoco el punto alto de un duelo criminal. No matará a nadie. Nadie lo matará a él. Su épica —llana, común— se establece en la mera supervivencia. Radica en el hecho de haber pasado por todo y, como todos, seguir vivo. Recuerdo ahora unos versos de León de la Rosa, poeta de Ciudad Juárez, que en más de un modo cifran la vida y el lamento melancólico de Edwin y de Federico: "Ojalá everything fuera epic. Ojalá everyone were héroes". Ni Federico ni Edwin saben de épica. No son héroes. Son amigos. Su fracaso es también su mayor fortuna.

Bibliografía esencial

Abbott, J. H., *Nel ventre della bestia.*
Anzaldúa, G., *Borderlands/La Frontera: The New Mestiza.*
Boyle, G., *Tattoos on the Heart.*
Caminiti, L. *(a cura di), La fuga dal carcere.*
Carrère, E., *Limonov.*
————, *Vite che non sono la mia.*
————, *L'avversario.*
————, *La vita come un romanzo russo.*
Dostoevski, F. M., *Crimen y castigo.*
Foucault, M., *Sorvegliare e punire.*
Louis, E., *Il caso Eddy Belleguelule.*
Manconi, L., *Abolire il carcere.*
Pasolini, P., *Ragazzi di vita.*
————, *Una vita violenta.*
Paz, O., *El laberinto de la soledad.*
Rafael, T., *The Mexican Mafia.*
Sapienza, G., *L'università di Rebibbia.*
Usigli, R., *Ensayo de un crimen.*

Playlist

"Who am I? (who I am?)" – Snoop Dogg – *Doggstyle*
"Shed a tear" (feat. Sen Dog) – Delinquent habits – *Here come the horns*
"Soldier" – Eminem – *The Eminem Show*

"Lowrider" – Cypress Hill – *Stoned Raiders*
"Thin Line Between Love And Hate" – The Persuaders – *Crooklyn*
"Hello Stranger" – Barbara Lewis – *Moonlight*
"Stressed Out" – Twenty One Pilots – *Blurryface*
"Nuje Vulimme na Speranza" – NTO' (feat. Lucariello) – *Gomorra*
"Days To Come" (feat. Bajka) – Bonobo – *Days To Come*
"Ring My Bell" – Anita Ward – *Songs of Love*
"Drifting on a Memory" – Isley Brothers – *The Heat is On*
"Only God Can Judge Me" – 2Pac – *All Eyez on Me*
"Ain't No Mountain High Enough" – Marvin Gaye & Tammi Terrell – *United*
"You Stepped Into My Life" – Melba Moore – *Melba*
"Complex Fusion" – Verbal Toxin (feat. Shadow The Great)
"Jailer" – Aşa – *Aşa*
"Gang Signs" – Sad Boy – *The First Ese*
"Kill You" – Eminem – *The Marshall Mathers LP*
"Insane In The Brain" – Cypress Hill – *Black Sunday*
"360" – Aşa – *Aşa*
"Hey Baby" – Stephen Marley (feat. Mos Def) – *Mind Control*
"Lavender" – Snoop Dogg (feat. Kaytranada) – *Badbadnotgood*
"Honey Bee" – Muddy Waters – *The Best of Muddy Waters*
"In Da Club" – 50 Cent – *Get Rich Or Die Tryin'*
"Inna Di Red" – Stephen Marley (feat. Ben Harper) – *Mind Control*
"One Love" – Bob Marley – *Exodus*
"D Song" – Bonobo – *Dial "M" For Monkey*
"Play At Your Own Risk" – Planet Patrol – *Planet Patrol*
"Cosmic Girl" – Jamiroquai – *Travelling Without Moving*
"Dear Mama" – 2Pac – *Me Against the World*
"Insects" – Brasstronaut – *Mount Chimaera*
"Slow Knots" – Brasstronaut – *Mount Chimaera*
"One advice, space" – dEUS – *The Ideal Crash*
"El Que Vull" – L'Ham de Foc – *Cançó de Dona i Home*
"Warm Sound" – Zero 7 – *When it Falls*

Agradecimientos

Edwin Gámez/Edwin Martínez/Snoopy, por estos años de amistad y de trabajo juntos sobre nuestras vidas.

Ana Lara Chávez, por creer que esta historia merecía ser contada.

Javier Stauring, por acompañarme en el pasado de Edwin, su paciencia, ironía, conocimiento.

Enrique Calderón, por soportar las quejas, la depresión, los momentos (raros) de entusiasmo, y por creer siempre en este proyecto.

Claudia Olmedo, por acompañar con su lectura atenta, su paciencia y el apoyo desmedido las fases más delicadas de la escritura.

Los editores Ricardo Cayuela y Ariel Rosales, por dejarme publicar este libro.

Clara Ferri, por la paciencia, las consultorías lingüisticas y su amistad.

Chely, que ha soportado durante años la frustración constante.

Emiliano, por simplemente ser lo más importante.

Gioia Salvatori, por ayudarme a conceptualizar los pasajes centrales de mi historia, aun sin saber qué chingados estaba yo escribiendo. Por el Castillo, el viaje del héroe, la princesa y hacerme reír mucho.

Oswaldo Zavala, por darme el título y los razonamientos finales, fundamentales para entender lo que pienso. Por ser un ejemplo, un maestro y por su amistad.

Giulia Marchese, por la bibiografía filosófica y la comida.

Sergio Rodríguez Blanco, por su apoyo y amistad impagable.

Jaime Avilés, porque siempre le debo.

Marisa, Paolo y Francesca Mastrogiovanni, mi familia.

El asesino que no seremos de Federico Mastrogiovanni
se terminó de imprimir en octubre de 2017
en los talleres de
Litográfica Ingramex, S.A. de C.V.
Centeno 162-1, Col. Granjas Esmeralda, C.P. 09810
Ciudad de México.